神と仏の上毛野

外来信仰の受容と変遷

はじめに

上毛野→上野国と呼称される（主に現在の群馬県）地域では、古墳時代（四～七世紀）を通じて多くの高塚古墳が築造され、顕著な前方後円墳の集中や、畿内近国に匹敵するような内容の終末期古墳が見られ、同時代に隆盛を導く何らかの変革があったと思われる。古墳が墓だという前提では、そこで何某かの葬祭が営まれたと考えるのがふつうであろう。そのことに関わるヒントは、各遺跡にこそ多く残されていると思われるが、不明にして現状では明確な言説を提示することができない。

ただ言えることは、古墳を造るという発想が地域内部から自発的に編み出されたものではないだろうということである。ひな形の受容が決まってからの多様な個性は、当地の歴史的前提に左右されるものだろう。その原点に近いものに、できる限り接近してみたい。一般的には外来の各種宗教の流入により、「信仰」の範囲・対象の拡大から、各種奉祭対象物が必要とされるようになっていった。古代日本にあっては、中国歴代王朝や韓半島諸国からの「儒教」・「道教」に加え、「仏教」を触媒として変化する実体であった。

近年、日本史学に関しても世界史的な視野の拡大に伴って、特に中世を中心に「日本神道史」に関する理解が、飛躍的に深化してきている。こうした理解を、前近代の上野国にも当てはめてみるとどのようなことがいえるのか。逆に、上野国のような地点から、全体の動きを規定するような作用は、全くなかったのかどうか。

上野国の基底的信仰文化に関する、今井善一郎『赤城の神』（煥乎堂、一九七四年）、尾崎喜左雄『上野国の信仰と文化』（尾崎先生著書刊行会、一九七〇年）、同『上野国神名帳の研究』（同上、一九七四年）、同『上野国長楽寺の研究』（同上、一九八四年）、都丸十九一『赤城山民俗記』（煥乎堂、一九九二年）、近藤義雄『上州の神と仏』（煥乎堂、一九九六年）などの大著を中心に、民俗学や歴史学・宗教学といった多角的な視点から、群馬県内の主要な「神社（・仏閣）」に関しては、これまでにもかなり詳細に論述されてきている。

これらの業績は、各地の特定・特殊な「神社（・仏閣）」の実態を通して、地域の歴史像を具体的に組み立てているし、実際に現地探訪する際の貴重なガイドともなっている。そこで示されているのは、古くからの伝統に基づくほぼ正統的な歴史像であって、国家の宗教政策とも密接に関わるという意味で、先ず最初に参照・周知されなければならない内容である。いちいち注記していないが、本書の各論考の作成に当たっても、右の各論著は度々参照させて頂いている。

とりわけ尾崎喜左雄『上野国神名帳の研究』は、『延喜式』内社の系統を引く『上野国神名帳』を基本的なテキストとして分析を加え、同時代に存在した主要「神社」を網羅して詳細な定点的業績である。その叙述によって、同時代の上野国内に存在していたであろう神（社）から地域社会をイメージさせる内容となっている。

それらの先行研究に対して、本書で主に取り上げるのは、有力・著名な「神社」だけでなく、どこにでもありそうなありふれた「神社」、庶民の日常生活と寄り添った「神社」、または特定小地域でのみ信仰されたような「神社」群などである。どうしても時間軸に曖昧さが残るものの、中世以降を中心とするそれらの起源・定着と変遷過程とについて、十分留意しながら過去に遡及して整理してみたい。

考察に当たってほぼ座右に置いて参照した、丑木幸男編『上野国寺院明細帳』1～8（一九九三～九八年、以下「寺院明細帳」と略す）、同『上野国神社明細帳』1～25（一九九九～二〇一一年、以下「神社明細帳」と略す）は、明治初年に始まり、加筆によってほぼ明治時代の群馬県に関する寺社を中心とした宗教環境を、極めて詳細に把握できる重要史料である。本書での寺社の集成的整理（主に一覧表）は、同書によっている。しかし、全体としてあまりに大部なため、個別的な分析を行うだけでも相当な労力が必要であった。しかも、局地的・部分的な考察だけでは史料の特性を活かしきれないと思われた。

　こうしたなかで、松島榮治先生のおすすめもあり、過日みやま文庫の一冊として蛮勇を奮って『上毛野の古代仏教』（みやま文庫二三五、二〇一九年）を上梓するに至り、より広範囲な「信仰」文化にも言及する必要があると思うようになった。右記「明細帳」の刊本にあっても、「寺院明細帳」は八分冊であるのに、「神社明細帳」は二五分冊にも及んでいる。段階差のある重出の多さなどの要素もあるにせよ、ある時期に増殖する「神社（・仏閣）」を中心とした「民間信仰」も総体として含めて考えて見ることが、より詳細な地域史の全体像に関する動向を知り、考察を深めるための、重要な手段のひとつになり得ると考えるようになった。様々な事由によって、今日では見ることができなくなってしまった寺社は意外に多い。柔軟な想像力を働かせた復元的考察が必要になってくる。今後の何らかの定点という意味も、少なからず意識させられた。

　なお、個別・具体的な考察に当たっては、各地点の地形や気象条件などが重要である。郡単位程度の地域毎の偏差や、各「神社（・仏閣）」毎の個別事情等に充分留意する必要があるのは言うまでもない。そのような個性を抽出する際の参考のために、主要な河川と各郡の位置関係を明示した「上野国要図」を最初に示しておく。本文中の図版は、自分で作成したものを除き、注など引用する各論著書や調査報告書などから適宜転載したので明記しておきたい。

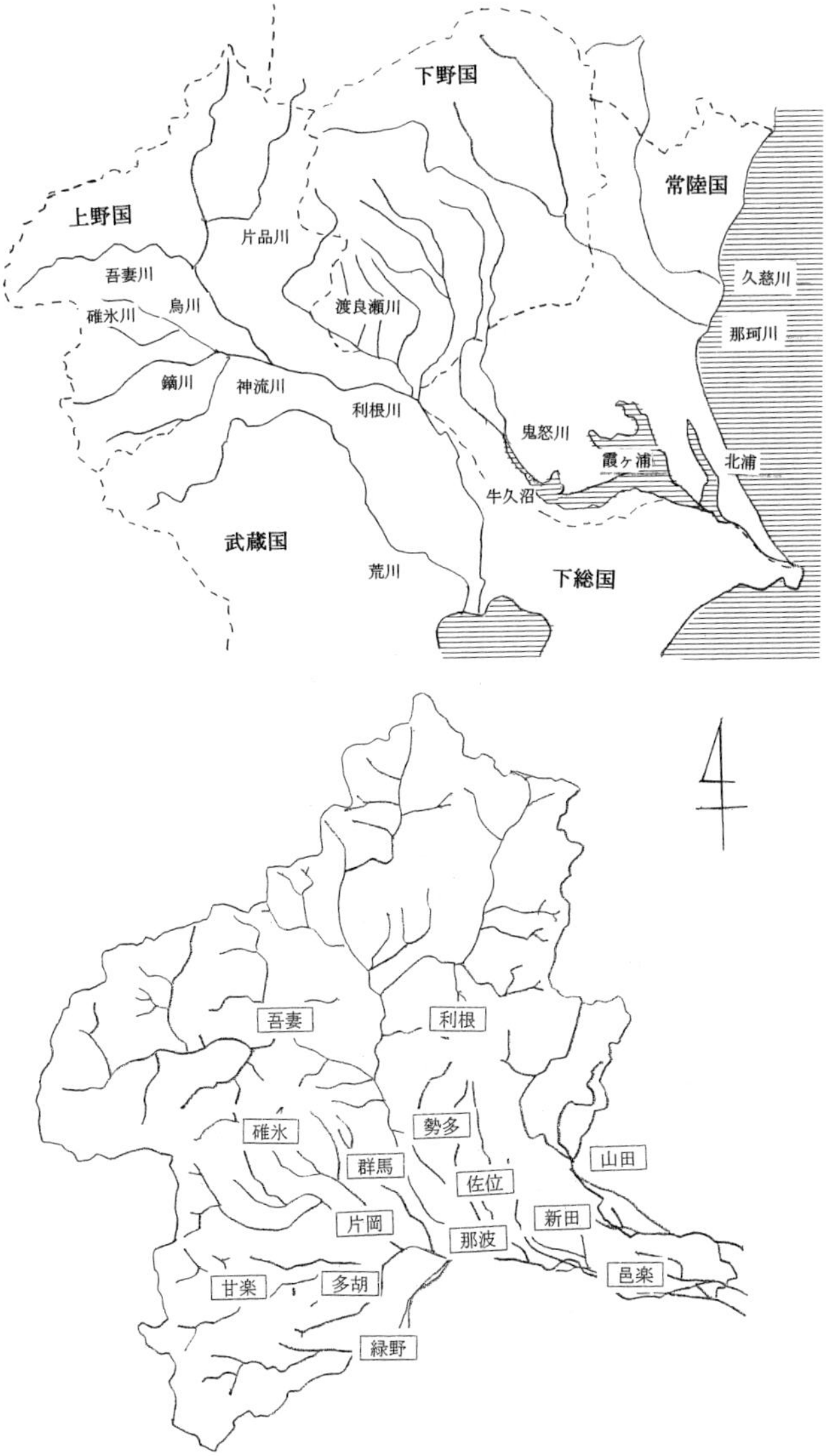

図1　上毛野地域関係要図

目次

第一章　仏教以前

はじめに

　中国独自の宗教文化としての「儒教」、または「道教」が日本に流入したのは、一般的に「仏教」の伝来した六世紀頃のことであると考えられているようである。中国にとっての「仏教」が外来の宗教であり、漢訳しなければならなかったのからすれば、中国起源の「儒教」・「道教」は中国系の渡来人にとっても持ち運びが容易であったようにも思われる。

　仏教の場合と異なって古代日本には「道観（寺に相当）」も「道士（僧侶に相当）」も存在せず、同時代の「儒教」・「道教」の「体系的な受容」がなされなかったという[1]。そして、既に漢訳の段階で仏教経典に包摂されていた、道教的各種要素が、少なくとも日本では道教とは自覚されずに、あるいは仏教の一部とみなされて受容されたためであるらしい。

　そのような理解による限り、日本への流入はあくまでも仏教が「主」であり、道教等は「従」ということになり、受容の時期も仏教が先行するという理解になるのだろう。儒教に関しては、近世の朱子学の影響などによって、更にわかりづらいものとなっている。

仏教に関する共通理解のために、中国で漢訳が実施された際に、多分に中国風のアレンジがなされ、中国オリジナルの「疑経」とか「偽経」とされるものが多数発生したのも周知のことである[2]。その段階でも、古代中国の生活文化と化していた道教に基づくアレンジが、密接不可分の形で実施されたのである。最初期の日本といわず、各種の考究がなされている今日の日本にあってさえも、それらの完全な分離理解は不可能なわざであろう。

何分にも時期が遡及して日本独自の関連資料に乏しく、「道蔵」所載の経典類も非常に難解で、筆者の現状では十分説得的な論を展開するのは、とても困難な作業ではあるが、日本古代文化史上の根本問題について、上毛野という特定範囲から見直す作業の第一段階として整理しておきたい。

一、「墳」を造る

様々な機会に「古墳王国」などと呼称されている上毛野地域にあって、数的にその大半を占めるのは、各地に展開している後期の群集墳である。それらに対して、西日本各地に分布し、三世紀後半にまで遡及するとされる「纒向型」に示される最初期の墳丘墓と認定できる例は至って少ない。厳密にいえば、上毛野が「古墳王国」であった時期および期間はより限定され、その意味・内容に関して慎重な吟味がなされるべきである。

出土遺物の状況からすれば、「周溝墓」とされている墳墓の一部が、地域的に最初期の墳丘墓に相当するのかもしれないが、本来低平で貧弱な墳丘が多くて、耕作等に伴って削平されてしまうためか、良好な形で主体部まで調査された事例もまた僅少である。

そうしたなかでは、北関東自動車道建設に先立つ太田市成塚向山古墳群の調査成果は重要なものであった[3]。丘陵上の後期の円墳と並んで、古墳時代前期と目される類例の少ない方墳（墳丘墓）「成塚向山1号墳」が確認された。開発が前提だったため、基底部分まで調査されたので、築造経過まで判明する例はとても貴重だろう。

1号墳は、南の沖積地に半島状に突き出す形の一連の金山丘陵から派生する低丘陵の頂部に位置する。北西方向の斜面には、一部重複する形で先行する時期の住居跡群が展開し、南側にはやや下った位置に、横穴式石室を内蔵してかなり時期差のある2号墳が隣接する。

墳丘の構築は、墳形の範囲を区画するように方形の土手を築き、北側に通路を開けた円形の窪みの中央に当初の被葬者が葬られ、主軸を南北方向とする1号主体部が設置された。

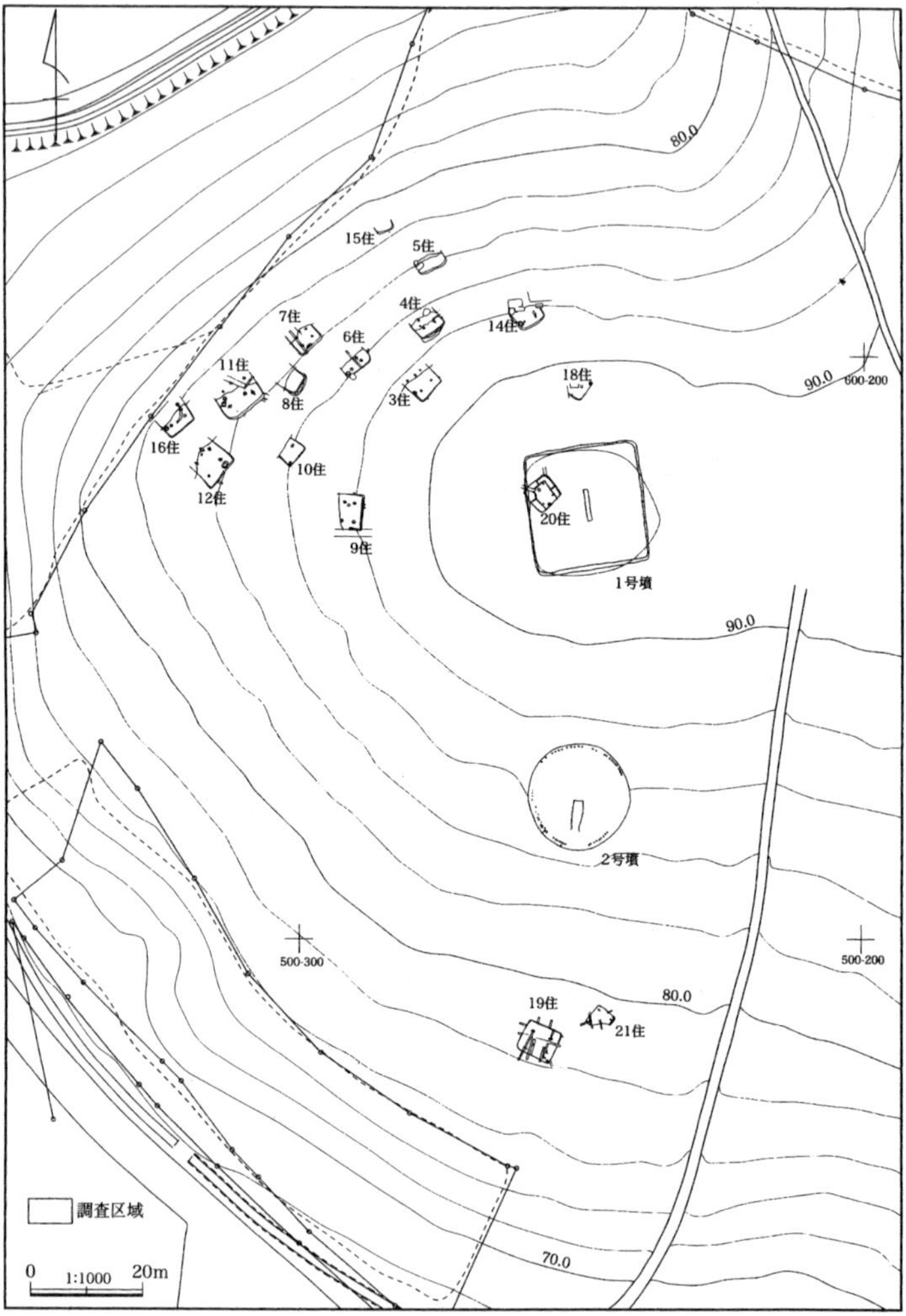

図２　成塚向山古墳群遺構配置図（調査報告書より転載）

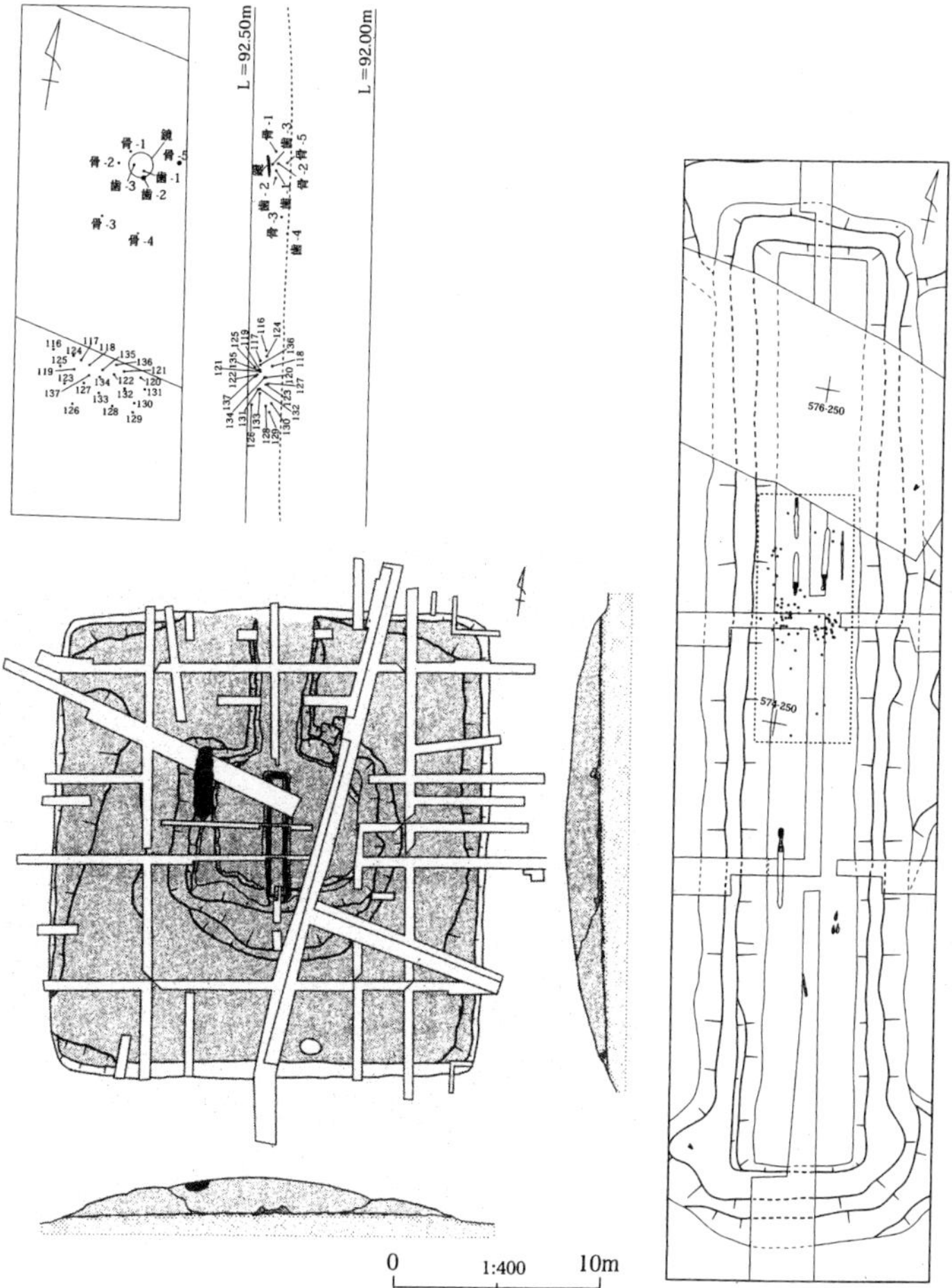

図３　成塚向山１号墳主体部遺物出土状況（同右）

その後、低平な封土で被覆される。剣や銅鏃・槍先などの武器・農具を主体として副葬品が納められていた。

これに対し「2号主体部」は、1号主体部の完成後、その覆土の中の浅い位置に掘り込まれる形で設置された。棺郭が充分確認できず、遺物の集中的な出土によって確認された状態である。1号主体部の北西方向に主軸を揃える形で設置されたと想定されている。遺物としては袋状の繊維に包まれた小型重圏文鏡が表面を上にした形で出土した他、ガラス小玉を中心とする玉類が出土しており、1号主体部との性格の違いを示している。

近隣の地点で確認できる前方後方墳（藤本観音山古墳・寺山古墳等）との前後関係が問題になる[4]。これらに類似するのは上毛野地域内部では高崎市柴崎蟹沢古墳と元嶋名将軍塚古墳等との関係などになるであろうか。前方後方型の周溝墓があっても、定型的でない墳丘墓が確認されていない場合もある。前方後方墳としては全国でも最大級の八幡山古墳を含む、旧利根川右岸の前橋市広瀬・朝倉古墳群などの動向が気になるところである。

そのように絶対数の限られる前期所属の古墳の副葬品は、一般的に「鏡・玉・石製模造品・農具」等という組み合わせになることが多いらしい。成塚向山1号墳の二つの主体部の時期差が問題になるが、遺物に注意する限り、前後関係が逆転しているようにも見える。

2号主体部の被葬者については「司祭」的性格が想定される。地域差・時期差はついて回るが、本源的なこの組み合わせに、小さくない意味があるのではないかと考える。

そもそも日本には、弥生時代に至るまで墓の指標として「墳」を盛るという習慣がなかった。恐らくそのことは、中国大陸や韓半島から、各王朝が滅亡するのに伴って流浪し、結果として「稲作」等を日本にもたらした人びとが持ち込んだ、新たな葬送に関する習俗の一つであったと認定できるだろう。

中国ですら、外部施設として「墳」を盛ることは、古く周の時代の孔子が、長らく不明であった父親の墓所を発見し、そこに「四尺」の「墳」を築いたという事例の段階までドるとされている。これは、同時期の王権である周の制度に全く準拠するものであったという(5)。その後、「墳」が史料上頻出し始めるのは、春秋戦国時代から秦漢時代にかけてであり、いずれにしても日本の古墳時代に先行する。『周礼』に「丘」、『漢書』に「冢」などあるように、それらは古代中国に発端する習俗であった。

用字の異なる各階層の「墓」には、それぞれ大きさ・高さの規定もあり、かなり厳密に運用されていた。そのまま日本に移入された部分もあるだろう。そのような延長上で、「前方後円」墳の起源なども、中国に深源があるとする説もある(6)。

その一方で、「(二〜三種の)神器」というのが「記紀」にもしばしば見えている。「三種の神器」といえば、後に皇位継承に必須の重要物品となる。但し、「記紀」の史料上の頻度では、中国でも先発する「鏡・剣」の組み合わせが多い。やがて時期が下ると、政治的に「玉」が加えられ、「玉」「鏡」「剣」という順序の格付けと意味とが付与されていったのである。

同時代の日本では、前期古墳の被葬者に対して、貴重な「鏡・剣」を副葬する場合が多いと思われるが、四世紀とされる『抱朴子』に明鏡信仰が見られることに示されるように、道教の呪術に起因するものになるだろう。これは、山や岩や木などの自然物を崇拝する信仰に比べれば、格段に進歩した内容になっている。但し、中国における道教の全般的整備も、実際には六世紀段階の陶弘景による『真誥』の整理まで下るとみられる。「鏡」に対しての「剣」に関する呪力は、特に陶弘景が強調していたものである[7]。

少なくともそれまでは、彼我双方の事情によって、道教的思考の体系的な受容は、したくてもできないような状況であった。そのような中国国内での道教の変遷過程に対応して、各段階で日本にまで到達できた道教的内容も、流動的かつ多様であった可能性がある。受容する側の嗜好の問題もあるだろう。大陸側出発点・時期の違いによる系統の違いや、日本側の漂着地点によって、受け止め方にも温度差があった場合も考えられる。

それ以上に道教に伴う各種の習俗が、必ずしも根拠になるような「経典」類と合致しなくても、主として半島系渡来人による「言葉」や「所作」として、日本に持ち込まれた部分が少なくないのではなかろうか。識字層が限られていれば、文献そのものの存在も大して意味をなさないことになる。その場合、特に医療技術（・不老不死）や錬金術といった「現是利益」的な部分が強調されることになる。また、道教・仏教といった厳密な分離・理解は必要とされていないだろう。

右の事実認定はかなりな困難を伴うが、一応中国国内の事例について、「経典」等の移入を伴う（教学的）受容に関しては「成立道教」とされ、そのようなものを伴わない（原始的な）場合には「民間道教」として区分されているようである。同様な状況が日本への受容に当たってもあった可能性がある。

後代、仏教が政権の中枢部によって、多数を支配するための国家統治の思想として本格利用される一方で、道教は非常に少数の特権階級に囲い込まれ、一般大衆からは表面上切り離されていった。法令的な「薄葬」の指示が出された[8]こともあるが、墓として「墳」を盛ることが非常に少なくなって、火葬さえも導入される。それまで費やされていた墓造りへの熱量は、寺院建設や写経事業などに振り替えられていくことになる。

二、南船北馬

「南船北馬」とは、現在の日本では絶えずせわしなく移動（旅）を繰り返している様子を表していると考えられている。それほど多忙なのは、当事者に関する何らかの有能な手腕（またはその逆？）を示唆していると考えられることもある。しかし本来は、中国国内の自然条件に規定された交通手段の違いを表していた。文字通り、南では船（水上交通）が、北では馬（陸上交通）が主要な交通手段であった。

中国内部の南・北の境界は、概ね淮河を基準とする。その境界線の南・北で、地質や地勢や気候条件などが大きく異なり、交通手段に留まらず生活様式や産業構造なども全く異なっていた。周知のように中国では、歴代王朝がめまぐるしく変遷しており、南では漢民族が、北では異民族が主導権を握ることが多く、南・北両地域を併せた形の統一王朝の時期でさえ、南・北のいずれかの地域の民族が主導権を（交互に）握るという形になっていた。

日本列島に関して、地勢的に中国の南北両地域の関係に近いのは、本州の太平洋沿岸地域になる。日本海沿岸地域では、日照や河川の流下方位が逆転する場合が多くみられるからである。南北に細長い本州の各地点にもよるが、中国の淮河に相当する河川は、古代にあっては関東平野の利根川になるのではないか。葉脈状の支流さえ、他所の中心河川と同等以上の規模がある場合さえある。これに準じるのが信濃川・富士川・荒川等であった。

本州各地の平野を貫く各河川では、内陸の平地に到達するために、古代では舟運が活用された可能性が高く、要所要所に「津」が設置されていた。それらのなかで最も使用頻度が高く、最大の機能を擁する「津」が利根川中流域に設置されていたと見るのは、ごく普通のことであろうし、その付近に鉄剣銘で周知の稲荷山古墳を含む「埼玉古墳群」が立地するのも偶然ではない(9)。

相対的に川幅も広く水深も深かった利根川は、幾つもの「津」を点綴しながら、最も奥まった内陸部まで到達できたに違いない。舟も遡上できないような地点から先が、馬の利用に俟つ地点であり、適地をみて「馬牧」が集中的に設置されることになった。それらが信濃国（千曲川～信濃川）・甲斐国（富士川）・上野国（利根川）・武蔵国（多摩川・荒川）などに集中することになったのだろう。同時代の「牧」の、立地・選地もまた偶然ではなかった(10)。

こうした従前の一般的な動向に逆行する政策的「駅路（陸路）」の設定は、その利便性の低さからいって、ある程度全国を網羅するような強権的統一政権に主導されなければ、到底成立しなかったであろうし、実際長期間の存続・維持が困難な施設であった。ありがちな、広域行政区分としての「東山道」などとの混用も避けるべきであろう。そうした意味でも舟運が先行し、馬匹生産が接続する形になっていたとみる。八世紀後半の武蔵国の所属変更は、馬匹と舟運との比重の政策的変更に関係した可能性もある。

さらに広域的にみれば、外来技術としての馬の飼育は、当初大和国や河内国方面の渡来人によって局地的に開始され、その居住地周辺が「畿内」として囲い込まれると、本来そのような機能を担うべきと認識された「北」方の地域に移植され、運営されるようになったのではないか。

六世紀代の上毛野地域の古墳には、他地域に比較しても形象埴輪としての馬型埴輪の優品が多数知られているが、他の様々な器物埴輪がそうである以上に、中央の政治的意思を具象化した記念物なのではないかと考える。そしてそれは、広い意味での馬（儒教）・舟（道教）に基づく支配理念に関係する可能性がある。

右のような諸事情は、馬型の形象埴輪の存在が、単なる葬送儀礼の道具に留まらず、同時代各所での原初的な儒教・道教の受容と拡大の指標の一つに数えられる可能性を示すのではないか。仏教に先行する思想としての、儒教または道教の影響力について改めて留意したい。

三、大己貴命と豊城入彦命

群馬県内には、上毛三山（赤城・榛名・妙義）を中心に、特定の山体を信仰するような神社が存在し、典型的には北毛地域の武尊神社に示されるように、小地域（利根郡）内に集中して分布する場合もある[11]。

県内に多数鎮座し、一定以上の存在感を示している神社に「赤城神社」がある。その総数は、群馬県を中心とする県内外に三百座以上が確認できるらしい[12]。「神社明細帳」に記載された赤城神社の祭神に注意して整理してみると次表のようになる。

簡単に整理はできないが、赤城山南面を構成する勢多郡を中心に東毛地域にかけて村単位程度の濃厚な分布が見られる。利根川右岸で群馬郡以西の西北毛の各郡では僅かな点在状態になっており、非常に対照的である。それらの地域には、主に榛名神社が濃厚に分布していることに関係しているだろう。

　単純な頻度のみによる理解では済まないが、分布の中心は勢多郡南西部から新田郡・山田郡という形で、東西に長く連なる形になっている。勢多郡下田沢村には、五座もの赤城神社が村内に集中し、東方からの登攀に関わるとみられるような特異な分布を示す。また、各地での分布の濃淡は、各地点独自の他神社・他宗教の立地などとの相関関係に関わってくる。

　特に頻度の高い勢多郡には、中核的な赤城神社が鎮座する。

①勢多郡三夜沢村　赤城神社
②　　二ノ宮村　赤城神社
③　　赤城山頂　赤城神社

これらは相互にネットワーク化され、今日では行事や交通路（参詣道）を共有したりするようになっているが、本来の姿ではないだろう。

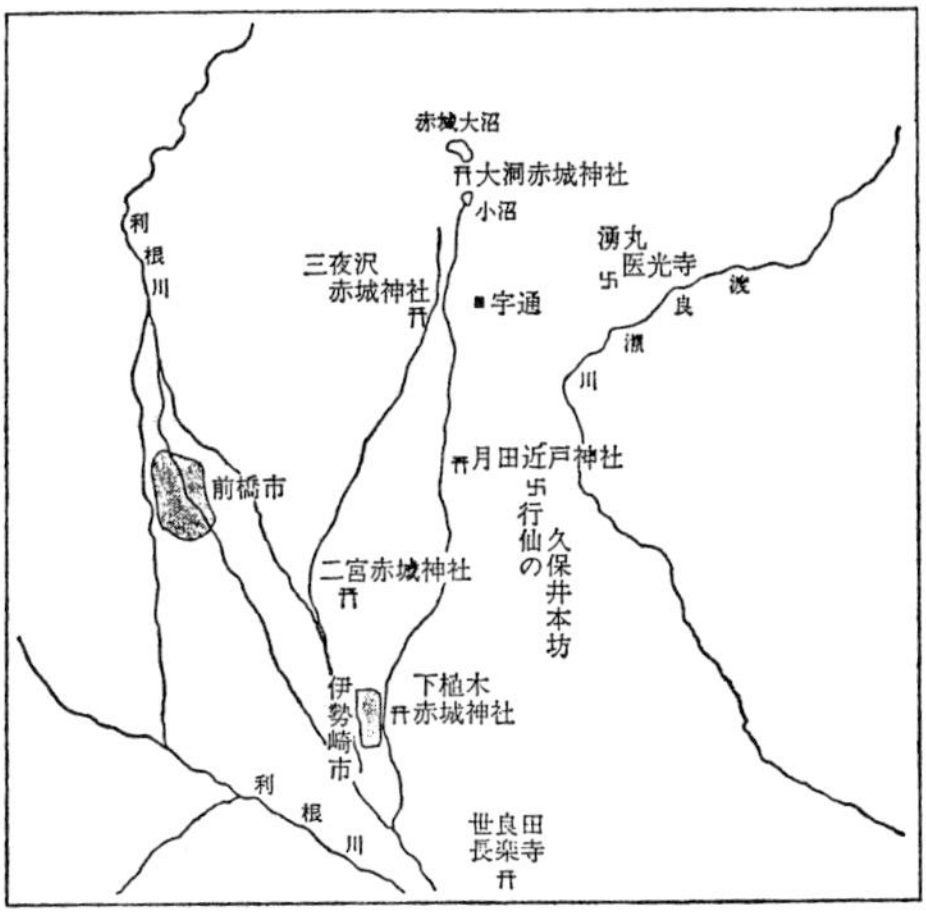

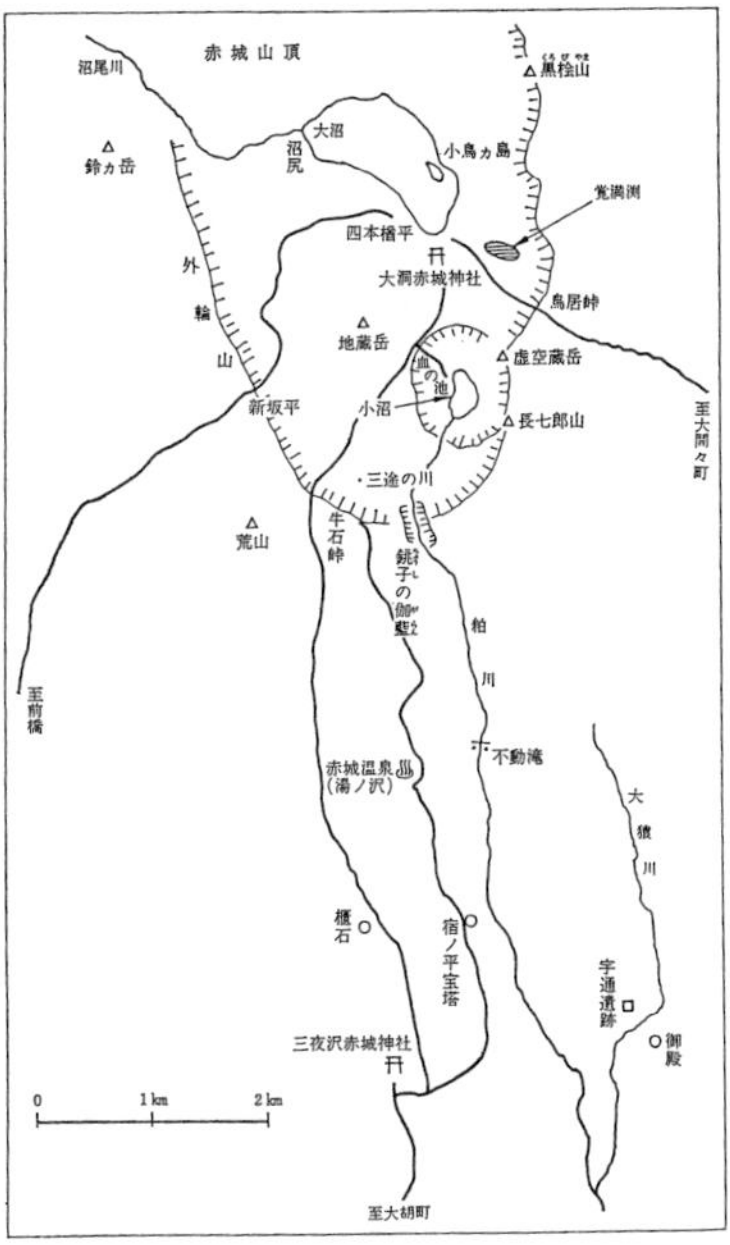

図４　赤城山要図（丸山論文より加筆転載）

表1　上野国内の赤城神社の分布

	表記	地名	祭神	特記事項
1	赤城神社	群馬郡宮地村	豊城入彦命・磐筒男命・経津主命・磐筒女命	(境内末社)厳島社・八坂社・稲荷社・菅原社・神明社
2	**赤城神社**	**紅雲分村**	**大山咋社・経津主命他**	
3	赤城神社	金井村	大己貴命	
4	赤城神社	下和田村	大己貴命・豊城入彦命	(境内末社)菅原社・稲荷社・琴平社・八坂社
5	赤城神社	板井村	大己貴命	(境内末社)秋葉社・稲荷社・八幡宮・八坂社
6	赤城神社	綿貫村	豊城入彦命	(境内末社)菅原社・神明宮・秋葉社・八坂社・三峯社
7	赤城神社	下滝村	少彦名命・大己貴命・倉稲魂命	(境内末社)諏訪社・菅原社・八坂社・雷電社
8	赤城神社	岩鼻村	豊城入彦命	(境内末社)菅原社・八幡宮・大椙社・八坂社
9	赤城神社	宇貫村	大己貴命	
10	赤城神社	緑埜郡篠塚村	豊城入彦命・大己貴命・日本武尊・篠塚重広	宝暦九年に赤城神社合併・改名
11	赤城神社	上栗須村	大己貴命・豊城入彦命・日本武尊・誉田別命	(境内末社)八坂社・産泰社
12	赤城神社	甘楽郡蕨村	豊城入彦命・大己貴命・日本武尊	
13	赤城神社	造石村	大己貴命	(境内末社)稲荷社・八幡宮・諏訪社・大山祇社
14	赤城神社	後賀村	大己貴命	(境内末社)菅原社・諏訪社・愛宕社
15	赤城神社	小畑村	大日霊尊・豊城入彦命・大己貴命	(境内末社)諏訪社他二〇社
16	赤城神社	高瀬村	大己貴命	(境内末社)菅原社他十社
17	赤城神社	碓氷郡上礒部村	大己貴命・豊城入彦命・磐筒男命	(境内末社)菅原社・八坂社・石神社
18	赤城神社	吾妻郡生須村	大己貴命	(境内末社)神明宮・八坂社・八幡宮
19	赤城神社	入山村	大己貴命・倉稲魂命	本来稲荷社を、赤城に改称
20	赤城神社	須川村	大己貴命	
	近戸神社	勢多郡柏倉村	大己貴命	(境内末社)春日社・神明社・愛宕社・大山祇社他六社
21	**赤城神社**	**三夜沢村**	大己貴命・豊城入彦命・磐筒男命・磐筒女命他六	(境内末社)風神社・大山咋社・菅原社・琴平社・稲荷社・雷神社・大山祇社・竈社・神明宮・愛宕社・日読社他二七社
22	赤城神社	女淵村	大己貴命	(境内末社)大山祇社
	近戸神社	深津村	大己貴命	(境内末社)琴平社・疱瘡社・菅原社・稲荷社他十社
	近戸神社	月田村	大己貴命・豊城入彦命	(境内末社)粟島社・築波社・保食社・石凝刀売社他二八社

	近戸神社	月田村	大己貴命	（境内末社）琴平社・神明社・大山祇社・淡島社・地神社
	近戸神社	河原浜村	大己貴命・豊城入彦命・**八綱田命**	（境内末社）天津日社・三峯社・琴平社・稲荷社他十社
23	赤城神社	横沢村	大己貴命	（境内末社）飛鳥社・大山祇社・八幡宮・諏訪社・稲荷社
24	赤城神社	荒口村	大己貴命	（境内末社）阿夫利社・丹生社・琴平社・大山祇社他十社
25	赤城神社	西大室村	大己貴命	
	近戸神社	東大室村	大己貴命	（境内末社）八坂社・大山祇社・大山咋社他三社
26	赤城神社	新井村	大己貴命	
27	赤城神社	今井村	大己貴命	（境内末社）稲荷社・熊野社・愛宕社・琴平社・菅原社
28	赤城神社一	富田村	大己貴命	
29	**赤城二宮神社**	**二ノ宮村**	大己貴命・**彦狭島命**	（境内末社）根笹社・雨宮社・琴平社・根本社他十三社
30	赤城神社	上泉村	大己貴命	（境内末社）菅原社・愛宕社
31	赤城神社	亀泉村	大己貴命	（境内末社）稲荷社・大山祇社・八幡宮
32	赤城神社	堀之下村	大己貴命	（境内末社）菅原社・稲荷社・御霊社・大山祇社
	近戸神社	上大島村	大己貴命	（境内末社）菅原社・日枝社
	近戸神社	笂井村	大己貴命	（境内末社）絹笠社・天津社・琴平社・八幡宮他七社
33	赤城神社	小島田村	大己貴命	
	近戸神社	上増田村	大己貴命	（境内末社）稲荷社・菅原社・神明宮・愛宕社他二社
34	赤城神社	板橋村	大己貴命	
35	赤城神社	新川村	大己貴命	（境内末社）稲荷社・八幡宮
36	赤城神社	小林村	大己貴命	
37	赤城神社	武井村	大己貴命	（境内末社）雷電社・塞神社・八幡宮・青麻社・琴平社
38	赤城神社	高泉村	大己貴命	（境内末社）八坂社
	近戸神社	下神梅村	大己貴命	（境内末社）貴船社・琴平宮・東照宮・八坂社他四社
39	赤城神社	宿廻村	大己貴命	（境内末社）菅原社・琴平社・稲荷社・八雲社他十六社
40	赤城神社	下田沢村	大己貴命	（境内末社）神明宮・大山祇社・八幡宮・琴平宮・八坂社
41	赤城神社	同右	大己貴命	（境内末社）菅原社・大山祇社・八坂社・愛宕社
42	赤城神社※	同右	大己貴命	（境内末社）稲荷社・菅原社・埴山媛社・八坂社他五社
43	赤城神社	同右	大己貴命	（境内末社）大山祇社・琴平社・蚕影社

44	赤城神社	同右	大己貴命	（境内末社）大山祇社・雨宮社・風宮社
45	赤城神社	下田沢村	大己貴命	（境内末社）八坂社・稲荷社
46	赤城神社	塩沢村	大己貴命	（境内末社）神明宮・愛宕社・八幡宮・稲荷社・八坂社
47	赤城神社	花輪村	大己貴命・火産霊命	（境内末社）八坂社・稲荷社
48	赤城神社※	八木原村	大己貴命	（境内末社）八坂社・大山祇社・愛宕社・稲荷社
49	赤城神社	同右	大己貴命	
50	赤城神社	小夜戸村	大己貴命	（境内末社）八坂社
51	赤城神社※	同右	大己貴命	（境内末社）貴船社・大山祇社・稲荷社
52	赤城神社	下沖之郷	大己貴命	（境内末社）伊勢社・稲荷社・諏訪社
53	赤城神社	三俣村	大己貴命	（境内末社）菅原社
54	赤城神社	幸塚村	大己貴命	（境内末社）秋葉社・菅原社・琴平宮
55	**赤城神社**	**赤城山頂**	**磐筒男命・磐筒女命・大山咋社・経津主命豊城入彦命**	（境内末社）日神社・厳島社・豊受社・高龗社・月神社奥宮あり、里宮紅雲分村以下十七村負担、文明年間以降由来
56	赤城神社	下小出村	豊城入彦命（・経津主命）	（境内末社）絹笠社・大山祇社・神明宮・菅原社他三社
57	赤城神社	関根村	豊城入彦命（・経津主命）	（境内末社）八幡宮・菅原社・神明宮・星宮社他五社
58	赤城神社	上細井村	豊城入彦命（・大己貴命）	（境内末社）八坂社・諏訪社・秋葉社・三家社他三社
59	赤城神社	五代村	豊城入彦命（・大己貴命）	（境内末社）神明宮・八幡宮・秋葉社・大山祇社
60	赤城神社	小暮村	豊城入彦命	（境内末社）埴山媛社・厳島社・八坂社・八幡宮他六社
61	赤城神社	横室村	豊城入彦命（・大己貴命）	（境内末社）琴平社・御嶽社・秋葉社・三家社他十社
62	赤城神社	原之郷村	豊城入彦命	（境内末社）菅原社・大山祇社
63	赤城神社※	同右	豊城入彦命（・経津主命）	
64	赤城神社	引田村	豊城入彦命	（境内末社）座王社・稲荷社・愛宕社・大山祇社
65	赤城神社	米野村	豊城入彦命（・経津主命）	（境内末社）木曽三柱社・八幡宮
66	赤城神社	漆窪村	豊城入彦命（・経津主命）	（境内末社）三島社・息州社・愛宕社・石神社他三社
67	赤城神社	田島村	豊城入彦命	（境内末社）秋葉社・景政社・八幡宮・熊野社
68	赤城神社	真壁村	豊城入彦命（・経津主命）	（境内末社）大山祇社・八幡宮・琴平宮・大国社他三社
69	赤城神社	持柏木村	豊城入彦命	（境内末社）浅間社・御嶽社・水神社・稲荷社他五社
70	赤城神社	溝呂木村	豊城入彦命	（境内末社）大山祇社・愛宕社・八坂社・厳島社・琴平宮

71	赤城神社	見立村	豊城入彦命	（境内末社）大山祇社
72	赤城神社※	下南室村	豊城入彦命	
73	赤城神社	同右	豊城入彦命	（境内末社）菅原社・大山祇社・八幡宮・諏訪社他十七社
74	赤城神社	八崎村	豊城入彦命	（境内末社）神明宮・菅原社・八幡宮・諏訪社他四社
75	赤城神社	小室村	豊城入彦命（・経津主命）	（境内末社）神明宮・地神社・琴平宮・春日社他二社
76	赤城神社※	津久田村	豊城入彦命	（境内末社）八幡宮・雷電社・神明宮・諏訪社他四社
77	赤城神社	同右	豊城入彦命	（境内末社）八幡宮菅原社・諏訪社・大山祇社他六社
78	赤城神社	川額村	豊城入彦命	（境内末社）稲荷社・大山祇社・阿夫利社・滝宮社
79	赤城神社	根利村	大己貴命・大山祇命	（境内末社）稲荷社・秋葉社他四社
80	赤城神社	新田郡西鹿田村	大己貴命	（境内末社）八坂社・八幡宮・稲荷社・神明宮
81	赤城神社	鹿村	大己貴命	（境内末社）生品社・菅原社他七社
82	赤城神社	鹿村	大己貴命	（境内末社）春日社・秋葉社他五社
83	赤城神社	鹿村	大己貴命	（境内末社）菅原社・熊野社他三社
84	赤城神社	寺井村	大己貴命	（境内末社）八幡宮・大山祇社他六社
85	赤城神社	新野村	大己貴命	（境内末社）白山社・新田社他六社
86	赤城神社	大久保村	大己貴命	（境内末社）八幡宮・琴平社他三社
87	赤城神社	六千石村	大己貴命	（境内末社）秋葉社・大山祇村
88	赤城神社	溜池村	大己貴命	（境内末社）琴平社・秋葉社・稲荷社
89	赤城神社	権右衛門村	大己貴命	（境内末社）榛名社・稲荷社・大山祇社・雷電社
90	赤城神社	大村	大己貴命	（境内末社）大山祇社・秋葉社
91	赤城神社	大根村	大己貴命	（境内末社）諏訪社・琴平社
92	赤城神社	市根井村	大己貴命	（境内末社）三峯社・大山祇社他三社
93	赤城神社	脇屋村	大己貴命	（境内末社）貴船社・大山祇社他九社
94	赤城神社	花香冢村	大己貴命・豊城入彦命	（境内末社）雷電社・諏訪社
95	赤城神社	米岡村	大己貴命・豊城入彦命・磐筒男命・磐筒女命	（境内末社）稲荷社、経津主命は近古の合祀
96	赤城神社	平塚村	大己貴命・豊城入彦命・磐筒男命・磐筒女命他三	（境内末社）大椙社・水神社・稲荷社・琴平社・神明宮・秋葉社・戸隠社・御嶽社
97	**赤城沼神社**	反町村	大己貴命・豊城入彦命・磐筒男命・磐筒女命他二	（境内末社）三峯社・塞神社・厳島社

98	赤城神社	村田村	大己貴命・豊城入彦命・磐筒男命・磐筒女命他十	（境内末社）菅原社・厳島社・阿夫利社・疱瘡社
99	赤城神社	徳川剛	大己貴命・豊城入彦命・磐筒男命・磐筒女命他二	（境内末社）三峯社、経津主命は近古の合祀
100	赤城神社	鶴生田村	大己貴命・豊城入彦命・日本武尊	（境内末社）大山祇社・八幡宮他五社
101	赤城神社	西矢島村	豊城入彦命	（境内末社）八幡宮・愛宕社他十一社
102	赤城神社	藤阿久村	豊城入彦命	
103	赤城神社	牛沢村	豊城入彦命	
104	赤城神社	山田郡竜舞村	豊城入彦命・大己貴命磐筒男命・磐筒女命	（境内末社）菅原社
105	赤城神社	上小林村	大己貴命・豊城入彦命・磐筒男命・磐筒女命	（境内末社）道神社
106	赤城神社	只上村	大己貴命・豊城入彦命・磐筒男命・磐筒女命	
107	赤城神社	只上村	豊城入彦命・大己貴命 磐筒男命・磐筒女命	（境内末社）神明宮
107	赤城神社	吉沢村	大己貴命・豊城入彦命・磐筒男命・磐筒女命	（境内末社）八坂社・神明宮・稲荷社
108	赤城神社	広沢村	大己貴命	（境内末社）大国社・甲波宿祢社他十四社
109	赤城神社	広沢村	大己貴命	（境内末社）琴平社・白滝社他四社
110	赤城神社	広沢村	大己貴命	（境内末社）富士社・稲荷社他三社
111	赤城神社	蕪町村	大己貴命	（境内末社）八幡宮・八坂社・大山祇社
112	赤城神社	高津戸村	大己貴命	（境内末社）神明宮・諏訪社・厳島社・為朝社・八坂社
113	赤城神社	高津戸村	大己貴命	（境内末社）八幡宮・道神社・八坂社・菅原社
114	赤城神社	西小倉村	大己貴命	（境内末社）猿田彦社・八坂社・菅原社・日枝社
115	赤城神社	東小倉村	大己貴命	（境内末社）道神社・厳島社
116	赤城神社	塩原村	大己貴命	（境内末社）八幡宮・猿田彦社・稲荷社・八坂社・菅原社他
117	近戸神社	塩原村	大己貴命	（境内末社）多賀は・菅原社他二社
118	赤城神社	山田村	大己貴命	（境内末社）八坂社・琴平社・蚕影社
119	赤城神社	山田村	大己貴命	（境内末社）菅原社他七社
120	赤城神社	邑楽郡篠塚村	大己貴命・豊城入彦命・大山祇社	（境内末社）三島社
121	赤城神社	那波郡川井村	大名持命	
122	赤城神社	佐位郡下植木村	大己貴命	（境内末社）厳島社・菅原社他十四社
123	赤城神社	上淵名村	大己貴命	（境内末社）菅原社・八坂社・諏訪社

124	赤城神社	国定村	大己貴命	（境内末社）神明宮・春日社他十三社
125	赤城神社	五目牛村	大己貴命	（境内末社）八坂社・稲荷社他三社
126	赤城神社	波志江村	大己貴命	（境内末社）稲荷社
	近戸神社	波志江村	大己貴命	

「本宮」に位置づけられる三夜沢村赤城神社は、時期的に先行するとみられる祭祀遺跡である「櫃石」[13]の南下方に位置し、平安時代の山岳寺院とみられる「宇通遺跡」と同程度の標高に並列するように位置している。周辺には未調査の関連遺構の残存が少なくないと思われる[14]。さらに、時期的に後発するとみられる近戸神社が、周囲を衛星的に取り囲む形で配置されている。現存の近戸神社は、三夜沢の東方に六座、二ノ宮の西方に三社の鎮座が確認できる。従ってこれらだけでも、少なくとも三段階の変遷過程を辿ることができる。

また、「里宮」とされる二ノ宮村の赤城（二ノ宮）神社に「彦狭島」、河原浜村の近戸神社に「八綱田」が祭神として合祀されているのも、日本書紀での上毛野氏の世孫順を意識して割り振られたかなり意図的な独自の序列を反映し、何らかの時期差を示すと思われる。「奥宮」とされる赤城山頂大沼を中心とする祭祀が、奉鏡を伴う平安時代以降に下るものであることも象徴的だろう。

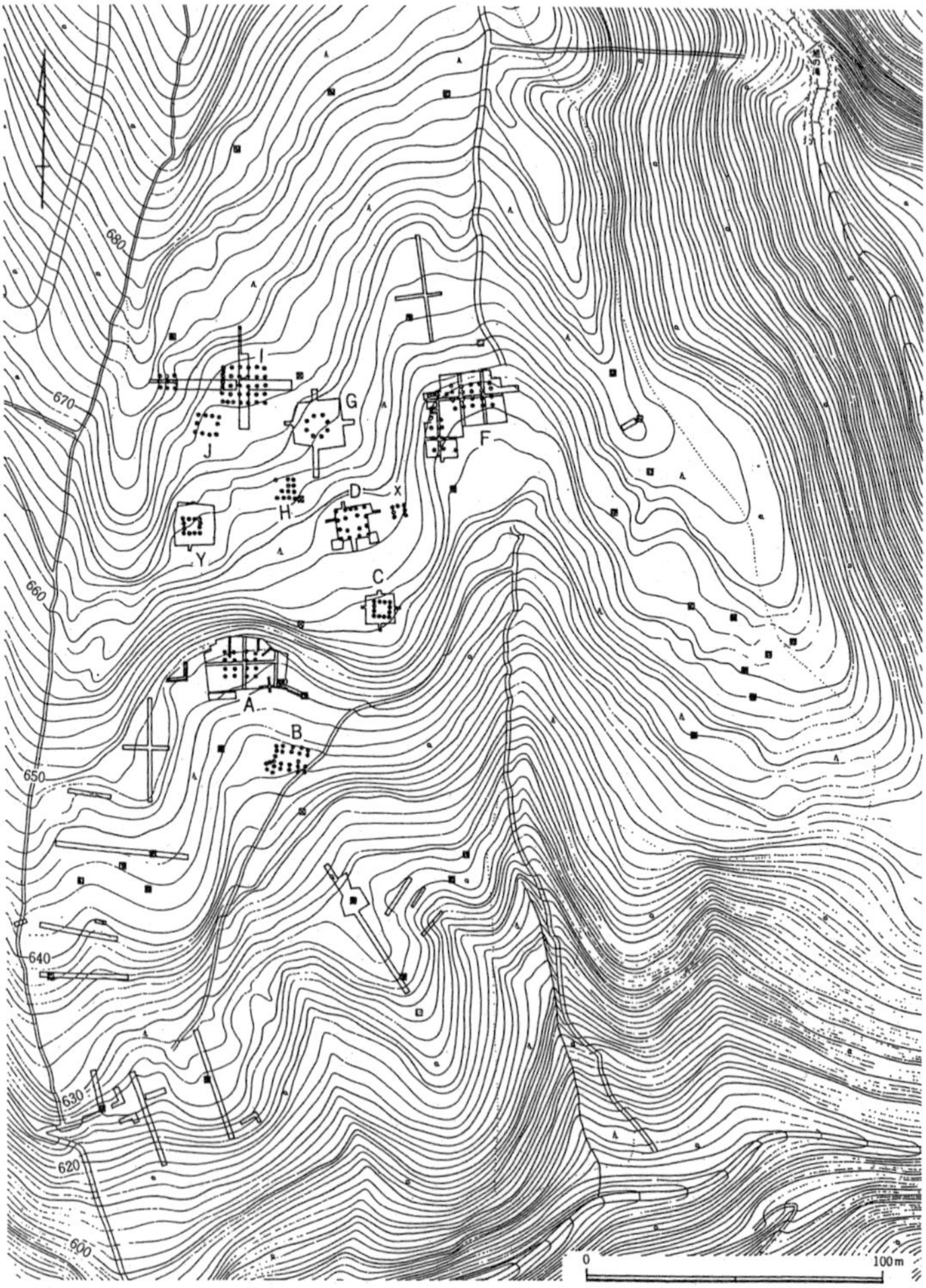

∴ 礎石建物・掘立柱建物　■ 竪穴住居

図５　宇通遺跡（『粕川村の遺跡』より転載）

奉祭神に関しては、勢多郡の地域内部でも特徴的な偏差を示しており注意される。最も多いのは「大己貴命」であるが、上毛野氏の始祖とされる「豊城入彦命」が、数的に大分引き離された形でこれに次ぐ。ここにも前後関係が認められるだろう。上毛野国の地方豪族としての上毛野氏という理解がその前提に形成されている。

奉祭神としては新たな要素である「豊城入彦命」は、原則的に「大己貴命―豊城入彦命」という序列と組合せで赤城神社に祭られる。その例外として単独の祭神「豊城入彦命」のみが集中するのは赤城山西南麓の地域である。その範囲には「豊城入彦命」以外の祭神は見られない。そのような分布の中心には、文明年間勧請とされる旧紅雲分村の赤城神社が鎮座する。本来厩橋城の南側で龍海院の西になる。旧市街の南端になり、以南の水田地帯を中心とする十七村がその経済基盤となっているらしい。

「豊城入彦命」を主たる祭神とする赤城神社の分布範囲をまとめると、赤城山頂を含む旧勢多郡富士見村域が中心で、前橋市街地の旧紅雲分村の赤城神社から山頂を目指す交通路（現、赤城県道・石井県道他）に沿った地域であり、後発する作為を反映していると思われる。なお、山頂の赤城神社の祭神は、「磐筒男命・磐筒女命・大山咋社・経津主命・豊城入彦命」であって、本源的な「大己貴命」さえ含まれていないのが象徴的である。

図６　桐生市宮本町美和神社

「大己貴命」と「豊城入彦命」とを日本神話のレベルで整理すれば、「大己貴命」＝古事記系、「豊城入彦命」＝日本書紀系になるだろう。より古態を示す古事記には、同じ事件に関する記事でも上毛野氏に関する要素が採録されていない。後発する日本書紀の内容の方が、より多くの政治的作為を施されている傾向が強い。

　上毛野地域には、地域勢力としての上毛野氏がいたのだから、その始祖である「豊城入彦命」を赤城神社で奉祭するという構造は、上毛野氏の祖である「御諸別」が三輪山（祭祀）と関係しているとみられるのと逆転し、かなり後発する時期の認識に基づくものであろう。そもそも、上毛野氏が赤城神社の祭祀創建に関係していたのかが問題である。

今日「赤城」神社に収斂されているような宗教施設は、本来「大己貴命」を祭神としていたのではないか。もっと直截的に「ミワ」神を奉祭するための施設と言い換えてもいいかもしれない。そのように考えてよければ、そうした原型を現状で保っているとみられる事例は、広範な分布を示す東毛地域のなかでも、渡良瀬川上流域の山田郡北部になると考える。その代表格または出発点として、式内社にも格付けされる「美和（三輪）神社」が鎮座しているのである。それは、同じ山田郡内の渡良瀬川下流域に位置する「賀茂神社」や、邑楽郡の「長柄神社」の内包する意味とは全く異なった意図が反映している可能性がある。それは、単なる設定時期の差に留まらないであろう。

周知のように「大己貴命」は、大和国三輪山（第二段階）の祭神である。後の東山道筋でミワ神社は、令制一国当り一座鎮座し、各国造の所在地と関係するような地点に位置する。『延喜式』内社の段階で、上野国の「三輪神社」は山田郡に所在するのである。なお、山田郡の美和神社の祭神は第一段階の「大国主命」になっている。

渡良瀬川を下流から遡上して、特徴的に集中する形の邑楽郡の「長柄神社」や山田郡の「賀茂神社」は、それぞれ大和葛城県に起源を持つ。それらの上流最深部に「三輪神社」が鎮座するのである。その位置は、東方（太平洋）から遡上して、赤城山体を遙拝・登攀する地点のイメージになるだろう(15)。

大和国の三輪山信仰に関しては、古来識者の注目するところ(16)であり、国家創生の神として「大己貴命」が位置づけられるのにも重要な意味がある。上野国のミワ神理解の前提として、各地に分祀された神の扱いについて考える必要がある。たとえば、比叡山に延暦寺が創建されるのだが、それ以前にミワ山祭祀が移植されていたという(17)。最澄は、それを排除するのではなく、包摂する形で延暦寺の開祖となった。そのような神仏習合が、天台宗の根本の地である比叡山でもあり得たのである。そのように考えると、「櫃石」から始まる赤城山をめぐる古代信仰に関しても全く異なった像が結ばれてくる可能性が出てくる。

小結

今日の群馬県民にとって、そこにあるのが当たり前の赤城山である。しかし、誰が何時から何故「赤城山」と呼ぶようになったのか、関連する各種の伝承の意味などについても、歴史的な分析が進んでいるとは言いがたい。「赤城山信仰」というような言葉では、正確には「赤城山」以前の諸問題が的確に包摂されているとはいえないのではないか。

日本古代の段階での仏教の流入は、国家にとっても各地域にとっても画期的なものであった。但し、諸般の条件によって長期間に亘る段階的で雑多な流入となり、それらを携えてきた移動民などの性格によって多様性を生じることになった。今日、目に見え耳に聞こえる神や仏も、ここまで多くの変遷を辿り、未来永劫に亘って不変ではないことを充分理解しておく必要がある。

注

（1）増尾伸一郎『道教と中国撰述仏典』（汲古書院、二〇一七年）。
（2）鎌田茂雄『道蔵内仏教思想資料集成』（大蔵出版社、一九八六年）。
（3）群馬県埋蔵文化財調査事業団『成塚向山古墳群』（二〇〇八年）。
（4）植田文雄『「前方後方墳」出現社会の研究』（学生社、二〇〇七年）。
（5）福永光司「墓の思想信仰」（『「馬」の文化と「船」の文化』人文書院、一九九六年所収）。
（6）大久保徹也・佐藤弘夫『死の機能』（岩田書院、二〇〇九年）。

(7) 福永光司「天皇と真人」(『道教と日本思想』徳間書店、一九八五年)。

(8) 森浩一編『論集終末期古墳』(塙書房、一九七三年)。

(9) 松浦茂樹『埼玉の津と埼玉古墳群』(関東図書、二〇一一年)。

(10) 右島和夫監修『馬の考古学』(雄山閣、二〇一九年)、佐々木虔一・川尻秋生・黒済和彦編『馬と古代社会』(八木書店、二〇二一年)等参照。

(11) 尾崎喜左雄「古文献に見える上野国の諸神」(『上野国神名帳の研究』尾崎先生著書刊行会、一九七九年所収)。

(12) 丸山知良「赤城山信仰」(宮田登・宮本袈裟雄編『日光山と関東の修験道』名著出版、一九七九年所収)。また、赤城山麓地域に関する信仰の具体相に関しては、沼義昭「山と水と観音」(『観音信仰研究』佼成出版社、一九九〇年所収)、福田晃『安居院作『神道集』の成立』(三弥井書店、二〇一七年)などの視角が参考になる。

(13) 井上唯雄「赤城山櫃石と群馬の祭祀遺跡」(『群馬文化』一九二、一九八二年)。

(14) 石川克博「宇通遺跡をめぐる二・三の問題」(『群馬文化』一九七、一九八四年)、小島純一「群馬県前橋市宇通遺跡」(古代学協会『平安時代山岳伽藍の調査研究』二〇〇七年)。

(15) 拙稿「葛城県と毛野県」(『古代上毛野の社会基盤』同成社、二〇一八年所収)。

(16) たとえば小笠原好彦他『三輪山と古代の神まつり』(学生社、二〇〇八年)。

(17) 景山春樹「日吉社祭祀考」(村山修一編『比叡山と天台仏教の研究』名著出版、一九七六年所収)。

第二章　星の信仰

はじめに

妙見信仰は、インド発祥の菩薩信仰が、中国に移入されてから道教の北極星・北斗七星信仰と習合したもので、南北朝時代の中国には既に存在したとされる。日本には、早くも古代の段階で秦氏によって持ち込まれ、西日本を中心に分布しているとされる。

八世紀前後頃と推測されるキトラ古墳の石室内に、精緻な星座が描かれていたのは、そこに葬られていた貴人が、死んでもそれと共に居たいと信じる信仰の証である。そこまで内容を知悉するからこそ、自らの終の住処を星座で飾ったのであろう。

時期的にかなり遡及することが推測されるそのような信仰文化は、中央は勿論、地方では何時頃どのように波及していたのだろうか。確証を得るに足る定点的な資料は極めて僅少であるが、今後とも考え続けていくための手がかりに、貧しい私見の一端を提示して大方のご教示を得たい。

一、片貝神社

現在、前橋市東片貝町に所在する片貝神社は、地域で「虚空蔵さま」と呼ばれて親しまれている[1]。現況では、水田の広がる平坦地に単独で立地し、南に延びる直線道路が参道的な機能を果たす。三棟の社殿が並列しているが、東から「能満虚空蔵尊」・「片貝神社（星宮神社）」・「早虎稲荷社」の順に並んでいる。三社を併せて「三社寺」という呼称もあるらしい。南北方向に主軸を有する、後期の前方後円墳である「桂萱大塚」のくびれ部付近を削平して造成した平坦面と前方部に、それぞれ南面して鎮座している。主体部の横穴式石室は、早虎稲荷社の背後に西面して開口する。境内入り口の鳥居の東側に、八角形を呈する「鰻池」が存在し、眼病に効くということで尊崇されている。

そもそも片貝神社は、「星宮神社」であった[2]。鎮座の由緒などの詳細は不詳だが、明治四一年六月三〇日に、本社を中心とする合併が実施された際に、所在地名を活かして「片貝神社」と改称されたのである。その際合併された村内の本社及び「境内末社」等は次のようなものである。なお、早虎稲荷社は星宮神社段階からの末社であり、片貝神社の参道から西に派生（左折）し、右折して参詣する鍵の手形に配置されている。

○西片貝村

・同所―（境内末社）早虎稲荷社

・同字中屋敷―神明宮（境内末社）八幡宮・天神社・村主稲荷社

・同右―稲荷神社（境内末社）厳島神社・琴平神社・

・同字石神井―稲荷神社

○東片貝村

・同字西大道通―萩宮稲荷神社

・同右―稲荷神社（境内末社）八坂神社・菅原神社

本社が五、境内末社が八の都合十三が合併されたわけだが、各所在地名から知られる地理的な広がりは、東西片貝地区に収まり群馬県内の同様の事例と比較してそれほど大きなものではない。これらの「境内末社」は、片貝神社の境内に石祠等として現存している。古墳の墳丘を利用して各所に配されているのである。

星宿信仰に関係する星宮神社は、関東地方では栃木県に分布の中心があることは知られていた(3)。隣接する群馬県にも分布した可能性は予想されたところであるが、「神社明細帳」に見える関連神社を整理したのが次表である。本社・末社の区分では大半が「末社」

であるが、地域的には赤城山南面を中心とする勢多郡に集中している。下野国との地理的近接の関係で、本社が邑楽郡田谷村に存在した以外、他地域での存在感は非常に薄い。

勢多郡に集中する「星宮神社」のなかでも、本社として今日まで存続し続けているのは片貝神社のみである。このことは、本来片貝神社が周辺地域のなかでも特に注意される規模と内容を持っていた可能性があることになる。

各神社の祭神からみると、「天御中主尊・天之香々脊男・天児屋根命・天火明命」が、各地点毎の小さなまとまりを持っているのがわかる。いずれも「天——」名称の付された「宇宙」関係の近接した性格を持つ神々である。勢多郡内の中心は「天御中主尊（＝天之香々脊男）」であり、上野国関係の祭神では最も多い。

「天御中主尊（＝天之香々脊男）」は、『日本書紀』神代上（天孫降臨）の一書及び本文注に見える「天津甕星＝天香香背男」という「悪神」で、経津主と武甕槌によって派遣された「倭文神：建葉槌命」によって屈服させられたとされる。「鹿島神宮」設置の由緒の出発点に位置づけされる内容である。中臣（藤原）氏の祖である「天児屋根命」が含まれる（八雲神社）のも、このことに関係しているだろう[4]。

そのように見られるならば、群馬県内で唯一佐位郡に本社の「倭文神社」が存在する意義についての新たな解釈の可能性が出てくる。また、「星宮神社」と「猿田彦神社」との分布範囲（勢多郡）がかなりの部分で重複してくるのも、単なる偶然ではないことになる。

表2 「星宿信仰」関連寺社

	表記	地名	祭神	特記事項
1	飯玉神社	群馬郡後閑村	（天之香々脊男）	（境内末社）星宮社
2	八幡宮	前代田村		（境内末社）星宮社
3	妙見宮	引間村		
※	妙見寺	同右所		天台宗
4	住吉大神	多胡郡大澤村	（天御中主尊）	（境内末社）明治維新期に「妙見」を「星大神」と改称
5	舟尾神社	甘楽郡舟尾村	天御中主尊	元文四年（一七三六）勧請、
	一宮社	同右所		明治二年に「妙見宮抜鉾大神」から改称
6	戸野神社	生利村	天御中主尊	「妙見宮」から改称
7	八雲神社	勢多郡室澤村	天児屋根命	（境内末社）妙見社
8	近戸神社	月田村	天御中主尊	（境内末社）妙見社、明治四〇年合併
9	荒子神社	荒子村	天之香々脊男	（境内末社）妙見社
10	赤城神社	三夜沢村	（境内末社）星宮社	
11	**星宮神社**	**西片貝村**	**天御中主尊**	明治四一年に周辺の諸社を合併し、「片貝神社」と改称
12	**星宮神社**	**下細井村**	**天御中主尊**	明治四二年に「赤城（細井）神社」に合併
13	八阪神社	深津村	（天御中主尊）	（境内末社）星宮社
14	神明宮	上沖ノ之郷	（天御中主尊）	（境内末社）星宮社

15	赤城神社	関根村	（天御中主尊）	（境内末社）星宮社、明治四〇年に「八幡宮?・」と共に合併
16	赤城神社	下南室村	（境内末社）星宮社	
17	八幡宮	真壁村	（香々脊男）	（境内末社）甕星社
18	大山祇神社	真壁村	（香々脊男）	（境内末社）甕星神社
19	神明宮	上箱田村	（香々脊男）	（境内末社）甕星神社、明治十年移転
20	八幡宮	長井小川田村	天火明命	（境内末社）甕星社、明治四十一年「赤城神社」に合併
21	熊野神社	長井小川田村	天火明命	（境内末社）妙現社、明治十二年移転
22	折田神社	吾妻郡折田村		旧妙見社、天正年間に秩父郡大宮より勧請、明治十年に諏訪社を合併、所在地から「折田神社」と改称
※	妙見寺	新田郡西今井村		日蓮宗
23	**星宮神社**	**邑楽郡田谷村**	**天津甕星命**	大正九年に「稲荷神社」に合祀
24	玉取神社	秋妻村	（天甕星命）	（境内末社）星宮社
25	賀茂神社	海老瀬村	（天御中主尊）	（境内末社）星宮社

図７　片貝神社

図８　妙見寺と妙見堂

二、道仏混淆の社会

一方、勢多郡では東部に偏在し、群馬郡にあって重要な位置を占めているのが、高崎市引間町に現存する「妙見寺」と「妙見宮」である。時期的にどの程度遡及するか問題だが、現在の「妙見寺」と「妙見宮」の建物は、同じ境内に並立する形で設置されている。物理的に神仏混合状態を体現しているわけである。

ここに見られる「妙見信仰」とは、インド起源の「菩薩」信仰が中国伝来後に、道教の「星宿」思想と習合し、仏教の一部（天部）として、六世紀頃日本に伝来したとされている。北極星（北辰）の神格化に結び付いており、仏教伝来当初の段階から、道教と混淆した状態であったことには、特に注意しておくべきであろう(5)。

七世紀段階には、舒明天皇以降、天武・持統天皇に連なる一連の血族であるソガ氏及び皇族が、仏教を信奉する一方で道教にも強く影響されており、最終的に長屋王が紂滅されることによって（国家）仏教への切り替えが断行された転換にも、小さくない意味があると思われる(6)。

ともに上野国内に所在する八・九世紀代の石碑である「金井沢碑」に見える「七世父

母・天地誓願」や、「山上多重塔」の「神祇父母（・衆生含霊）」といった文言は、恐らく「父母恩重経」等に依拠するものであり、仏教との習合がさらに進んだ状態であるかもしれないが、いずれも道教の強い影響下で生成された考え方である(7)。

同時代の上野国に関して、比較的信頼性のある記事として『続日本紀』宝亀八年（七七七）八月癸巳条に「（前略）上野国群馬郡戸五十烟・美作国勝田郡五十烟捨妙見寺（後略）」とある。また、『日本後紀』大同三年（八〇八）九月十六日条に停止された食封に「妙見寺一百戸」と見え、『新抄格勅符抄』寺封部の「妙見寺二百卅戸」の割注に「百戸返納依大同三年勅符。宝亀十一年施常陸五十戸近江卅戸讃岐五十戸美作五十戸」とあるものが関係している。ここに見える「妙見寺」に関しては、河内国石川郡に所在する寺院であったと考えられている。寺域内から「延暦三年（七八四）」の年紀を有する「紀吉継」の墓誌が検出されている。

右の各記事の「群馬郡戸五十烟」の食封は、宝亀八～大同三年の期間限定ではあった。八世紀後半の上野国及び美作国には、何らかの形で「妙見信仰」が移入されていた可能性がある。特に注目されるのは、一般的に古代の段階で「妙見信仰」に深く関与していたのは、新羅系渡来人である秦氏であったとされていることである(8)。秦氏の分布は、現状で信濃国～相模国を東限とするという。

秦氏にも数系統認められるが、韓半島への近接という事情で地域的には西日本が分布の中心である。東国各地にまで進出した氏族は、畿内近国に定着・発展した諸氏族とは時期差があり、やや系統が異なると思われる。

同様に、「妙見信仰」の分布も西日本を中心としている。このことは、東日本の「妙見信仰」に関する情報伝達が、基本的には新羅によって日本海中心の水運で行われた可能性を示す。朝鮮三国のなかでも、ヤマト王権との関係の必ずしも良好でなかった新羅は、継体大王時代のような特定・特殊の時期にのみ強いつながりを持っていた。

八世紀以降上野国に所在の知られる新羅人は、七世紀後半以降の来住を主体とする。それ以前に「妙見信仰」をもたらしたのは、恐らく道仏混淆状態の経典を持ち込んだ初期の渡来系氏族——伽耶系、百済系——であった。ソガ氏による仏教振興に関わった最初期の渡来人は、畿内近国では百済系であった可能性が高いが、その次の段階では国交関係の改善傾向もあり、新羅系が増えてくる。王権周辺での道教の排除傾向が後押しになって、「妙見信仰」が各地域に拡散することになっていったとすれば、まことに皮肉な現実だったかもしれない。

上毛野地域への道教の段階的受容について、その前提としての地域外の人的集団の流入に関しては、太平洋経由であれ日本海経由であれ、舟運が先行し、陸路の整備はあくまでもそれに追随する形であったと考える。特に前者に関する一連の「天日槍」伝承[9]等の意味が改めて重要になってくると思われる。

三、勢多郡の宗教的特異性

『倭名類聚抄』郡郷名によれば、上野国勢多郡には「深田・田邑・芳賀・桂萱・真壁・深渠・深沢・時沢・藤沢」（傍線は遺称地あり）の九郷が知られている。この数字に基づけば、原則として四百五十郷戸によって成り立っていたと思われる。遺称地が郷の所在地と一致する訳ではないが、主に赤城山南半部を中心とした山麓地域にかなり疎らに点在しているように思われる。遺称地は、旧利根川左岸の段丘上に西から「真壁→時沢→芳賀→桂萱」のように並んでいるが、具体的集落遺跡の分布からいえば、不明の郷は遺称地の上の標高地点や山田郡に接するような東部地域に配列されていた可能性がある。

全体として水田適地に乏しく、赤城山体起源の丘陵地形を開析する河川から生成された低地を中心に開発が行われたとみられる。特に東部地域を中心に、五～六世紀の二度に亘る榛名山の噴火後を中心とした時期に、急激に群集墳的な高塚古墳の築造が見られるようになるのは、やや条件の悪い地形にも積極的に働きかけるような開発が行われた可能性を示している。その中核になるのは、前橋市大室古墳群の首長墓系列になるだろう[10]。そこで培われた葬送儀礼が、外来信仰の受容に当たっての大きな前提になったと見られる。

赤城山南麓地域を代表する古代の宗教的遺物としては、桐生市新里町に所在する「山上多重塔」がある[11]。そこに刻まれた銘文は次のようなものである。

「如法経坐・奉為朝廷・神祇父母・衆生含霊／
小師道・輪延暦・廿年七・月十七日／
為□无問・受苦衆生・永得安楽・令登悲願」

外形は三重塔を模した石造物であり、木質部に朱、屋根瓦は黒で着色されており、かつてはかなり目立つ彩色が施されていた。上部に穿たれた穴に「経文」を収納する経塔の機能が想定される。銘文中に見える「如法経」の文言等によって、造立の背景に「法華経」への信仰が広がっていたとみられる。

多重塔は孤立して存在する訳ではなく、隣接地には「僧が窪」という地名が存在し、か

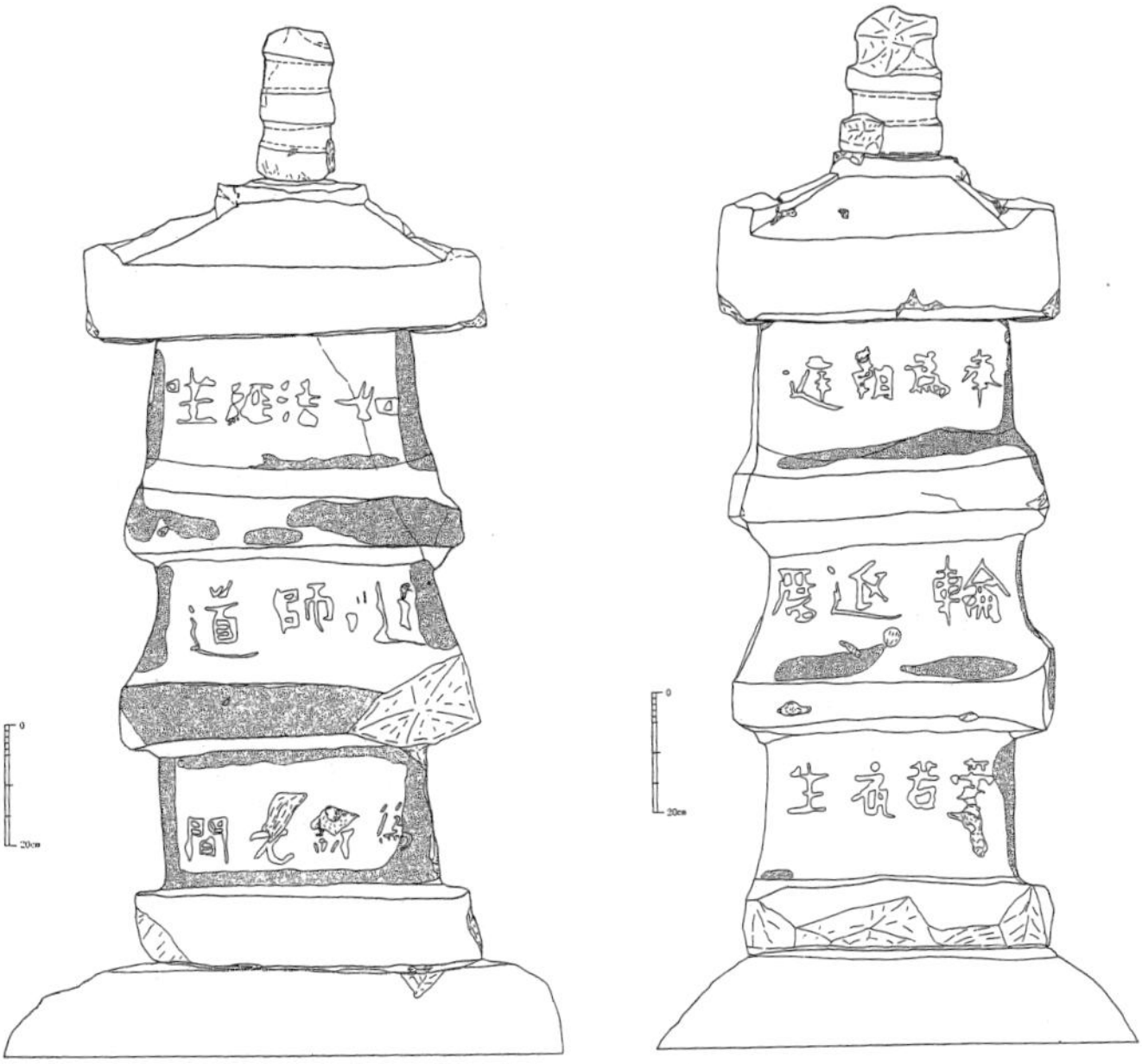

図９　山上多重塔（柏瀬論文より転載）

つては何らかの宗教施設があったとみられる。七世紀後半以降の首長墓系列を示すとみられる終末期古墳（中塚古墳）から連続する葬送墓制の変遷が狭い範囲の中で知られ、火葬骨を納めたとみられる石製骨蔵器が夥しく検出されている。

それらのなかでも特に注意されるのが、最大規模を有する国史跡「武井廃寺塔跡」とされる遺品で、上部に造塔があったかどうかは確認できないが、周囲の地形を造成して基壇とし、その上部に据え付けられたのは大

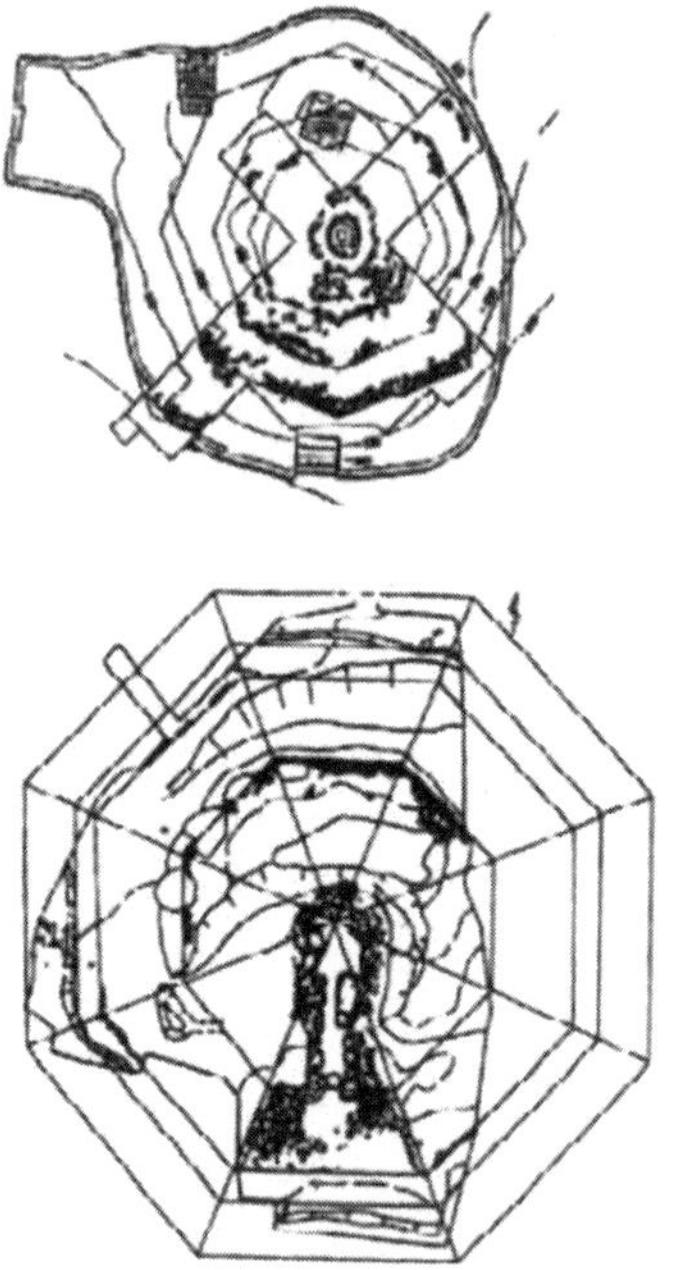

図10　武井塔跡（上）と三津屋古墳（下）

規模な蔵骨器になるだろう。三段程度で八角形になるかどうかは微妙だが、そうであれば古い段階の「観音」信仰の影響が見て取れることになる。八角形の墳墓の群馬県内で確実な類例は、現状では吉岡町の三津屋古墳になるが、こちらは一回り大きく横穴式石室の内蔵が知られており、時期的にやや先行する。それらの成立の前提には、受容後間もない段階の仏教的要素が想定できるのではないか。

また、前橋市柳久保遺跡群の、九〜十世紀頃の水田の水口祭祀に伴う遺物も注意される[12]。前橋市東部（荒子町）の、城南住宅団地造成に伴う事前調査によって検出されたものである。近接した地点北側に、「郡衙」関連施設（郡寺及び倉庫群）なのではないかとされる上西原遺跡なども所在し、各時代の遺跡が集中している。特にこの周辺は、文字資料の出土点数の多さが目立っていたが、土師器坏五枚が重ねられた出土状況を示す中に特異な墨画土器を含み、馬や猪などの骨が伴出するなど、典型的な祈雨祭祀の痕跡を残していた。

　墨画土器に関しては、発見された当初から注目されてきていたが、外面に鬼とみられる人物が五体以上表現され、うち一体は牛馬とみられる動物に騎乗している。内面にも二体以上の鬼が表現され、上半身が遺る一体は左手に棒状のものを持っている。少なくとも現存する部分には墨画のみで、文字は遺されていない。墨痕を遺すものは七点ほど確認されているが、数文字とみられる例は現状では判読できない。二字あるものは「下内」のように見える。「田」を含む二文字、「弓」篇のように見える例は、墨痕のみの場合と同様判読不能である。

　一括の遺物の出土状況は、北から南に向かって流下する溝が僅かに東に向かって湾曲する右岸の6×4メートルほどの範囲にかたまって検出された。溝の縁に沿った一番北端に

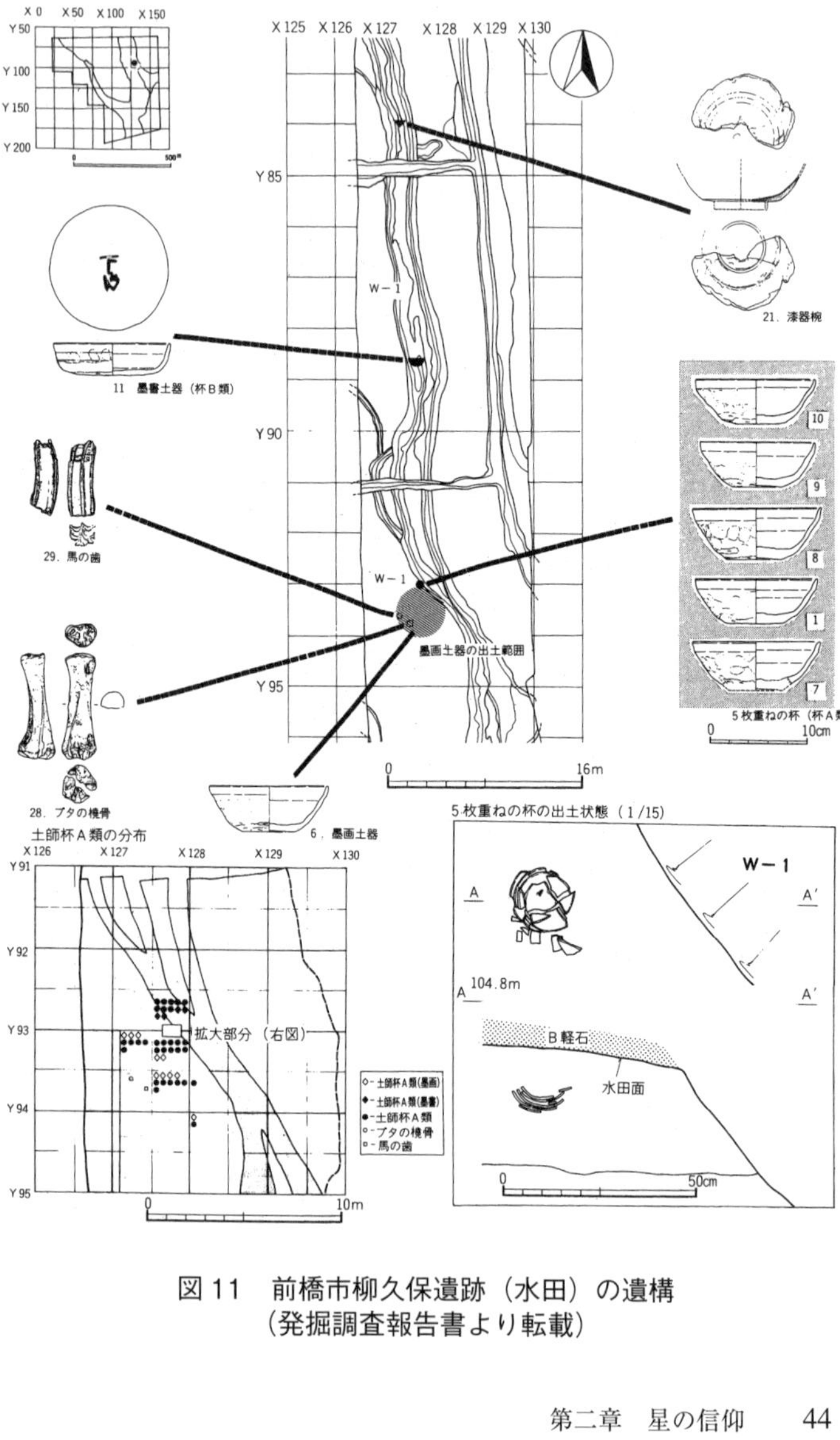

図 11　前橋市柳久保遺跡（水田）の遺構
（発掘調査報告書より転載）

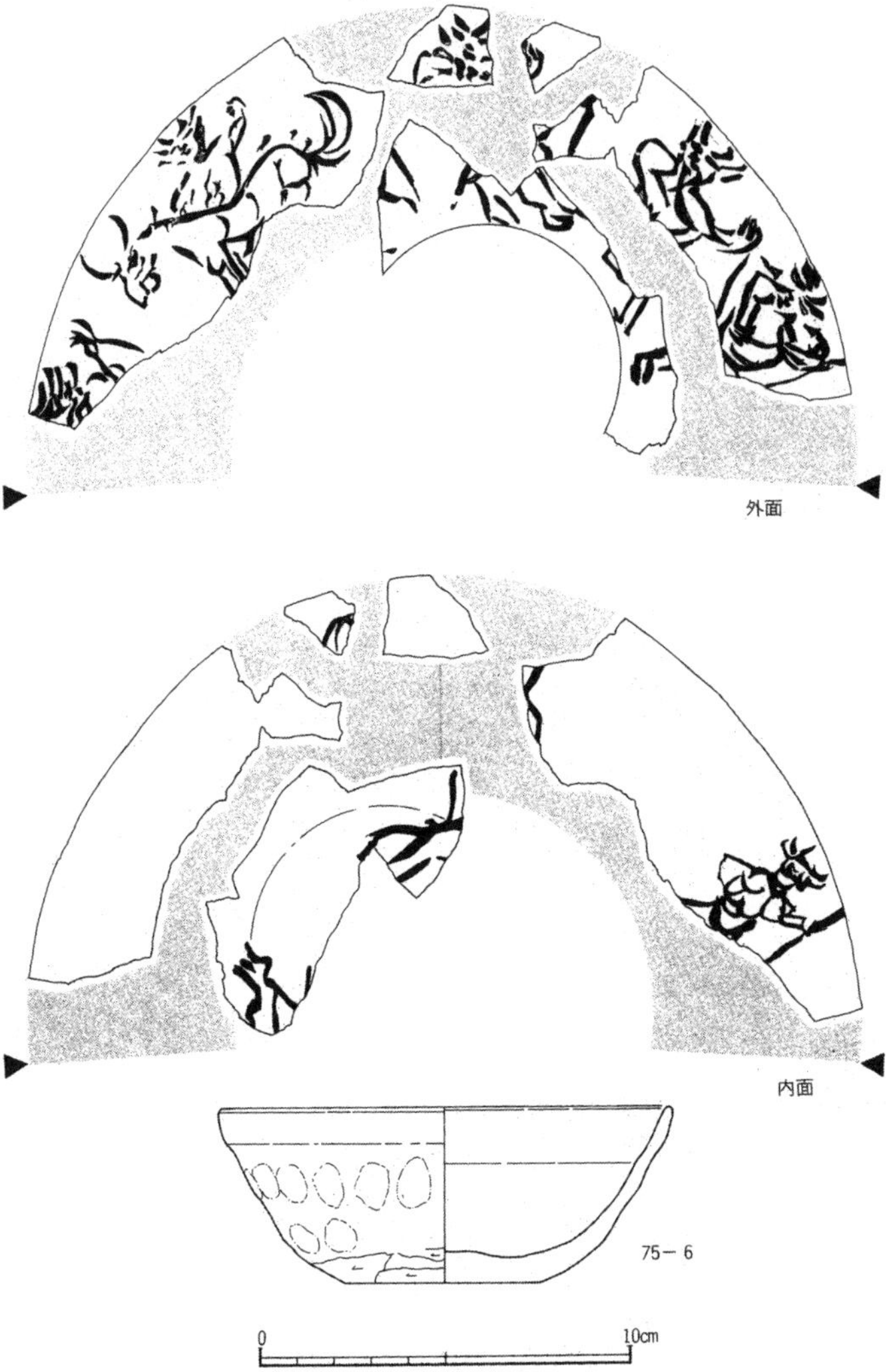

図12　柳久保遺跡出土墨画土器（同右）

坏五枚が口縁を上にして重なった状態で検出されている。これらは意図的な破砕は受けていないようである。これに対して墨画土器は、その南側に破砕されて撒かれた状態になっており、失われて接合しない破片がかなり存在する模様である。さらにその南側に豚の橈骨や馬の歯が飛び散った形になっている。これらを構成する遺物によって、『古語拾遺』に記載された御歳神の記事との関連が注意されているのである。

右の遺構は、検出された当初から「御歳神」的な祈雨祭祀に伴うものと理解されたが、この種の御歳神は肉食を好む外来系の女神で、日本国内にあっては本来ヤマトの葛城（鴨）に起源を有するとされている。御歳神の総本社は、現在奈良県御所市の「葛木御歳神社」であり、『延喜式』では名神大に位置づけられている。

後述するように、上毛野地域でも東部地域では、渡良瀬川左岸地域を中心に葛城系の神社群が多数鎮座している。それらのすべてを古代にまで遡及させて考えることはできないだろう。しかし、少なくともある段階までは、この周辺地域への葛城の勢力の進出及び影響力の行使があったと考えるべきなのではないか。そしてその影響力は、旧利根川の左岸地域（勢多郡）まで及んだ時期があったのではないか。

また、「上毛野・赤城山」と「下毛野・日光山」との間の争いに関する周知伝承等にも、中国江南起源の道教的要素があったという(13)。字面通りに受け取れないことは言うまでもない。

私見では、徳一の定着に代表される法相系の考え方の東国地域への流入の前提には、平安期の整備された真言密教以前に、「古密(雑密)」とされるものが、国家的なルート(駅路)以外から断続的に流入しており、「自然智宗」的な要素が存在感を持ちつつあったことが関係していると思われる(14)。

古代上野国にあって、勢多郡・利根郡などで構成される赤城山山麓各地域について、所在する寺社等の内容から見て、南面(勢多郡)と北面(利根郡)との宗教状況に大きな違いがあることが徐々にわかってきた。おおまかに整理すれば、南面は最澄の東国巡錫のこともあり、全面的に天台系の要素に覆い尽くされた状態になったと見られる。災害の頻発もあり、その段階で、国分寺等の公的施設がどの程度機能していたかはかなり問題である。これに対して北面は、以北の諸地域と連続する形で「補陀洛」(弥勒―観音浄土)信仰が濃厚に広がっていた。

それらを上書きする形で、円仁創建の伝承を有する寺院が集中している。最澄没後の円仁の東国巡錫は、師が完全には達成できなかった先発する「地域仏教」の「天台」化にあったのではないか。結果として、赤城山南面（勢多郡）地域以南の「天台」化はある程度達成できたが、以北については併存で妥協せざるを得ないことになった。

こうした傾向は、より広域な北関東地方や東北地方南部の各地点に関しても類似する要素がある。韓半島からの距離の問題で、日本海を介した直接的影響が想定されるので、恐らく時期的には内陸でも山脈越えの上毛野地域よりも先行するだろうし、内容的には独自性が強い。その広がりは「環日本海」的である。

大陸からのより直接的な渡来人たちは、日本海沿岸各地への漂着後、「補陀洛」山に合致するような場所を探して、積極的に各地の内陸部へも進出していたとみられる。結果として、国家仏教とは相容れないような性格の仏教が、東国地域を中心に各地に拡散することになった[15]。

そのようにしてみると、「赤城山」と「日光山」との相克は、つまるところ最澄（天台宗）以後と以前との宗教勢力の相克を象徴するものではなかったか。「蜈蚣」と「蛇」という対立の象徴そのものが、道仏混淆の宗教や社会の実態的状況を象徴している[16]。

勢多郡に関しては、郡域の広さや同時代の人口の稠密などもあってか、神社の多様性が目立つ。各種の奉祭集団が集中している可能性がある。端的には、山上多重塔の存在に代

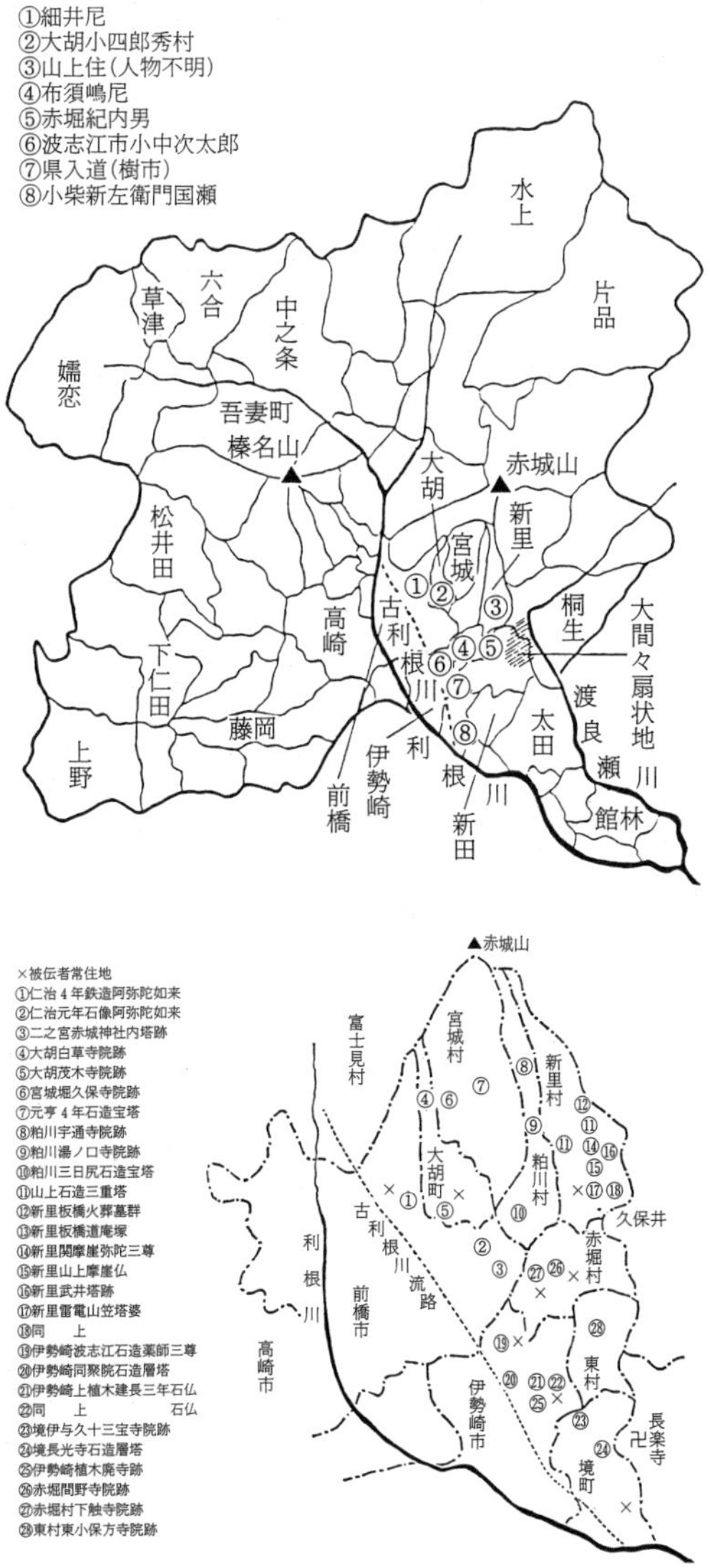

図13　勢多郡周辺の伝承と特殊遺構（近藤著書より転載）

表されるように、仏教さえ一般的な事例と一線を画す特徴的な内容を持っていた可能性がある。

小結

あくまで時間軸の問題は残るが、研究史的にはほとんど存在さえ知られていなかった「星宿」信仰の痕跡が、上野国内の各地点でも指摘できることで、全国的な「妙見信仰」等の評価に関しても、全く新たな要素・解釈を付加できるかもしれない。

中央から見れば僻遠の地域であっても、各地の置かれていた条件によってある時代には最新の宗教や文化が流入し、受容されることがあった。問題なのは、来歴の不明な宗教や文化・文物に関して、渡来人というような括りで整理しないことだろう。世代を経た「渡来人」や、渡来人よりも他国に通じた日本人は今の時代にもいる。そのような要素にも細心の注意を払って考察を継続したいと希望する。

注

（1）虚空蔵信仰については、佐野賢治『虚空蔵菩薩信仰の研究』（吉川弘文館、一九九六年）参照。

（2）丑木幸男編『上野国神社明細帳』1～25（群馬県文化事業振興会、一九九九～二〇一一年）。以下、特に注記しないが、適宜同書を参照している。

（3）中西用康『妙見信仰の史的研究』（平泉明事務所、二〇〇八年）。また、小村純江『妙見信仰の民俗学的研究』（青娥書房、二〇二〇年）に、現況に関する悉皆的な整理がある。

（4）大和岩雄「大甕神社」（『神社と古代民間祭祀』白水社、二〇〇九年所収）。

（5）増尾伸一郎「〈天罡〉呪符と北辰・北斗信仰」（『道教と中国撰述仏典』二〇一七年所収）、丸井敬司『千葉氏と妙見信仰』（岩田書院、二〇一三年）。

（6）新川登亀男『道教をめぐる攻防』（大修館書店、一九九九年）が、同時代の複雑な政治情勢を活写する。

（7）増尾伸一郎「父母恩重経」（増尾・丸山宏編『道教の経典を読む』大修館書店、二〇〇一年所収）、同「「七世父母」と「天地請願」」（『日本古代の典籍と宗教文化』吉川弘文館、二〇一五年所収）等参照。

（8）植野加代子『秦氏と妙見信仰』（岩田書院、二〇一〇年）参照。

（9）今井啓一『天日槍』（綜芸舎、一九六六年）。

（10）前原豊『東国大豪族の威勢・大室古墳群　群馬』（新泉社、二〇〇九年）、同『赤城南麓の覇者が眠る大室古墳群』（上毛新聞社、二〇二〇年）参照。

（11）千々石実「上野国山上多重塔の研究」（『群師紀要』一号、一九三四年）、柏瀬和彦「山上多重塔の基礎的研究」（『群馬県史研究』二十七号、一九八八年）等。

（12）前橋市教育委員会『柳久保遺跡群Ⅰ』（一九八五年）。また、荒木敏夫「古代国家と民間祭祀」（『歴史学研究』五六〇、一九八六年）、高島英之「墨書土器村落祭祀論序説」（日本考古学協会編『日本考古学』九、二〇〇〇年所収）、平林章仁『神々と肉食の古代史』（吉川弘文館、二〇〇七年）参照。

（13）福永光司「古代日本と江南の道教」（『道教と古代日本』（人文書院、一九八七年所収）。

（14）佐野賢治「古代仏教の密教的性格と虚空蔵信仰」（『虚空蔵菩薩信仰の研究』吉川弘文館、一九九六年所収）参照。また、拙著『上毛野の古代仏教』（みやま文庫二三五、二〇一九年）。

（15）特に、徳一の本拠地の一つである福島県会津地方の動向が注目される。たとえば、北篤『謎の高寺文化』（毎日新聞社、一九七八年）、萩生田和郎『中国僧青巌と高寺伝承』（會津日報、二〇〇二年）等参照。

（16）拙稿「「葛城県」と「毛野県」」（『古代上毛野の社会基盤』同成社、二〇一八年所収）。葛城山周辺に初期の「神仙」思想が定着している意味は小さくないであろう。

第三章　長柄神と賀茂神・火雷神

はじめに

地域では周知の上毛かるたに言う「鶴舞う形の群馬県」の、首から肩に相当する部分は、邑楽郡・山田郡・新田郡などから成り立っている。渡良瀬川を境に北側が栃木県、利根川を境に南側が埼玉県になる。利根川の東側について、茨城県ないし千葉県も近接するということで、関東平野内陸部で行政境界が入り組んだ地政である[1]。

右のことは、利根川の自然（及び人為）的な変流に関係している可能性がある。利根川本流の変流の痕跡が、支流として残存することになった。その結果形成されたネットワークは、河川交通のルートとしての利用の可能性を大きく拡大することになった[2]。

右のネットワーク機能の活動時期が、かなり遡及するのではないかと感じさせる要素は各種ある。たとえば、高塚古墳の「舟型」の棺廓や形象埴輪の「舟型」などは、単なる形態の写しの問題には留まらないであろう。東京湾や霞ケ浦を媒介とした「石枕」の分布などもほぼ同断である[3]。

本稿で改めて問題にしたいと思うのは、ヤマト内部でも南西部に発生した「葛城県」起源と考えられる各「神」の、東国―とりわけ上毛野東部地域への定着過程と、その後の展開についてである[4]。その前提としては、葛城（～蘇我）氏の具体的な政策的行動が問題になってくるだろう。

何分にも、現状で定点となるような（現地・同時代）史料がないので、想像の域をでない部分があるが、単なる空想と片付けられない要素もあるので、ここに示して大方のご批正を乞いたい。

一、長柄神

「神社明細帳」は「寺院明細帳」と一体の史料群で、明治四年に始まった寺社調査に対応した史料集である[5]。以来、中央からの各種の指示に対応して近年まで加除・訂正が加えられ、各関連官庁を経由して、現在では群馬県立文書館に収蔵されている。

右の「神社明細帳」の記載（特に由緒）には、原本段階での明らかな誤謬などが含まれ、その内容を無条件に過去に遡及させることはできない。しかし、近代初頭の段階の一定水準の情報を、広域に切り取っており、非常に重要な資料であることに変わりはない。

各種の分析視角が存在するが、本稿では「神」名やその分布等から見て、何らかの意味で古代に起源を有する可能性のある神社について整理してみたい。それらのなかでも「ナガラ」神は、邑楽郡に集中する形で立地していて、特に注目される。

邑楽郡に関する「神社明細帳」18・19に掲載された「ナガラ」神は、次表に整理する通りである（境内末社等に関しては原則除外しておく。以下同じ）。全体で五十六社が確認できる。

表記には大きく「長良」と「長柄」との二種類が認められるが、単純な頻度では前者が多い。原史料の年代的に遡及する『和名類聚抄』邑楽郡の郷名表記は後者である。飛び抜けた存在は確認できないが、篠塚村または岩田村の事例が地域の中心的な位置を占めているように見える。

「神社明細帳」の「由緒」では、圧倒的に多い「不詳」の場合を除くと、「長良」表記に「藤原長良」を起源とする例が多いようである。地点的に集中しているように見えるのは、中世佐貫庄の関係者の知識人が、権門勢家との関係を誇示するために持ちだしている可能性を推測させる。

「長良」に相当する藤原朝臣長良（延暦二一～斉衡三年（八〇二～八五六））は、九世紀前半の中央官人でも最上位のクラスに属する(6)。藤原北家で、冬嗣の長男である。関連記事は非常に多いが、叙位（年齢）と主要な任官に限って整理すると次のようになる。

・天長元（八二三―二一歳）従五位下
・同　四（八二六―二四歳）従五位上
・同　十（八三三―三〇歳）左兵衛佐・正五位下
・承和元（八三四―三一歳）兼加賀権守
・同　三（八三六―三三歳）従四位下・右馬頭
・同　六（八三九―三六歳）左馬頭
・同　七（八四〇―三七歳）蔵人頭
・同　九（八四二―三九歳）左兵衛督
・同　十（八四三―四〇歳）兼相模守
・同　十一（八四四―四一歳）参議
・同　十三（八四六―四三歳）讃岐守

表3　邑楽郡の「ナガラ」神

	表記	所在地名	祭神	存否	特記事項
1	長良神社	邑楽郡古戸村	藤原長良公		
2	長良神社	寄木戸村	藤原長良公		
3	長良神社	古氷村	藤原長良公		
4	長良神社	坂田村	藤原長良公		
5	長良神社	古海村	藤原長良公		
6	長良神社	吉田村	藤原長良公		
7	長良神社	舞木村	藤原長良公		詳細な由緒あり、本来佐貫庄春日神社に並立
8	長良神社	赤岩村	藤原長良公	○	貞観三年九月九日勧請
9	長良神社	瀬戸井村	藤原長良公		詳細な由緒あり、貞観十一年三月十八日大和春日神社の末社
10	長良神社	上小泉村	藤原長良公		詳細な由緒あり、元慶七年佐貫弾正良綱関係者
11	長良神社	上小泉村	藤原長良公		
12	**長柄神社**	**篠塚村**	**事代主命他**	○	**由緒あり、藤原長良にも言及**
13	長良神社	中野村	藤原長良公		
14	長良神社	鶉村	藤原長良公		
15	長良神社	狸塚村	藤原長良公		
16	長良神社	赤堀村	藤原長良公		
17	長良神社	野邊村	藤原長良公		
18	長良神社	下三林村	藤原長良公		
19	長良神社	矢島村	藤原長良公		
20	長良神社	矢島村	藤原長良公		
21	長良神社	青柳村	藤原長良公		

22	長良神社	青柳村	藤原長良公		
23	長良神社	南大島村	藤原長良公		
24	長良神社	赤生田村	藤原長良公		
25	長良神社	赤生田村	藤原長良公		
26	長良神社	羽附村	藤原長良公		
27	長良神社	下中森村	藤原長良公		
28	長良神社	大輪村	藤原長良公		
29	長良神社	大佐貫村	藤原長良公		由緒あり、代々藤原氏の領有と伝う
30	長良神社	中谷村	藤原長良公		
31	長良神社	梅原村	藤原長良公		
32	長良神社	江口村	藤原長良公		
33	長良神社	千津井村	藤原長良公		
34	長良神社	田島村	藤原長良公		
35	長良神社	江黒村	藤原長良公		由緒あり、藤原長良の履歴に言及
36	長良神社	館林町	藤原長良公		由緒あり、年代に錯誤
37	長良神社	館林町	藤原長良公		由緒あり、近世の再建
38	長良神社	新宿村	藤原長良公		
39	長良神社	松原村	藤原長良公		
40	長良神社	岡野村	藤原長良公		
41	長良神社	高根村	藤原長良公		
42	長良神社	日向村	藤原長良公		
43	長良神社	當郷村	藤原長良公		
44	**長柄神社**	**籾谷村**	**事代主命**	○	**由緒あり**

45	長柄神社	細谷村	事代主命	○	
46	長柄神社	離村	事代主命	○	
47	長柄神社	岩田村	事代主命・別雷命	○	由緒あり
48	長柄神社	板倉村	事代主命		由緒有り
49	長柄神社	斗合田村	事代主命		
50	長柄神社	飯野村	事代主命	○	
51	長柄神社	大高島村	事代主命		
52	長柄神社	大高島村	事代主命		
53	長柄神社	大高島村	事代主命		
54	長柄神社	海老瀬村	事代主命		
55	長柄神社	海老瀬村	事代主命		
56	長柄神社	下五箇村	事代主命		

・同　十五（八四八―四五歳）左衛門督
・嘉祥三（八五〇―四七歳）兼伊勢守・正四位下→従三位
・仁寿元（八五一―四八歳）正三位
・同　四（八五四―五一歳）権中納言
・斉衡三（八五六―五三歳）従二位・薨去
・元慶元（八七七）贈正一位・左大臣

・同　三（八七九）贈太政大臣

斉衡三年に五五歳で薨去した段階で極位極官は、「権中納言兼左衛門督従二位」であった。その後、娘の高子が清和天皇の女御となり、所生の貞明親王が即位して陽成天皇となったため、贈正一位・左大臣→贈太政大臣という形で追贈された。

一連の経歴で「外官」に任ぜられたのは「加賀守・相模守・讃岐守・伊勢守」が知られているが、いずれも兼官か畿内近国で実際に任地赴任のために下向・執政に及んだとは考えられない。ましてや東国地域・上野国（邑楽郡）をや、である。「由緒」のなかには何人か「佐貫庄」関連の人物が見えているが、上位の荘園領主（本家）としての藤原北家を持ち出すことによって、地域に対する権威付けが行われた可能性がある[7]。

従って、各由緒に記された内容は、同時代の一般に好意的に受け容れられていた有名人「藤原長良」に架上した伝承になるのではないか。そのように考えてよければ「長柄」→「長良」のような転訛の過程が想定できることになる。

藤原長良自身は長男だが、次男良房・三男良相に位階で追い越され、任官に及んだ官職に関しても不十分なものであった。しかも薨卒伝による限り、政争に勝ち残った弟たちと異なって、その人間性が高く評価されている。判官贔屓の日本人の嗜好に合致する人物で

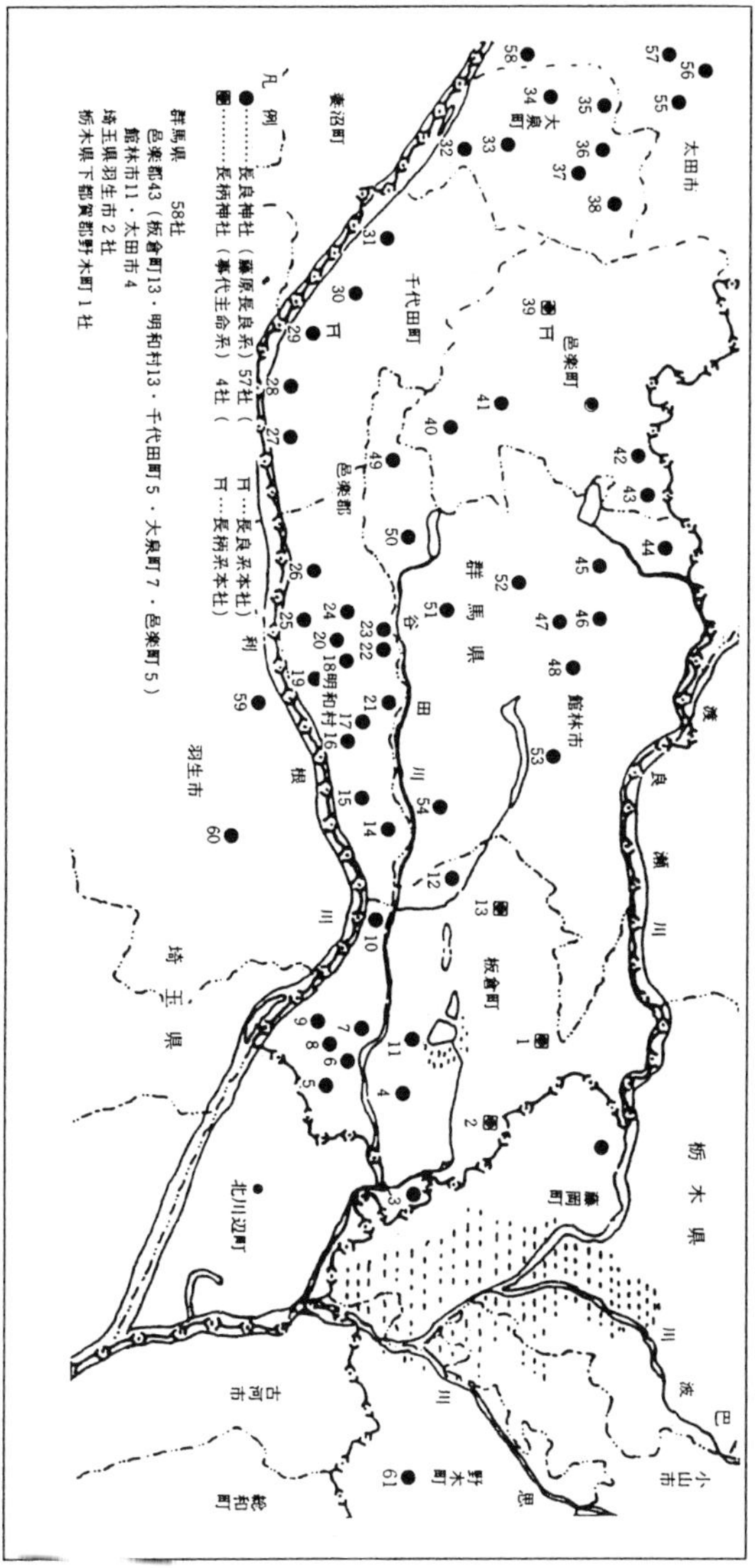

図14　長柄神社の分布（近藤著書より転載）

あった。「長良」神社となってからの歴史的属性も、しかるべき期間に及んでいると思われるので、邑楽郡地域でのその意義については、改めて考察されるべきだろう。

かつて邑楽郡内には、少なくとも五十六箇所のナガラ神社が所在したが、大半が合祀・消滅してしまい、現在残存するのは七箇所程度である。分祀や新置という事情があるにせよ、『和名類聚抄』郷段階で四郷程度の人口密度の薄い地域に、数郷戸単位程度の頻度で、同一の神が集中的に持ち込まれた意味は小さくない。

「事代主命」から派生すると主張する「長柄首」に関しては、カバネからみて本来渡来系氏族である。『新撰姓氏録』大和国神別に、「天乃八重事代主神之後也」とみえる[8]。葛城県域内に住まわされたという最初期の渡来人の後裔になるだろう。

比較的原型に近いと思われる「長柄」神社（表3中太字）は十三箇所程度であるが、相対的に下流の板倉町周辺に集中している。上流に行くほど当初の意義や意識が稀釈され、変化が大きくなっているとすれば、同一集団内部でも本源的な政治的目的を護持したような勢力は、いち早く下流地域に定着した集団であった可能性があるのかもしれない。「長良」とされたのは時代的に下降して、周辺の有力「荘園」（下野国足利庄・上野国新田庄など）に対抗して優位性を確保するための権威付けの場合も想定できそうである。

一方、本来の「長柄」神の根源である大和国所在の「長柄」神社について、直接関連するのは「葛木坐長（名）柄神社（葛木上郡）」[9]である。想定される巨大な「葛城県」のなかでも南方の、紀伊国方面との通交に便宜のあるような地点に立地する。

現存の長柄神社に関しては、事代主命またはその妹を祭神とするが判然としない。長柄神社に付された「由緒」にも『新撰姓氏録』大和国神別の「長柄首」のことが触れられており、何時そのような認識が発生したのかという問題はついて回るが、葛城氏に関係するような古さが意識されているのは間違いない。

二、賀茂神

前述の「神社明細帳」18に掲載された「カモ」神[10]の実態は、表4に整理する通りである。その分布は、原則として山田郡を中心とする。長柄神と比較すると、具体的に設置された神社の絶対数は少なく、結果として現存率が高くなっている。このことは、最初から少なかったのか、何らかの事情で減少したのかが問題である。恐らく後者になるのではないか[11]。

また、舟運の遡上に利用されたとみられる河川が、利根川と渡良瀬川とのいずれにしても、邑楽郡よりは上流に位置し、下流から徐々に定着したものと思われる。定着時期は同時期以降と理解できるだろう。

山田郡に関する近代初頭段階で、十二社が確認できる。同段階の邑楽郡における長柄神社・長良神社の密集状態と比較すると、渡良瀬川低地帯や金山丘陵周辺を中心に散在している形状になる。

このことは、恐らく奉祭した神の大きさ・手頃さに関係している。奉祭した神が上級になればなるほど多数を勧請するのが憚られ、結果として絶対数も絞られる。あるいは奉祭した集団の格のようなものも反映しているのではないか。

表記には「加茂」・「賀茂」・「鴨」などがあるが、ナガラ神のような現地的な変形は被っていないようである。群馬県全体で、各地域のある程度の規模を有する神社では、境内末社として「(上野国)十二社」を奉祭するため、「カモ」神もそのような形で群馬県内全体に分布している。

これらの内で中核となるのは、「山田郡廣澤村」に現存する賀茂神社で、延喜式内社に相当する。茶臼山丘陵の斜面に、東北方を正面として鎮座している。周辺の学際的な悉皆調査の必要を感じるが、背後の丘陵上に信仰対象としての巨石が所在するほか、同時代の古墳群や集落遺跡が分布しているらしい。

「葛木坐一言主神社（葛木上郡）」[12]については、『古事記』・『日本書紀』の雄略天皇

表4　山田郡の「カモ」神

	表記	地名	祭神	存否	特記事項
1	賀茂神社	山田郡下小林郷	鴨若雷命		
2	賀茂神社	石原郷	別雷命		
3	賀茂神社	東長岡郷	別雷命		
4	加茂神社	臺之郷	別雷命	○	
5	賀茂神社	丸山郷	建御名方命他	○	
6	賀茂神社	吉沢郷	別雷命		
7	加茂神社	一本木郷	別雷命		
8	**加茂神社**	**廣澤郷**	**別雷命**	○	**詳細な由緒あり。式内社**
9	下加茂神社	廣澤村	玉依姫命		由緒あり
10	加茂神社	如来堂村	別雷命		
11	加茂神社	境野村	別雷命	○	
12	加茂神社	境野村	別雷命		

図 15　桐生市広沢町賀茂神社

の段階に同巧の説話が採録されるほか、『続日本紀』・『日本霊異記』などに賀茂氏関連の記事として採録されている。時期が下るほどに賀茂氏の政治的地位が低下する傾向にあり、国家的祭神から徐々に脱落する位置づけになっている。

前述のように、古代の葛城地域は初期の渡来人が居住させられた場所であるが、それらの渡来人は仙術に代表されるような「民間道教」を移入した可能性がある。

七世紀代には、葛城地域が自らの根本の地であると主張する蘇我氏(13)とその血脈の皇族を中心に、道教的な考え方もそれなりに認められていたが、八世紀になると政権中枢で「国家仏教」が構想されるようになり、典型的には長屋王の変に示されるように、道教的な要素が政治的中枢でも排除されるようになったことと密接に関係している[14]。こうした中央の政治情勢が、地方の動向にも敏感に反映していた可能性は高いのではなかろうか。

三、火雷神

「雷神」信仰は、最も原始的な信仰形態を示すとされ、世界各地に普遍的に分布している[15]。前述のカモ神に関しても「別雷命」が祭神であり、広義にはこの例に含まれる。実際に東毛地域を中心に、北関東程度の広がりで各種の「雷神」信仰が並立することが、神社名などからも想定されるが、その詳細に関しては後考に期したい。

　本稿で特に問題にしたいのは、各種ある「雷神」信仰のなかでも、特定の時期に機能したと考えられるヤマト「葛城」起源の雷神の存在である。上毛野地域に関しては「葛木坐火雷神社（忍海郡）→火雷神社」と、「葛木倭文坐天羽雷命神社（葛木下郡）→倭文神社」とが確認できるが、これらに直接・間接に関わったとみられる神社名を、前掲「神社明細

表5 「(火)雷」神

	表記	地名	祭神	存否	特記事項
1	中里神社	群馬郡東中里村	火産霊命他		下之宮火雷神社より勧請
2	火雷神社	佐位郡香林村	火産霊命		
3	火雷神社	八寸村	火産霊命		
4	火雷神社	那波郡下之宮村	火産霊命	○	詳細な由緒あり、崇神天皇元年勧請
5	倭文神社	東上之宮村	天羽槌雄命	○	詳細な由緒あり
6	火雷神社	新田郡牛澤村	火産霊命		

帳」から整理してみると表5のようになる。地域への定着度にもよるが、「ナガラ神→カモ神→カライ神」の順で頻度が低下する。那波郡下之宮村の火雷神社が「神社明細帳」の段階でも影響力を保持しており、群馬郡を中心に多くの神社をネットワーク化している様子が看取できる。

しかし、群馬郡の中里神社の例に示されるように、古い時期に勧請したにも拘わらず、名称に地名を採っており、「火雷」という名称に意義が認められていないことに注目される。「倭文神社」に至っては、一時期隆盛していたにも拘わらず衰退し、近世以降に地元の伝承に基づいて「再興」されたとみられるのである。

カライ神の出発点としての「葛木坐火雷神社（忍海郡）」については、巨大なヤマト「葛城県」の中心部で、重要な「王宮」の所在の想定されている忍海郡(16)から出発していることが特に注意される。

また、「葛木倭文坐天羽雷命神社（葛木下郡）」については、繊維生産に係る「委文神」として太平洋側にも分布する(17)が、主要な事例は日本海側に集中している。そのことは、ヤマト地域経由の伝播も含まれるものの、韓半島からの直接的渡来を跡づける。従って、上毛野のような内陸部に関しては、日本海側各地域からの流入（X型）と、ヤマトを経由する伝播（Y型）とがあった可能性があることになる。Y型の方が時間がかかり、政策的意図を含むものであったことになるだろう。

「ナガラ神→カモ神→カライ神」の前後関係等について改めて通覧してみたわけだが、それぞれの定着後に何らかの活動が展開された可能性があるという前提で、奉祭した神の違いによって、ヤマト「葛城」集団に関して、上毛野東部地域への移住の「前後関係」と「人的単位」とについて、

[Ⅰ]・「葛木坐長（名）柄神社（葛木上郡）

←

・「葛木坐一言主神社（葛木上郡）」＝「雷神」集団

←

[Ⅱ]・「葛木坐火雷神社（忍海郡）」＝「雷神」集団

←

・「葛木倭文坐天羽雷命神社（葛木下郡）」＝「雷神」集団

右のように整理できるのではないか。

大きくはⅠ「葛城県南部の集団」の移入の段階と、Ⅱ「葛城中～北部の集団」の移入の段階とがあり、それぞれ奉祭する神の内容によって細分できる可能性がある。最終段階の「シトリ神」に関しては、日本海側経由の韓半島からの直接的渡来の可能性もある。

Ⅰ・Ⅱ集団ともに「雷神」信仰に関係しており、東毛地域を中心に「雷電神社」に代表されるような、各種の雷神信仰の痕跡が多く残されるに至ったのは、単に気象条件として「雷が多発する」ことに起因するのではなく、それを「神」として奉祭する信仰的背景が、早く古代の段階で濃厚に移入されていたことによるのではないか。

広大な葛城県の範囲内に多数の神が鎮座するなかで、ある段階から「雷神」関係のみが抽出されて移植されていることは、何らかの意味が隠されているとみるべきだろう。「カモ神→カライ神」の展開後に「雷電神社」のような形で地域内で派生する雷神信仰が、実際には何なのかについては未だ成案がない。蛇神などとの関係からすれば、蜈蚣を信奉する赤城山の信仰[18]などとは段階差のあるものとなるだろう。

小結

東毛地域を中心に見られるヤマト「葛城県」起源と考えられる諸神であるが、分布の状況からすれば、利根川（及びその支流）下流からの遡上にともなう定着の時期差はあったと思われる。

また、中央の出発点の違いによって、目標となった地方の到達地点及び時期・目的等にも違いが発生した可能性がある。分布範囲の広がりは、実際に「移住」に及んだ集団の規模にも関係している。中央勢力の飼養に係る受け入れ先の潜在的な生産力や、段階的な浸透・理解や具体的な協力という側面にも注意されなければならない。

各神の定着後、奉祭母体の衰退などによって消失してしまったような事例は、今日に至るまで相当数にのぼるだろう。その事由もまた様々である。本稿で取り上げた各種神社の今日的な残存も、全く偶然の所産と言えるかもしれない。

注

（1）雷神信仰については、李均洋『雷神・竜神思想と信仰』（明石書店、二〇〇一年）。地域的には、鈴木哲雄『中世関東の内海世界』（岩田書院、二〇〇五年）、古河歴史シンポジウム実行委員会編『古河の歴史を歩く』（高志書院、二〇一二年）等参照。

（2）松浦茂樹『埼玉の津と埼玉古墳群』（関東図書、二〇一一年）参照。

（3）たとえば、白井久美子「古墳文化に見る古代東国の原像」（土生田純之編『古墳時代の実像』吉川弘文館、二〇〇八年所収）、塩谷修『霞ケ浦の古墳時代』（高志書院、二〇一八年）等参照。

（4）拙稿「「葛城県」と「毛野県」」（『古代上毛野の社会基盤』同成社、二〇一八年所収）。なお、今後の行論の参考までに「葛城県」地域所在の「延喜式内社」を列記しておく。

・葛上郡：鴨都波八重事代主命神社（二・名大）・葛木御歳神社（名大）・葛木坐一言主神社（名大）・

多太神社（小）・長柄神社（小）・巨勢山口神社（大）・葛木水分神社（名大）・鴨山口神社（大）・
高天彦神社（名大）・葛木大重神社（小）・大穴持神社（小）・大倉比売神社（小）・高鴨阿治
須岐託彦根命神社（四・名大）

・忍海郡：為志神社（小）・**葛木坐火雷神社（二・名大）**

・葛下郡：**葛木倭文坐天羽雷命神社（大）**・片岡坐神社（名大）・長尾神社（大）・石園坐多久虫玉神社（二・大）・
調田坐一事尼古神社（大）・金村神社（大）・葛木御県神社（大）・深溝神社（小）・火幡神社（名
大）・志都美神社（小）・伊射奈岐神社（小）・当麻都比古神社（二・小）・当麻山口神社（大）・
大坂山口神社（大）・葛木二上神社（二・大）

・広瀬郡：広瀬坐和加宇加乃売命神社（名大）・讃岐神社（小）・櫛玉比売命神社（小）・**穂雷命神社（小）**・
於神社（小）

※太字は「雷神」関係、（（名）大・小）は等級

（5）丑木幸男編『上野国寺院明細帳』1（群馬県文化事業振興会、一九九三年）に、全体に関する解説が付されている。

（6）栗原弘「平安前期の養子」（『平安前期の家族と親族』校倉書房、二〇〇八年）。

（7）近藤義雄『上州の神と仏』（煥乎堂、一九九六年所収）。

（8）佐伯有清『新撰姓氏録の研究』考梢篇第四（吉川弘文館、一九八二年）。

（9）何らかの関わりを持つ可能性のある遺跡として、坂靖・青柳泰介『葛城の王都・南郷遺跡群』（新泉社、二〇一一年）。近時、葛城地域周辺の実情が考古学的にも解明されつつあることが、改めて注目される。

（10）葛城（カモ）氏に関しては、井上光貞「カモ県主の研究」（『日本古代国家の研究』岩波書店、一九六五年所収）。

（11）カモ神の山田郡への鎮座を論じた周東隆一「加茂・三輪両社の上野国山田郡鎮座についての考」（『桐生史苑』十三号、一九七四年）、同「鴨神の軌跡」（『同』二十四・二十六号、一九八五・八七年）の再評価の必要を感じる。

（12）一言主神の基本的性格に関しては、松村武雄『日本神話の研究』第四巻（培風館、一九五八年）。

（13）平林章仁『蘇我氏の実像と葛城氏』（白水社、一九九六年）、同『蘇我氏の研究』（雄山閣、二〇一六年）等参照。

（14）新川登亀男『道教をめぐる攻防』（大修館書店、一九九九年）。

（15）柳田国男「雷神信仰の変遷」（『柳田国男全集』十一巻、筑摩書房、一九九八年所収）。

（16）仁藤敦史『古代王権と都城』（吉川弘文館、一九九八年）。

（17）シトリ部の基本的性格に関しては志田諄一「大化前代の織物生産とその部について」（『日本上古史研究』第六巻八号、一九六二年）。また、前掲注（8）佐伯著書にも言及されている。

（18）都丸十九一『赤城山民俗記』（煥乎堂、一九九二年）。

第四章　雷電（神）信仰

はじめに

上毛かるたに言う「雷と空っ風義理人情」は、昨今の異常気象の日常化の流れのなかで、様変わりを余儀なくされつつある。せめて「義理人情」の部分だけは変わらないで欲しいと切に願うものである。

そのような社会変化の流れを承ける形で、本稿で改めて問題にしたいのは、本来ヤマトの「葛城」起源と考えられる各「雷神」と、同じくミモロ山起源「雷神」との、東国地域—とりわけ上毛野（東部）地域への移植と、その後の変質過程についてである(1)。何分にも、現状では定点となるような同時代史料が全くないが、単なる空想と片付けられない要素もあるように思われるので、ここに概要を示してご批正を乞いたい。

『古事記』には、著名な「黄泉国」関連の神話が採られている。黄泉の殿舎で伊弉諾命が見た伊弉冉命の姿は人智を超える内容であった。すなわち、体中に雷神を生じさせた「火雷大神」である。

・頭＝大雷神・胸＝火雷神・腹＝黒雷神・女陰＝咲（裂）雷神
・左手＝若雷神・右手＝土雷神・左足＝鳴雷神・右足＝伏雷神

その後、身体の各部位から生まれた神々が「国土創生」につながってゆくという神話を構成する[2]。そのような神が、関東平野の太平洋岸から内陸部へと河川（利根川）を舟で遡上してきた場合の、最初の大きな分岐になる上毛野東部地域に、今日でも集中的に所在するのは単なる偶然ではないだろう。

右の一連の「雷神」のなかで、群馬県内の神社の祭神として実在が確認できるのは、「大雷神・火雷神」の二社である。群馬県の明治時代初期頃までの実情に関しては、「神社明細帳」によってその概要を知ることができる。少なくとも群馬県に関する限り、「黒雷神」以下の格付けの神々が「神社」の形を採って積極的に受容・尊崇され、現在していたようには見えない。

しかし、近代初頭の段階の一定水準の宗教的な情報を、広域に切り取っているという点で、非常に重要な資料であることに変わりはないと思われる。各種分析視角が存在すると思われるが、本稿では神名やその分布等から見て、ほんの僅かでも古代に起源を有する可能性のある神社から順に整理してみたい。

一、火雷大神

「記紀」神話の上で、相対的に上位と考えられる「火雷大神」と下位の「火雷神」とが、地域ではどの程度分別・意識されていたかもかなり問題だし、「大雷神」とされるものの中にも「(火)雷大神」のような認識があったかもしれないので、以下そのようなものを念頭におきながら考えてみる。

次表に整理するのは、前述の「神社明細帳」に見える単独の「大雷神」社の事例である。文中の表記上「社」・「神社」・「若御子明神」(上野国神明帳)等、若干のバリエーションがある。但し多く見られる「大雷社」は、ほぼ「境内末社」の表記になる。

その分布は、事例の僅少のこともあって有為の偏差を示していない。そうしたなかでも根本的な神社は、佐位郡西久保村所在の「大雷神社」になるだろう。「大雷神」の他に二神を合祀するから、しかるべき規模を有していた。勢多郡山上村の「大雷神社」は、標高上で佐位郡所在の事例の上位に位置する。必ずしも近接している訳ではないが、地域的にはひとまとまりで考えられるだろう。

表6　「大雷」神

	表記	地名	祭神	特記事項
1	大雷神社	緑野郡新町駅	大雷神	多野郡新町駅八幡宮が兼奉務
2	大雷神社	勢多郡山上村	大雷命・保食命	
3	**大雷神社**	**佐位郡西久保村**	**大雷神・大山祇命・高龗命**	

緑野郡新町駅（村）の「大雷神社」については、同地の村社「八幡宮」の下位に位置づけられる性格の神社であった。氏子が「七拾戸」あり、境内末社も二座あったというから、単なる「祠」のようなものではなかったと見られるが、時期的にも遡及するかどうかは不明である。

いずれにしても、大和国起源の「雷神」を祭り、ほぼ邑楽郡域に収まる「ナガラ」神、山田郡を中心とする「カモ」神の場合とは事情が大きく異なる。両者は渡良瀬川と利根川とに挟まれた地域を意識しているように思われる[3]。

前掲「神社明細帳」によれば、「佐位郡大雷神社」から派生する形で「西久保村大雷神社祠掌」が兼奉務するという神社が、佐位郡北部を中心に分布している。

・鹿島宮（曲沢村）
・稲荷神社（間野谷村）
・火雷神社（香林村）、樺神社（香林村）、菅原神社（香林村・野村）
・諏訪神社（西野村×2）、愛宕神社（西野村）
・近戸神社（今井村）、八幡宮（今井村・下触村）
・赤城神社（五目牛村）、富士神社（五目牛村）
・飯玉神社（堀下村）、八坂神社（堀下村）

同時期の神仏分離令をうける形で再編成された神道関係の事務的な確認事項に留まる可能性もあるが、一定の連続した地域的広がりを持つ点に注目しておきたい。

この範囲には十三種類十六座の神社が確認できるが、これらのなかで特に注目されるのは、佐位郡香林村に所在する「火雷神社」である。少なくとも近代初頭段階では本来の「大雷神社―火雷神社」という上下関係が墨守されていたようにみえる。後述するように、周辺には「雷神社・雷電神社」等も密集しており、狭い範囲に同種・同神の神社が鎮座していた。後述するように、邑楽郡とともに「雷電」信仰の核になっていたとするべきであろう。両者の具体的な内容の違いが、受容の時期差を含む性格の違いを示唆している。

一方、表7に整理したのは「火雷」神である。表記上では「神社」とする場合が多いが、史料的には末尾に「大明神」（上野国神名帳）・「明神」（同上）・「若御子神社」・「若御子明神」などのバリエーションも認められる。

各種要素の起点になっている可能性の高い「火雷神社」は、『延喜式』に見える「上野国十二社」の関係で、各地域の比較的優勢な神社の「境内末社」として包摂されたものが多くを占め、必ずしも独立した神社を構成している訳ではない。実際に鎮座している単独の「火雷神社」の絶対数はそれほど多くないが、「上野国十二社」の一つとして「境内末社」に加えられている例は、県内全体に及んでかなりの頻度に上る。

また、「大雷神社」の場合と同様に、地域の中核としての「那波郡火雷神社」から派生する形で「下之宮村火雷神社祠官」の兼奉務するという神社が、群馬郡南東部〜那波郡に分布している。この場合、一郡の範囲に収まらず、郡・村の行政区分をまたぐことに注意しておきたい。

・諏訪神社（西横手村・宿横手村・板井村・下齊田村・小泉村・箱石村）
・富士神社（西横手村）
・榛名神社（中島村）
・八坂神社（中島村・板井村）
・瀧宮神社（上瀧村）
・赤城神社（板井村・下齊田村）
・八幡宮（八幡原村・川井村×2）
・東照宮（八幡原村）、大山祇神社（八幡原村）、熊野神社（八幡原村）
・浅間神社（八幡原村・箱石村）
・辰巳稲荷神社（八幡原村）
・白山神社（下齊田村・沼之上村）
・稲荷神社（下齊田村・与六分村・箱石村・川井村）
・菅原神社（下齊田村・飯倉村）
・飯玉神社（沼之上村・飯倉村・小泉村）
・石神社（沼之上村）、大杦神社（沼之上村）

・蠶靈神社（下之宮村）、貫前神社（下之宮村）
・八千矛神社（川井村）

関連する神社は、利根川現流路右岸に都合二十一種三十八社ある。所在地名としては、現在の高崎市東部〜佐波郡玉村町北部の平坦地にかけて分布しており、現在地の「火雷神社」を取り囲む形の、少なくとも近世末期段階頃までで、直接勢力の及んでいた範囲を示唆している。基盤となる村の規模にも関係しているだろうが、「八幡原村（6座）」と「下齊田村（5座）」との頻度が比較的高くなっている。

現在の神社が、直接古代まで遡及するかどうかはかなり問題だが、少なくとも現存神社を中心に地場の求心力が存在していた時期があったことを示す。ある段階の何らかの信仰集団の様相を示しているとみてよいのではないか。農事にも密接に関わっていた「雷電」信仰には、前近代では急激な変化が馴染まなかったと考える。

なお、群馬郡東中里村の「中里神社」は、那波郡下之宮村「火雷神社」から郡域を跨いで勧請したことを明記する。このことは、時期的に下る神社の遷移が少なくないことを推定させ、地域の政治勢力の変遷などにも細心の注意が必要であることを示している。

表7 「火雷」神

	表記	地名	祭神	特記事項
1	火雷神社	勢多郡上田沢村	火産霊命	
2	火雷神社	新田郡牛沢村	火産霊命	
3	火雷神社	佐位郡香林村	火産霊命	
4	火雷神社	佐位郡八寸村	火産霊命	
5	**火雷神社**	**那波郡下之宮村**	**火産霊命**	**詳細な由緒あり。延喜式内社・十二社中の八宮**

二、雷電神

さらに「神社明細帳」によれば、群馬県内で最も頻度が高い「雷電」神がある。その実態は表8に整理する通りである。表記に関して「雷」・「雷神」・「雷電」・「雷天」等のバリエーションがある。また、語尾について「祠」・「社」・「神社」・「大神」等も示されている。

以上のうち「雷社」・「雷神社」・「雷電社」については、比較的有力な神社の「境内末社」に多く見られる表記である。「雷大神」・「雷電宮」・「雷電神」・「雷天神社」・「雷電大神」

に関しても、頻度は下がるがほぼ同様である。独立した「雷電神社」の絶対数が比較的多いのと、時期による意味内容の違いによって表記が多様化している。

「雷神社」は、東毛地域を中心に十二座が確認できる。西毛地域では、碓氷郡と吾妻郡とが各一座であるが、吾妻郡の事例は江戸時代初期に勧請したと明記されており、それ以上時期的に遡及するものではない。

東毛地域の事例は、村レベルで四カ所程度に散在している状態だが、佐位郡東小保方村に関しては、同一村内に同程度の神社が四座も集中しており、「雷神社」が村落単位で特別の意味のある存在であったことを示している。

また、新田郡牛沢村には「雷電神社」とともに、地域では希少な「火雷神社」も、上下関係を伴って併存していたのは前述の通りである。

「雷電神社」は全体で四十五座が確認できるが、中~西毛が広範囲に七座であるのに対し、東毛地域に二十八座が集中し、東毛地域に大きな比重があるのは明らかである。特に邑楽郡十座・佐位郡七座で、東毛全体の過半に迫る。

これらのうち邑楽郡板倉村の事例は、勧請年代が飛び抜けて古く、敷地面積・施設面でも充実しており、関東地方の「雷電神社」の総鎮守と位置づけられているという。現地社殿は、洪水除けのためか、低湿地に囲まれた島状の微高地を利用して設置されており、南面する長い参道が敷設されている。鳥居の外には門前町に擬される家屋も並んでいる[4]。

邑楽郡内には類似した雷神系の「長柄（良）神社」が集中することもあって、同一村内に並立する事例が六座もある[5]。特に大高嶋村には「長柄神社」が三座集中していて密集度が高い。邑楽郡は乏水地域ではないので、渡良瀬川と利根川との排水技術を中心とした治水が問題になっただろう。

表8　「雷」神・「雷電」神

	表記	地名	祭神	特記事項
1	雷神社	碓氷郡上里見村	大山祇命	
2	雷神社	吾妻郡西峯須川村	大雷神	天和元年（一六八一）勧請
3	雷神社	群馬郡天川村	火雷命	
4	雷神社	勢多郡女淵村	大雷命	
5	雷神社	新田郡飯田村	別雷神	
6	雷神社	新田郡東矢島村	大雷命	
7	雷神社	山田郡植木野村	大雷神	
8	雷神社	邑楽郡上小泉村	別雷神	
9	雷神社	佐位郡東小保方村	大雷神	
10	雷神社	佐位郡東小保方村	大雷神	

11	雷神社	佐位郡東小保方村	大雷神	
12	雷神社	佐位郡東小保方村	大雷神	
13	雷神岳神社	山田郡高沢村	日本武尊	
14	**雷電神社**	**群馬郡上新田村**	**大雷命・火雷命**	天正元年（一五七三）勧請
15	雷電神社	群馬郡足門村	大雷命	寛永二年（一六二五）勧請
16	雷電神社	群馬郡白川村	火雷命	
17	雷電神社	緑野郡東平井村	大雷命	
18	雷電神社	甘楽郡塩沢村	大雷命	
19	雷電神社	甘楽郡小平村	大雷命	
20	雷電神社	甘楽郡岡本村	大雷命（六神を合祀）	
21	雷電神社	吾妻郡原町	大雷命（一神を合祀）	
22	雷電神社	利根郡月夜野町	大雷命（一神を合祀）	
23	雷電神社	勢多郡苗ヶ島村	大雷命	
24	雷電神社	勢多郡横沢村	大雷命	
25	雷電神社	勢多郡西大室村	大雷命	
26	雷電神社	勢多郡東大室村	大雷命	
27	雷電神社	勢多郡駒形新田村	大雷命	
28	雷電神社	勢多郡新川村	大雷命	
29	雷電神社	勢多郡前橋向町	大雷命	慶応元年邑楽郡板倉村雷電神社より勧請
30	雷電神社	勢多郡田口村	大雷命	
31	雷電神社	新田郡大根村	大雷命	
32	雷電神社	新田郡牛沢村	大雷命	（火雷神社あり）
33	雷電神社	新田郡尾島村	大雷命	

34	雷電神社	新田郡尾島村	大雷命	
35	雷電神社	山田郡只上村	大雷命	
36	雷電神社	山田郡新宿村	大雷命	
37	雷電神社	山田郡安楽土村	大雷命	
38	雷電神社	山田群上久方村	大雷命	
39	雷電神社	邑楽郡福嶋村	大雷命	
40	雷電神社	邑楽郡舞木村	大雷命	（長良神社あり）
41	雷電神社	邑楽郡中野村	大雷命	（長良神社あり）
42	雷電神社	邑楽郡羽附村	大雷命	（長良神社あり）
43	雷電神社	邑楽郡萱野村	大雷命	
44	雷電神社	邑楽郡千久津井村	大雷命	（長良神社あり）
45	雷電神社	邑楽郡上早川田村	大雷命	
46	雷電神社	邑楽郡西岡新田	大雷命（二神合祀）	
47	**雷電神社**	**邑楽郡板倉村**	**火雷命・大雷命・別雷命（八神合祀）**	**（長柄神社あり）推古天皇時勧請**
48	雷電神社	邑楽郡大高嶋村	大雷命	（長柄神社三座あり）、寛永十一年（一六三五）創建―
49	雷電神社	佐位郡上植木村	大雷命	
50	雷電神社	佐位郡下植木村	大雷命	
51	雷電神社	佐位郡伊与久村	大雷命（一神合祀）	
52	雷電神社	佐位郡嶌村	大雷命	
53	雷電神社	佐位郡西小保方村	大雷命	安政四年（一八五七）勧請
54	雷電神社	佐位郡東小保方村	大雷命	
55	雷電神社	佐位郡波志江村	大雷命	
56	雷電神社	那波郡今村	大雷命	

57	雷電神社	那波郡中町	大雷命
58	雷電神社	那波郡前河原村	大雷命

新田郡の事例は、大間々扇状地の扇端部中央に近く、尾島村には二座集中する。山田郡の事例は同じく東端、那波郡の事例はその西部ということで、以上の事例は大間々扇状地を取り囲むような位置関係になる。

以上の「雷神」関係の事例を含めた全般的傾向を踏まえるならば、「雷電神社」に関する中核となるような地点は群馬県内では次の二カ所になる。

Ⅰ邑楽郡（十座）、Ⅱ佐位郡（七座）

Ⅰに関しては、核となる邑楽郡を中心に県境を越えた栃木県・埼玉県にも分布域が広がるが、あくまで群馬県が主体で、県外での密度は極めて薄く狭い。

Ⅱに関しては、隣接する山田郡（四座）・新田郡（四座）・那波郡（三座）などにも広がっており、概ね大間々扇状地の乏水地域を取り囲む形になっている。こうした集中域のなかにも中心地域が認められることは、時期差や認識の違いなどがあった可能性がある。水の処理方法（用・排水）の違いの問題になる可能性が高い。

なお、前述の「那波郡下之宮村火雷神社」と同様の事例が「群馬郡上新田村雷電神社祠掌兼奉務」の場合にも見られる。利根川右岸の平坦地で、那波郡火雷神社の勢力範囲とみられる広がりの、北西に近接する位置関係になるが、一応重複はしていない。

・諏訪神社（川曲村・元嶋名村）
・飯玉神社（川曲村×3・上新田村）
・菅原神社（川曲村・京目村・萩原村・元嶋名村）
・稲荷神社（稲荷新田村・後家村・下新田村・島野村・元嶋名村）
・和泉神社（京目村）、二宮社（京目村）、神明宮（京目村）、石神社（京目村）
・八坂神社（京目村・大沢村・小相木村・萩原村・島野村）
・富士浅間神社（小相木村・元嶋名村）
・八幡宮（下新田村・萩原村×2）
・嶋名神社（島野村・元嶋名村）
・熊野神社（島野村×2）
・天降神社（元嶋名村×2）

十四種三十五社ということで、地域の広がりは多少狭いかもしれないが、頻度では同等の規模になっている。利根川現流路の右岸に収まることから、時期的に中世以前にまで遡及するとは考えがたいが、近代以前のある段階以降に発生した新田開発をめぐるような地域関係を反映したものであると考えられる。

三、その他の雷神

ここまで言及してきたほかにも、「神社明細帳」には「雷神」の類型と考えられるような事例が散見しているようなので、併せて拾遺的に掲出してみたい。

表9に示すように、それらは絶対数がさらに限られている。大きくは三種類あり、①ナルカミ神社と②ワケイカズチ社・③シトリ神社に分けられる。②の「別雷社」は、独立した神社がなく、ほぼ「境内末社」であるが、ここまで見てきたような他の類似事例より頻度はかなり低い。

③シトリ神に関しては、上野国十二社の第九である関係もあって、境内末社の頻度はかなり高いが、実際に群馬県内の独立神社の事例は一例にとどまる。佐位郡倭文神社は、那

表9　その他の「雷神」

	表記	地名	祭神	特記事項
1	鳴神神社	山田郡山田村	大雷神	
2	倭文神社	那波郡東上之宮村	天羽鎚雄命	詳細な由緒あり
3	龍神社	那波郡宮子村	豊玉姫命	

波郡火雷神社と現利根川流路を挟んで対峙する形になっている。利根川変流以前の本来の位置関係は陸続きなので、現在の印象と異なって隣接していた。「明細帳」掲載の「由緒」によれば、応仁の乱で荒廃し、江戸時代の復古的な雰囲気で度々再興されたものの、慶応年間の決定的な火災で衰退し、現在の状態は明治五年の復興によるとされる。

シトリ神社に関しては、群馬県以外にむしろ多数分布しており、特に日本海沿岸の各地では有力な神社となっている場合が多く認められる。そのような事例と比較すると、上毛野の倭文神社の印象は、頻度の低さと相俟ってかなり薄い。上野国十二社に含まれるにしては「境内末社」としての「倭文社」の頻度もかなり低い。

上毛野地域に関しては、渡来系で養蚕関係の技術神ということで、「出雲→大和（葛城）

↓上毛野」という経路をたどっていた可能性が高いと思われる[6]が、そのことによって逆に本来の性格が希釈された可能性がある。他地域（日本海沿岸）の有力なシトリ神社は、韓半島からの直接的渡来を跡づける場合が多かったと思われる。

「雷神」信仰の全体的傾向のなかでも、地域的にやや特異な内容になっているとみられるのが①ナルカミ神社である。前述の山田郡「雷神岳神社」と同一神社になるだろう[7]。桐生市街地の北部に位置する「鳴神山」という、平地からの比高が高く、やや独立性の高い山の各所に宗教施設が設置され、周回すると一回の「修行」が完結するような場所に鎮座する神社である。市街地にも近く眺望も良いので、現在でも市民にも親しまれている。

宗教施設として「狛犬」のかわりに「オオカミ（大神）」が設置されているのが注目される。その点に注目すれば、熊野修験の系統を引く、既に指摘されるように武蔵国の三峰山との関連が注意されるところである。「鳴雷社」・「鳴雷神社」は、非常に僅かであるが「境内末社」としてある。

「雷神」に密接に関係する「龍蛇」に関しては、神社等の直接的表記の事例は少ない。「蛇宮」などは、群馬県内にも一般的なシャグジ（石神）の範疇に含まれるだろう。祭神として各種の「靇」が見られる場合もあって、その範囲がさらに拡大する可能性もあるが、いずれにせよ問題が拡散しすぎるので稿を改めたい。

一般的に初期の「雷電」神は、大きくは「記紀」神話を起点とする「国家によって認識された系統（Ⅰ）」と、『日本霊異記』に見られるような「より民間伝承的な系統（Ⅱ）」とが知られている。

いずれも「水の祭祀」を媒介にしていて、集まった水は、川となって「蛇」をイメージさせ、それが大きくなって神に昇華すると「龍」になるという認識である。農業生産活動に寄与する点が根本で共通の要素であるらしい。

地点的には、Ⅰが大和国でも奈良盆地北東部（磯城地域）、Ⅱが奈良盆地南西部（葛城地域）に関係している。これらのうちⅠについては、大和国の「三諸山」という地点で本来「蛇」を媒介とした信仰である。人形に変身した「蛇神」ということで、韓半島～出雲国から直接移入された考え方に基づく。初期の農業開発に密接にも関わっているだろう[8]。

またⅡについては、尾張国の地域的血脈が密接に関わっており、「雷」を媒介とした信仰である。「雷」は、直接水ではなく稲妻などを介して「蛇～龍神」信仰に連なる。特定耕地に降雨するようなエピソードに、農事関係の要素がさらに重視されていたことが窺える[9]。

両者には同時代性もあり、簡単にどちらが古いとも言いがたいようだが、後者には仏教的要素が濃厚に認められるので、やや後発するかもしれない。古代上野国地域に関しては、「三諸山」祭祀と結びついた前者が佐位郡中心に分布し、地域編成上では先発した可能性のある後者が、地勢の上でも下流地域を中心に分布することは、同時代のヤマトを中心とする中央勢力の、政治的意思を反映する可能性がある。そしてそれらが、それぞれ特定の領域のなかに集中的な分布を示すことに何らかの意味がありそうである。

小結

平安期まで時期的に遡及する『延喜式』神名帳や『上野国神名帳』などに見える神社の絶対数は、「神社明細帳」に比べれば格段に少ない。一定以上の格式で線引きされ、国家的な認証から排除された結果になるだろう。それだけに、今回考察に及んだ各神社群は、より民衆レベルに密着した結果だと考えることもできる。

「雷神」等を奉祭する神社に関する一連の整理のなかで、特に注意すべき群馬県内の神社の事例として、次のような各例を挙げてみたい。

①大雷神社（佐位郡西久保村）　―火雷神社（佐位郡香林村）
②火雷神社（那波郡下之宮村）
③雷電神社（邑楽郡板倉村）
④雷電神社（群馬郡下新田）
⑤委文神社（佐位郡上之宮村）

これらのうち①については、「記紀」神話の内容を意識したもので、認識としては相対的に古く位置づけされるかもしれないが、実際の神社の勧請時期がそこまで遡るかは問題がある。しかし、本源的な組み合わせが「雷神」の集中地点である佐位郡内にあることは軽視できないだろう。筆者の問題関心からすれば、佐位郡の郡領氏族が檜前部君氏であることも、初期の渡来系氏族定着地との関係で何らかの関係があると考えられるだろう。上野国地域内部としては、先発的な鎮座の時期になるかもしれない(10)。また②については「延喜式内社」であり、「上野国十二社」のうちの「七宮」に位置づけられている。前近代にあっても、地域でしかるべき影響力を保持していたとみられるが、現在では玉村八幡宮の管理下におかれている。

③は、群馬県内に限らず関東地方全般に関わるような中核的神社であり、相応の施設・設備を整えている。大河川の合流点・低湿地内の微高地といった、規定的な地理的立地にも意味があると思われるが、周辺地域に集中して立地する長柄（良）神社との前後関係を含む意味内容の違いに関しては、さらに掘り下げて考えてみる必要があるようである。

④は、明らかに②よりも勧請時期が下るが、地点的に隣接し、ほぼ同等の広がりを持つ兼奉務の神社を多数抱えている点が注目される。あくまでも現在でも鎮座する地域でしかるべき存在感を示しているのである。

⑤は、「延喜式内社」であり、上野国十二社のうちの「九宮」に位置づけられている。畿内（大和国）では雷神である一方、同じ農業生産であっても「稲作」ではなく「養蚕」や「繊維」生産の神であると認識されていた。この二面性は、韓半島からの渡来に当たって、後の「畿内」地域を経由したかどうかに関わっている可能性がある。群馬県所在の事例に関して、本来「養蚕」に関する機能が期待されていたとすれば、その衰退が非常に問題になるだろう。

上野国山田郡に、賀茂神社と美和神社とが併置されていることは、その意味で興味深い。古い「雷神」として下流に設置されたナガラ神に続いて、その上流にカモ神が順次定着し、ある段階までにそれぞれ一定の政治的領域を形成したと考えられる。

そうした動きに対して、標高的高地（ミワ神）と水系的上流（ミモロ郷）に新たな「雷神」が相次いで定着したことは、外圧を伴う大きな政治的動きになるだろう。それらの前後関係が問題になるが、常識的には河川の下流から上流へという順序になるのではないか。

また、佐位郡（倭文神）・那波郡（火雷神）の各「雷神」のありようも、地点や時期の近接にもかかわらず、出発点（大和国葛城地域内）の微妙な違いによって、同質・同等のものとはいえない。

ひとくちに「雷電」信仰といっても、全国的には「記紀」の伝承に起因する場合、平安期の怨霊に関係する場合、その他の土俗的な信仰による場合等々、その出発点は様々なようである[11]。中央から遠ざかるほどに、本来の意味は希釈されるであろうし、地域独自の事情が反映し解釈がなされて変容している可能性がある。

群馬県内全般の傾向として、「雷神」関係については相対的に優勢な神社の「境内末社」に含まれる場合が多い。その意味に関しても十分考えてみる必要がある。それらを近隣地域での何らかの要素の包摂と解せるならば、地域勢力間の力関係などを反映しているかもしれない。

「境内末社」には、比較的起源の古い「上野国十二社」に、本来在来神とはいえない「火雷神」・「倭文神」も含まれている。また、さらに後発するようなその他の外来神（秋葉・稲荷・諏訪等）が多数含まれている。各地域独自の組み合わせや、単独で加えられる場合などもかなりあって、各種要素のより広い地域での浸透の意味の違いの分析の必要を感じさせる。

　群馬県内でも西部地域を中心とした「雷神」信仰の空白地域に関しては、同様の機能（祈雨等）を期待された「諏訪信仰～シャグジ神」や「熊野信仰」等との棲み分けがなされていた可能性がある。諏訪湖の「神渡」に象徴される神もまた「龍神」である。それらはいずれも中世以前の移入が想定されている[12]が、明らかに陸路経由と想定される前者などは、東毛地域にまで及んでいたとしても、中～西毛の事例が先発するだろう。

　本稿では、特定時期の特定「神社（外来神）」に関する数的整理を試みたにとどまる部分が大きいが、それでも改めて有意味な偏差とみられるものが存在することを確認できた。どうしても時間軸が不安定なので、外来神に関する流入の「時期」や、その際の「経路」の特定の必要を強く感じるが、その詳細に関しては今後の課題としておきたい。

　なお、本稿をなすに当たり須藤聡氏より貴重なご助言等を頂いた。学恩に十分お応えできない不明を恥じるとともに、文末ながら記して謝意を表したい。

注

（1）本稿の大きな狙いは、拙稿「「葛城県」と「毛野県」」（『古代上毛野の社会基盤』同成社、二〇一八年所収）の特定外来神勧請に関する見通しを、よりミクロな観点から検証できないかという点にある。なお、群馬県全体の近世以前の信仰状況を俯瞰したものに、近藤義雄『上州の神と仏』（煥乎堂、一九九六年）があり、適宜参照している。

（2）柳田国男「雷神信仰の変遷」（『柳田国男全集』十一巻、筑摩書房、一九九八年所収）が、この点に関する定点的な業績である。また、李均洋『雷神・竜神思想と信仰』（明石書店、二〇〇一年）。吉野裕子『蛇』（法政大学出版局、一九七九年）。荒川紘『龍の起源』（紀伊国屋書店、一九九六年）等参照。

（3）前掲注（1）近藤義雄『上州の神と仏』に、中世「佐貫荘」との関わりに注目した記述がある。同荘園との関係性の強い邑楽郡西半部が「長良」の表記になっていることが象徴的であろう。従って邑楽郡東半部（下流域）の「長柄」表記が古態を示すと考えられる。

（4）館林市史編纂委員会編『新編　館林市史通史編　原始・古代・中世』（二〇一五年）に関連する記述がある。

（5）この場合、前後関係が問題になるだろう。単純に頻度で比較はできないが「長良4：長柄2」となっており、地域的な偏りがある。邑楽郡内でもやや西部に比重があるようなので、隣接する新田郡・山田郡とまとめて考えるべきかもしれない。

（6）日本国内各地域をつなぐような「雷神」の様相に留意するとき、たとえば村井康彦『出雲と大和』（岩波書店、二〇一三年）に示されるような理解に若干の妥当性を感じる。

（7）増田宏「雷神岳信仰」（『桐生史苑』五七号、二〇一八年）参照。

（8）ミモロ山の信仰に関する近時の論著で注目したいのが、北条芳隆『古墳の方位と太陽』（同成社、二〇一八年）である。このことは、上毛野佐為評の成り立ちとも密接に関わっている可能性がある。

（9）その根源は、中国に発端する可能性がある。諸要素を勘案すると道教との間接的関係が示唆される。前掲注（2）李均洋『雷神・竜神思想と信仰』参照。

（10）拙著『古代上毛野をめぐる人びと』（岩田書院、二〇一三年）参照。

（11）森雅人『龍蛇と菩薩』（和泉書院、二〇一九年）。「記紀」や『日本霊異記』に見られる伝説的内容は、文学の射程にも入っている。

（12）二本松康宏編『諏訪信仰の歴史と伝承』（三弥井書店、二〇一九年）参照。また、前掲注（1）近藤義雄著書に、時期的に遡及する「諏訪」信仰流入の可能性が論述されている。

第五章　物部系氏族の奉祭神社

はじめに

「経津主命」は、『日本書紀』を中心に見られる特徴的な神であって、全国的な分布では東国地域の下総国「香取神（経津主命）」に見られ、地理的な近接もあって常陸国「鹿島神（建御雷命）」とも密接な関係があるとされている。同様の関係は、陸奥国「塩竈神」などにも波及的に見られる。この両者は「芦原中国」の平定に揃って起用された。注意されるのは『古事記』では「経津主命＝建御雷命」のように扱われていることである。

伊弉諾尊→惨殺、血飛沫が「五百箇磐石」にかかり「磐裂神・根裂神」となる

軻遇突智 ── 磐裂神・根裂神 ── 磐筒男神・磐筒女神 ── 経津主命（「葦原中国」平定）

藤原氏と常陸国との特異なつながりは、かねてより注目されてきている[1]が、藤原氏が

「氏神」としての「春日大社」を創始するに当たって、あえて東国から「経津主命＝建御雷命」を祭神として勧請したのも周知のことである。蘇我氏に簒奪された物部氏の既得権を、改めて取り戻すような意味合いもあった可能性があるのではないか。

『日本書紀』と同巧の神話は、『先代旧事本紀』や『出雲国造神賀詞』などにも見える。さらに『出雲国風土記』意宇郡条にも、フツ主命の活動に関する記述がある。それらの記述にも拘わらず、フツ主命の基本的属性には諸説ある。『日本書紀』の記述同様に、時代的に下る可能性は非常に高いが、建御雷命が神武天皇に与えたとされる「布都御魂」の神剣が、物部氏の奉祭する「石上神宮」で祀られている辺りから、両者の関係が発生した可能性がある。

一方、全国的に広く分布していた「物部」を、上毛野地域で統括していたとみられる「物部君」氏は、八世紀前半段階の上毛野西部地域を中心に、実在が確認される古代氏族のひとつである。右の「物部君」氏が、複数系統見られる氏族としての「物部」氏本流の、どのような部分を共有して「物部」を称しているのかは問題だが、少なくとも中央の諸勢力と全く無縁であったとは考えられない。単純な対偶関係ではなかったろうが、つながりの発生した時期やその構造などに関する見通しを立ててゆくために、上野国内の神社に遺された「物部」的要素を抽出して考察を加えてみたい[2]。

一、物部系独立神社

その史料としての成立時期は問題だが、「上野国神名帳」の記述[2]には古代的な要素が若干残存している。各種含まれている部姓の神名のうち、「物部神」をはじめとする物部系の諸神を摘記してみると次のようになる。

○甘楽郡（正一位抜鉾大神、従四位下抜鉾若御子大明神）
○多胡郡（従三位物部明神・従五位上穂積明神）
○那波郡（従五位布留明神）
○群馬郡（西：従四位上貫前若御子大明神）
（東：正四位下物部明神、従五位抜鉾若御子大明神）
○佐位郡（従五位上穂積明神）
○邑楽郡（従四位下貫前別御子大明神）

右の諸神には、今日「神社」として現存しないような事例を含んでいる。廃絶の事情は様々であったろうが、本来整備された施設を持たないような場合が、かなりあったのではなかろうか。構成要素としては、次のように整理できる。

①「物部・穂積・布留」という氏族名にも見える明神系

②「抜鉾」という地域神の大（明）神系

③「貫前」という地域神の大明神系

右の②と③については、同一実態の異称なのか、全く別の実態なのかについては、かねてより議論がある(3)。比較的古い神的要素のなかには「石上」が含まれないのが注意される。①～③については、以後の整理に当たっての基準となるだろう。

位階	神名
正一位	抜鉾大神（甘楽）
従三位	物部明神（多胡）
正四位下	物部明神（群東）
従四位上	貫前若御子大明神（群西）
従四位下	抜鉾若御子大明神（甘楽）・貫前別御子大明神（邑楽）
従五位上	穂積明神（多胡・佐位）
従五位	布留明神（那波）・抜鉾若御子大明神（群東）

位階については、鏑川流域に所在する事例が相対的に高く格付けされ、地域内にあっては本源的な存在であることを示す。こうした分布を見る限り「貫前」と「抜鉾」とは別格扱いで、強いていえば「抜鉾」→「貫前」のような上・下関係があるようである。

上野国十四郡のうち七郡に鎮座が認められるので、現状でそのような要素が認められないのは「碓氷・片岡・緑野・吾妻・利根・勢多・新田」の各郡である。これらのうち緑野郡は、史料的に「物部」氏の分布が確認でき、隣接する片岡郡などでも居住の可能性が想定できる。さらに、吾妻郡と碓氷郡とは石上部君氏の居住が確認できるが、金井廃寺のような寺院想定地に近接して、甘楽郡の「抜鉾大神」からの勧請を主張する「一宮神社」が所在するのは、単なる偶然ではないだろう。

一方、明治時代頃の実態を示す「神社明細帳」に見える「物部」系の独立神社は、次表に整理する通りである。香取神との関係や、一之宮貫前神社との関係の可能性もある「経津主命」の要素を外すと、頻度は非常に低くなり、郡としての規模の大きな群馬郡や勢多郡に、多少集中が見られる程度である。

全体として、上野国西部地域に比重がある。現時点で直接「物部」を明示する神社はなく、祭神が「経津主命」等であったり、「経津主」・「布留」・「石上」等が神社名と

表10　物部系神社

神社名	所在地	祭神	備考
宮鍋神社	西群馬郡元総社村	経津魂命	
抜鉾神社	西群馬郡菊地村	経津主命	
石上神社	群馬郡東明屋村	経津魂命	貞観十六年勧請、明治二年石上寺より分離
抜鉾神社	西群馬郡和田山村	経津魂命	明治四二年熊野神社に合併
抜鉾神社	西群馬郡本郷村	経津主命	明治明治四三年神明宮に合併、本郷神社と改称
抜鉾神社	群馬郡宮澤村	経津主命	
近津神社	群馬郡三ノ倉村	経津主命	
石上神社	群馬郡三ノ倉村	布都御魂	
伊香保神社	群馬郡榛名		末社（旧記に「物部大神」とあり）
諏訪神社	多胡郡石神村	石上麻呂	旧称が「物部明神」との伝承あり
貫前神社	甘楽郡一宮町	抜鉾大神	（由来詳細）
抜鉾若御子神社	北甘楽郡一宮町	経津主命	
小船神社	甘楽郡富岡町	経津主命	
石上神社	北甘楽郡国峯村	布都御魂	明治四二年八幡宮に合併、小波多神社に改称
貫前神社	南甘楽郡乙父村	経津主命	文久三年一宮より分祀、明治四四年乙父神社と改称
抜鉾神社	南甘楽郡保美濃山村	経津主命	
荒船神社	甘楽郡南野牧村	経津主命	
抜鉾神社	南甘楽郡万場村	経津主命	明治四〇年八幡宮に合併
咲前神社	碓氷郡鷺宮村	健経津主命	
水沼神社	碓氷郡水沼村	経津主命	末社（布留社他17社）
抜鉾大神	吾妻郡今井村	大国主神他	貞観三年一宮勧請

抜鉾神社	吾妻郡須川町	経津主命	弘長三年勧請、明治四一年熊野神社に合併
一宮神社	吾妻郡金井村	経津主命他	貞観三年一宮勧請
赤城神社	南勢多郡三夜沢村	大己貴命他	末社（物部神社（祭神―宇麻志麻治命）・石上神社（布都御魂）他91社）
赤城神社	勢多郡下南室村	経津主命他	末社（抜鉾社他12社）
赤城神社	勢多郡下南室村	経津主命他	末社（抜鉾社）
赤城神社	勢多郡漆久保村	経津主命他	末社（抜鉾社）
貫前神社	那波郡箱石村	経津主命	
経津主神社	山田郡廣澤村	経津主命	明治四二年加茂神社に合併

なっていたりする。伊香保神社の例に見られるように、かつて「末社」に「物部大神」が含まれていたという旧記があったとするのは、旧記の存在を事実としたとしても、石祠レベルの「末社」さえ現地で確認できない状態であったことになる。

群馬郡の関連神社の頻度は相対的に高く、それらのなかでも榛名山東南麓（群馬郡）が上野国の「物部」氏にとって意味のある場所であったとみられることは注意を要する。数次の転移が知られる「石上寺」と相関関係があり、片岡郡と群馬郡とに分割された「長野」郷出身と考えられる中世の長野氏による再編成に関係があるのかもしれない(4)。

また、北部の伊香保神社は渋川市の旧伊香保町、南西部の三ノ倉村石上神社・近津神社は高崎市でも旧倉渕村にそれぞれ属する。後者については、後述の碓氷郡の水沼神社と烏

風呂川（前橋市大手町柳原土手上）

風呂(矢田)川（前橋市表町）

風呂沼現況（前橋市元総社町）

石上神社（高崎市倉渕町）

石上寺（高崎市箕郷町）

石上寺（高崎市保渡田町）

長壁神社（前橋市大手町）

「御風呂」地名の名残（高崎市浜川町）

図 16　物部系神社等現況

川を挟んで対峙する。西部の吾妻郡の事例（一宮神社等）を加えるならば、榛名山麓を全周網羅する形になっていることになる。

多胡郡にはかつて「物部明神」が所在したはずだが、現状では消失している。ここで注意されるのは「穂積明神」と組み合わさっていたことであろう。現存地名の「石神」もこの地方では一般的な「しゃくじ」ではなく「石上」だったかもしれないが、「多胡碑」の「石上尊」に引っ張られている可能性もあり即断できない。

甘楽郡の貫前神社は、上野国内でも西端に近い位置に偏ってある。「抜鉾大神」とは、時期の前後関係のように見えるが、当面確証につながる要素を見いだせない。鏑川流域（北甘楽郡）には、他に顕著な「物部」関係の事例がみられないかわりに、貫前神社境内周辺にかなりな数の摂社・末社が集約されているのかもしれない。

同じ甘楽郡でも神流川流域（南甘楽郡）には、比較的新しい時期の勧請をうかがわせる事例が幾つか分布する。但し現在では、明治三九年の神社合併令によって絶対数が減少しているのは、周辺他地域と同様である。

碓氷郡の咲前神社は、貫前神社の当初の鎮座地であるとされる。伝承の年代は古く、香取神宮から分祀が行われた関係で藤原姓の氏族が祭祀を行うようになったとされる。それ以前に関わっていた磯部氏はその立場を追われることになるのだが、そのような地域情勢が、東山道「駅路」や伝路の設定などに関係する事実であれば興味深い。

同じく碓氷郡水沼村は烏川右岸上流であり、地域的には榛名山麓に含まれる。烏川流域は、吾妻川・鏑川・神流川などの東西方向に流下する各河川と並んで、信濃国側との主要な交通路になるが、上野国内ではこの付近が群馬郡と吾妻郡方面との分岐点になる。地形的には狭隘なので、農業生産に大きな期待はできず、機能的に交通路に特化している可能性が強い。古代交通路に関するこれらの選択肢のなかから碓氷川流域が「駅路」として決められた意味は大きい。

碓氷郡と吾妻郡とに居住が確認できる「石上部」君氏は、これらの交通路の掌握によって、中央からの情報伝達に相対的に早く接することができるという特色を有していた。長野氏は「石上部」君氏の後裔であるとされ、国府周辺等にも居住していた形跡がある。ある程度の期間に亘って上野国西部地域全般に分布していたと見ることができれば、前近代を中心としたその影響力には侮れないものがあった可能性がある[5]。

吾妻郡の「抜鉾大神」は、古い段階（貞観三年）での甘楽郡一宮からの勧請を主張するが、右述の通り碓氷川流域や鏑川流域との通交の可能性を示す。もし年代に信憑性があるのだとすれば、郡領氏族としての「石上部君」氏が、職務（郡領）への定着後に政治的に勧請した可能性が強い。

上野国東部地域での物部系神社の頻度は、西部地域と比べればかなり低い。しかもその大半は、勢多郡三夜沢村の赤城神社関連である。多数の末社を抱える三夜沢村の「赤城神社」を、赤城山西麓の各地点に分祀した結果、末社に含まれていた各種要素が分布することになったのだろう。いずれも利根川左岸に集中しており、相互の位置関係なども問題になるかもしれないが、現状では成案がない。勢多郡には、残存地名や出土文字資料などから、「白髪部（真壁）」・「春日部」・「鳥取部」など各種の部姓の存在が確認されているので、「物部」が存在しなかったとまではいえないが、利根川右岸に比べればやや頻度は低くなるだろう。

山田郡の事例「経津主神社」も、赤城神社の分祀に関係するものであったとみられる。下野国境に近い渡良瀬川右岸のこともあり、上野・下野国境付近に所在した可能性の高い某ミヤケに関わる事例になるかもしれない。類似した施設内容や氏族構成が認められるならば、その設置時期は、一般的に想定されている「佐野三家」などと近接した時期（推古朝頃）のものとなるだろう。西から流入したと考えられがちな「物部」その他の氏族集団

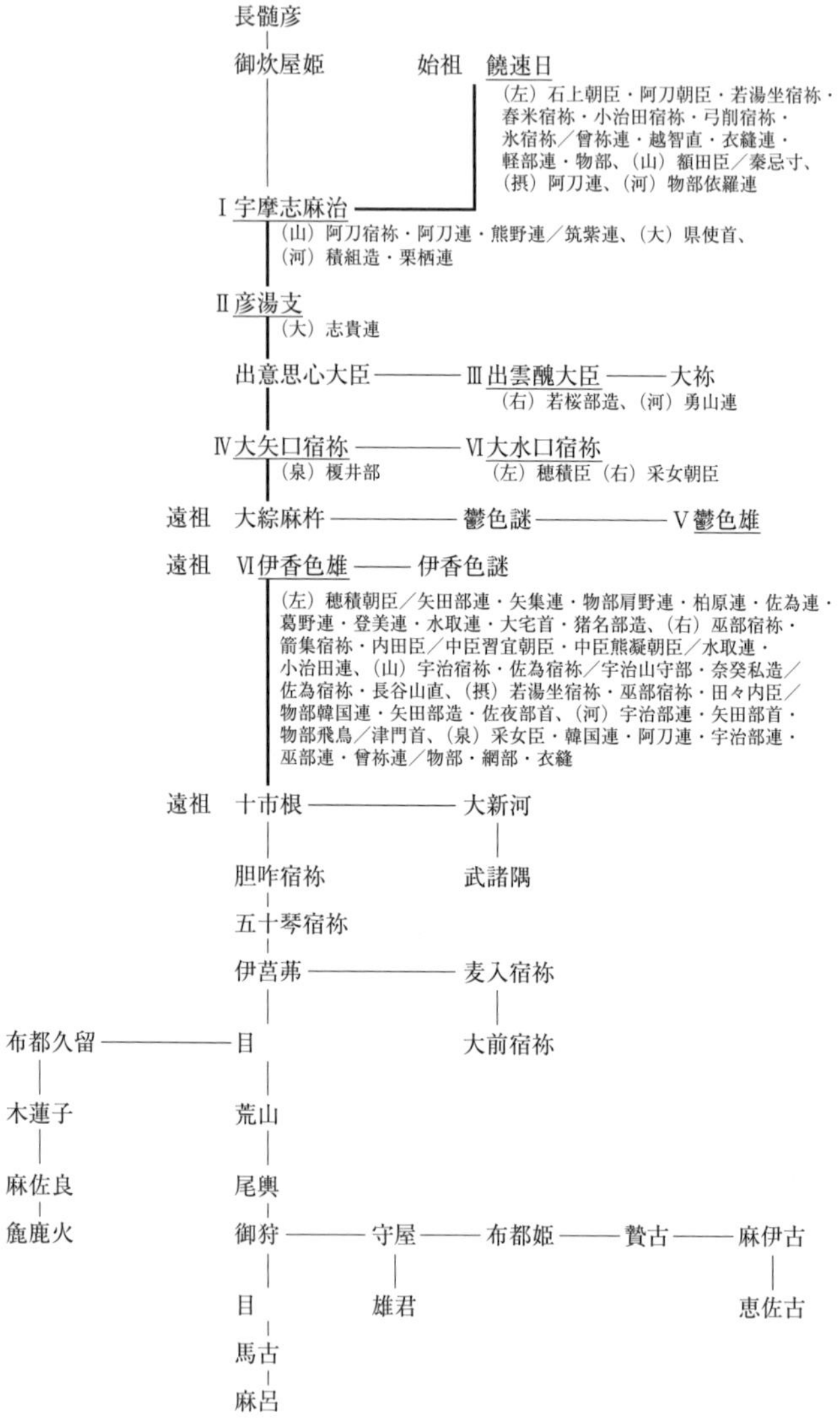
長髄彦
御炊屋姫
始祖　饒速日
（左）石上朝臣・阿刀朝臣・若湯坐宿祢・春米宿祢・小治田宿祢・弓削宿祢・氷宿祢／曾祢連・越智直・衣縫連・軽部連・物部、（山）額田臣／秦忌寸、（摂）阿刀連、（河）物部依羅連
Ⅰ宇摩志麻治
（山）阿刀宿祢・阿刀連・熊野連／筑紫連、（大）県使首、（河）積組造・栗栖連
Ⅱ彦湯支
（大）志貴連
出意思心大臣
Ⅲ出雲醜大臣
大祢
（右）若桜部造、（河）勇山連
Ⅳ大矢口宿祢
（泉）榎井部
Ⅵ大水口宿祢
（左）穂積臣（右）采女朝臣
遠祖　大綜麻杵
鬱色謎
Ⅴ鬱色雄
遠祖　Ⅵ伊香色雄
伊香色謎
（左）穂積朝臣／矢田部連・矢集連・物部肩野連・柏原連・佐為連・葛野連・登美連・水取連・大宅首・猪名部造、（右）巫部宿祢・箭集宿祢・内田臣／中臣習宜朝臣・中臣熊凝朝臣／水取連・小治田連、（山）宇治宿祢・佐為宿祢／宇治山守部・奈癸私造／佐為宿祢・長谷山直、（摂）若湯坐宿祢・巫部宿祢・田々内臣／物部韓国連・矢田部造・佐夜部首、（河）宇治部連・矢田部首・物部飛鳥／津門首、（泉）采女臣・韓国連・阿刀連・宇治部連・巫部連・曾祢連／物部・網部・衣縫
遠祖　十市根
大新河
胆咋宿祢
武諸隅
五十琴宿祢
伊莒弗
麦入宿祢
布都久留
目
大前宿祢
木蓮子
荒山
麻佐良
尾輿
麁鹿火
御狩
守屋
布都姫
贄古
麻伊古
目
雄君
恵佐古
馬古
麻呂

図17　「物部」の展開過程

であるが、この地点に関しては河川を遡上する形で定着に至った可能性がある。下総国の「香取神」関連の「物部」系要素が直接進出したものであったかもしれない。

　那波郡の「貫前神社」についても、烏川左岸に位置するので、烏川ないし利根川旧流路の利用した遷移が想定される。この位置の烏川は、利根川旧流路（広瀬川）よりは水量的に勝っていた可能性があるので、鏑川流域方面からの遷移になるだろう。烏川と利根川との合流点付近は、榛名山方面から延びる台地の縁辺で、利根川左岸（北側）の低地部分を中心に、複雑に蛇行した河道の痕跡が多数認められ、幅と水深のこともあって河川交通としては恐らく利用しにくい状態であった。合流点付近に位置した「五料河岸」の前身施設のような存在を想定しておきたい。

　また、上野国内「物部」系独立神社の大半の事例の祭神が「経津主命」であるなかで、同時期には既に現存しなかったのであるが、三夜沢赤城神社の末社「物部大神」の祭神が「宇麻志麻治命」である点が注意される。また「布都御魂命」を祭神とする末社「石上神社」も含まれている。「宇麻志麻治命」は、系譜のなかでの位置づけが上位の祖先である可能性が高く、上野国内の諸他の「物部」とは一線を画す存在であった可能性もある。

二、「境内末社」の「物部」系社

「物部」系の祭神を奉ずる単独神社に比較して、末社の実数が著しく多いとは言えない。中央から勧請されて距離と時間とが経過すればするほど、それらの親近性は低減してゆくことになる。本源的なものに近い順に「布留社→経津主命・石上社→抜鉾社」になるだろう。表記に見られる違いは、地域化してからの具体的な祭神の変遷に対応している。

八世紀代の史料（主として『続日本紀』）上でも、上野国内の「物部君」氏と「石上部君」氏とは、同じ君姓とはいえ居住地域も異なる別氏族である。前者が鏑川流域～群馬郡南部地域に比較的集中しており、以東の諸郡へは「交通路（駅路？）」に沿って線状につながるようにも思われる。その場合、那波郡・佐位郡に居住したことが確実な「檜前部君」氏との関係が問題になるだろう。

また後者については、吾妻川流域・碓氷川流域～群馬郡北西部に分布している。上野国内で完結する「伝路」様の交通路を掌握していたのだろう。榛名山が介在するという地理的な制約を、情報の独占の様な形で逆手に取った部分がある。

両者の境界はかなり漠然としているが、上野「国府」所在地付近になるかと思われる。

国府は、力関係で圧倒的な地域勢力の所在地に設定される場合もあったろうが、均衡する二大勢力の境目付近が選定されることもあったのではなかろうか。

末社レベルでは、西部地域と東部地域との差はあまり大きくない。東部地域に「貫前社」が集中するのに関係しているだろう。群馬郡の場合は、主として独立神社の間隙を埋める形で分布しているが、全体としては散在傾向にあるといえるだろう。そうしたなかにあっては、村上村での集中が注意される。いずれも複数の末社を擁する各種の神社である。但し、直前の神社合併令に基づいて明治四十一年に「作間神社」にすべての神社が合祀されたと見られるので、現在現地の景観的には「作間神社」しか見られないことになっているであろう。

碓氷郡の「水沼神社」に関しては、前述の通りである。烏川を挟んで群馬郡と対峙する。「布留社」について単なる末社とは考えにくいので、西方から流入した場合には、最も早い段階で定着した氏族集団に関わる事例であると考えられる。面的な支配以前の点ないし線的な拡大に対応する地点になるだろう。

また碓氷郡に含まれる『和名抄』郷名としての「秋間」郷が上・下に分割され、その「上秋間」村がさらに東・西に分割された地域に、末社としての「貫前社」が集中している。「下

表11「物部」系「境内末社」

神社名	所在地	祭神	備考
諏訪神社	群馬郡下阿内村	健御名方命	末社（浅間社・石上社）
八幡宮	東群馬郡上佐鳥村	誉田別命	末社（抜鉾社他13社）、明治四一年春日神社に合祀
飯玉神社	東群馬郡橳島村	保食命	末社（抜鉾社他14社）
神明神社	群馬郡高井村	大物主命	末社（抜鉾社他3社）
○琴平宮	西群馬郡新保村	菅原道真	末社（経津主命）
○菅原神社	群馬郡塚田村	高龗神	末社（抜鉾社他3社）
○龗神社	西群馬郡下芝村	倉稲魂命	末社（抜鉾社他7社）
○白山神社	西群馬郡浜川村		末社（抜鉾社他1社）、明治四二年榛名神社に合併
○熊野神社	西群馬郡和田山村		末社（抜鉾社他8社）
○作間神社	西群馬郡村上村	興津彦命他2柱	末社（経津主命他13社）、明治四一年合祀
○竈三柱神社	西群馬郡村上村	倉稲魂命	末社（経津主命6社）、明治四一年作間神社に合併
○稲荷神社	西群馬郡村上村	倉稲魂命	末社（経津主命他9社）、明治四一年作間神社に合併
○金甲稲荷神	西群馬郡村上村	菅原道真	末社（経津主命他3社）
北野神社	群馬郡湯上村		末社（貫前神社（経津主命）他1社）、明治四二年甲波宿禰神社に合併
伊香保神社	群馬郡榛名山		末社（旧記に「物部大神」とあり）
馬山神社	北甘楽郡馬山村		末社（貫前社他34社）
○貫前神社	北甘楽郡一ノ宮町		摂社（抜鉾若御子神社）
○北野神社	碓氷郡岩永村		末社（抜鉾社他13社）
水沼神社	碓氷郡水沼村	経津主命	末社（布留社他17社）
日枝神社	碓氷郡小日向村		末社（貫前社（経津主命）他9社）
飽馬神社	碓氷郡西上秋間村		末社（貫前社（経津主命）他7社）

大山祇神社	碓氷郡西上秋間村		末社（貫前社（経津主命）他7社）
大山祇神社	碓氷郡西上秋間村		末社（貫前社（経津主命）他7社）
稲荷神社	碓氷郡西上秋間村		末社（貫前社（経津主命）他1社）
諏訪神社	碓氷郡西上秋間村		末社（貫前社（経津主命）他5社）
大山祇神社	碓氷郡西上秋間村		末社（貫前社（経津主命）他5社）
大山祇神社	碓氷郡西上秋間村		末社（貫前社（経津主命）他5社）
稲荷神社	碓氷郡東上秋間村		末社（貫前社（経津主命）他3社）
諏訪神社	碓氷郡東上秋間村		末社（貫前社（経津主命）他5社）
諏訪神社	碓氷郡東上秋間村		末社（貫前社（経津主命）他1社）、東神社と改名
八坂神社	碓氷郡東上秋間村		末社（貫前社（経津主命）他4社）
榛名神社	碓氷郡東上秋間村		末社（貫前社（経津主命）他4社）
○岩戸神社	碓氷郡東上秋間村		末社（抜鉾社他23社）
鹿島宮	吾妻郡植栗村		末社（石上神社（布都御魂）他14社）
○雷電社	吾妻郡西峰須川村		末社（抜鉾社他2社）
○諏訪神社	利根郡平出村		末社（抜鉾社他15社）
熊野神社	利根郡後閑村		末社（貫前社（経津主命）他51社）
○神明宮	利根郡生枝村		末社（抜鉾社他14社）、明治四一年武尊神社に合併
○大山祇神社	利根郡柿平村		末社（抜鉾社他12社）
○武尊神社	利根郡薗原村	日本武尊	末社（物部社・抜鉾社他71社）
○武尊神社	利根郡花咲村	日本武尊	末社（抜鉾社他17社）
赤城神社	南勢多郡三夜沢村	豊城入彦命他	末社（貫前神社（経津主命）他92社）
○八幡神社	南勢多郡田口村	誉田罰命	末社（抜鉾社他8社）、橘神社と改称
○赤城神社	南勢多郡上細井村	豊城入彦命	末社（抜鉾社他6社）、細井神社と改称

○八幡神社	勢多郡上津久田	誉田罰命	末社（抜鉾社）、慶長一五年勧請
○諏訪神社	勢多郡横室村	健御名方命	末社（抜鉾社他7社）
○諏訪神社	勢多郡溝呂木村	健御名方命	末社（抜鉾社他10社）
○諏訪神社	勢多郡勝保沢村	健御名方命	末社（抜鉾社他9社）
○赤城神社	勢多郡下南室村	経津主命	末社（抜鉾社他11社）
産泰神社	勢多郡下大屋村	木花之佐久夜毘売	末社（貫前神社（経津主命）他18社）
大山祇神社	勢多郡棚下村	大山祇命	末社（貫前神社（経津主命）他27社）
大森神社	北勢多郡森下村		末社（貫前神社（経津主命）他53社）
神明宮	佐位郡伊勢崎町		末社（貫前社（経津主命）他25社）
鹿島宮	佐位郡曲沢村	建御雷神	末社（貫前社（経津主命）他15社）
赤城神社	佐位郡国定村		末社（貫前社（経津主命）他14社）
火雷神社	那波郡下之宮村	火産霊命	末社（貫前社（経津主命）他19社）
稲荷神社	那波郡樋越村		末社（石上神社（布都御魂）他2社）

※神社名の○印は「抜鉾社」関係。末社「貫前社」は基本的に祭神「経津主命」

秋間」村にはそうした徴証はないので、分割の基準が信仰に関わるとすれば興味深い。地域の広がりの狭さを考慮すれば、碓氷郡のなかでの政治的比重はかなり大きなものであったと考えられるが、東山道「駅路」のルートが外れて位置することに意味があるかもしれない。

勢多郡に関しては、三夜沢村赤城神社からの分祀が末社レベルまで及んで、赤城山西麓を中心に分布密度が稠密になっている。非常に多くの末社を抱える産泰神社が加わって空白地点が埋まったようにも見えるが、これも比較的新しい時期の赤城神社の分祀の可能性が高いだろう。但し、産泰神社の背後には巨石が存在し、祭祀活動の起源そのものは時期的に遡及する部分があるとみられる。前橋市の荒砥地区を中心に、後期群集墳の立地との関わりが想定できるような同様の巨石祭祀遺構が点在しており注意される。それらの内で、最も標高が高い位置に所在するのが、三夜沢村赤城神社背後の「櫃石」になる(6)。

三、「抜鉾大神」と「貫前神社」

右に見てきたように、上野国の物部系神社の祭神の大半は、一部例外を除いて「抜鉾神」か「貫前神」のいずれかである。そのことは、全国各地に所在する「物部神社」などの様相とはだいぶ異なる。そのことは、地域で知られる氏族としての「物部」が君姓であることにも関係しているのかもしれない。

「抜鉾神」と「貫前神」との関連史料については、非常に特異な状況を示している。当初は主に神階叙位に関するものであるが、年代順に位階を整理すれば次のようになる。

年	「抜鉾神」	「貫前神」
・承和六年（八三九）	無位→従五位下	
・貞観元年（八五九）		正五位下勲八等→従四位下勲八等
・貞観九年（八六七）		従四位上勲八等
・貞観十八年（八七六）		正四位下
・元慶三年（八七九）		正四位上勲八等
・元慶四年（八八〇）		正四位上勲八等→従三位勲七等
・寛平三年（八九一）		正三位勲七等
・演技十六年（九一六）		従二位
・長元三年（一〇三〇）	正一位勲十二等	

ちなみに、現在貫前神社では「正一位勲五等」と自称している。右の神階叙位に関しては、編年的な史料（六国史等）では徐々に昇叙されているが、当初の「抜鉾神」から「貫前神」にすり替わっている。比較的後発の「上野国交替実録帳（長元三頃）」や『上野国神名帳』では、「抜鉾大明神（社）」であり、近世の状況を映すとみられる「神社明細帳」まで一貫して「抜鉾大神」となっていて、「貫前神社」となっていない。

この件に関しては、「二神二社」説[7]と「一神一社」説[8]とが並立している。「上野国交替実録帳」に「正一位勲十二等」とあることに示されるように、位階と勲位のズレに注意すれば「二神」である可能性も捨てきれないが、「上野国交替実録帳」は古いデータを利用して加除筆したメモであり、新たなデータに上書きしきれていない部分がかなりあった可能性がある。寛平三年の「勲七等」から現在の「勲五等」へと通常通り昇叙したとすれば、「一神」であっても問題はないと思われる。一神の表裏が、「両面宿儺」のように二面性を持っているということになるのだろうか[9]。

「抜鉾神」と「貫前神」とは機能的な問題であり、地域に対しては「抜鉾神」・国家に対しては「貫前神」という形で使い分けられていた可能性がある。「物部」や「経津主」等を神社名に冠さない理由は当面不明だが、当地周辺の人口に膾炙する「渡来」系要素として、「小船」神社の存在に注意したい。内陸部に船で遡上する「(女系)渡来人」に関しては、補陀洛山につながる「観音」信仰[10]や「弥勒」信仰[11]と通底する部分があるようにも思われる。いずれにしても相当な変容は来している。

また、「抜鉾神」と「貫前神」との字義からくる違いは、今後とも考えてゆきたいと思うが、巷間に流布する『神道集』に記された「抜鉾神」の由来には、大陸的(道教的)な要素を感じる。それについて尾崎喜左雄説のように「抜鉾神＝物部（稲含山）系」と「貫前神＝帰化人（荒船山）系」という形(12)で単純に整理できるかどうかはかなり問題がある。特に、尾崎のいう「帰化人」が、現状ではあまりに抽象的で曖昧な部分が多いからである。

ともあれ物部氏は、全国各地に分布していたことが知られている(13)が、東日本各地にもかなり濃厚に分布していた。上野国に関しては、鏑川流域（甘楽郡・多胡郡）から片岡郡・群馬郡南部にかけて、物部氏に関する関連資料が比較的濃密に分布している。その傾向は、右に整理したように物部氏にゆかりの神社の分布とも一致するものが多く、その後の転変によってやや不鮮明になってきてはいるが、その濃淡が氏族としての居住の頻度にもある程度対応するものであったろうと思われる(14)。

やがて上野国内の「物部」系神社に関しては、後発する『延喜式』内社の格付けによって、「貫前」と「抜鉾」という概念が持ち込まれ、西毛地域を中心に全体数量的には増加をみることになった。但し、富岡市下高尾に所在する「仁治の碑」によって知られる氏族構成(15)によって知られるように「物部」の優位性は、単なる数量的な問題ではなかったことが想定される。

その鏑川流域の中間地点に相当する富岡市曽木に、「曽木神社」の鎮座を前提にするとみられる「甘楽郡曽木郷」が所在する。常識的には、物部氏と対比的に捉えられるソガ部氏の居住地になるだろう。実際その北側の丘陵上には、七世紀代の蘇我氏に特徴的な終末期の顕著な「方墳」が立地(16)し、南側段丘上の集落(「新屋」郷)には、地域では希少な「上戸」出身の「宗宜部猪麻呂」が居住していた。「兵士」なのか「衛士」なのか、いずれにしても中央に「上番」できる程度の階層に属する人物である。

注目されるのは、現存する曽木神社に近接する富岡市曽木久保遺跡で大量の「石製模造品」等を伴う祭祀遺構が調査されていることである(17)。出土遺物には「儀鏡」と見られるものが含まれており、『抱朴子』の「明鏡」信仰との関わりから注目される。そのような環境を考慮すれば、現在の曽木神社は、「宗宜部」氏の伝統的な祭祀の場であった可能性がある。それらのことを認めるならば、仏教以前のソガ氏も、他氏族と同様の道教的祭祀を行っていたことになる。問題なのはその場所であり、鏑川流域を含む地域全般の中で、物部系の神社に比較してソガを冠するような神社の頻度の低いことである。

それらのことは、その後の物部氏のあり方にも投影されているだろう。上野国をはじめとする東国地域は、絶え間なく西国への「防人」や、陸奥・出羽両国への「柵戸」等や具体的な軍事行動への従軍といった負担を要求された(18)。特に後者は、双方の地域の社会組成に大きな影響を及ぼしたとみられる。当初は「楽遷」規定による税の優遇などがあったので、かなりな有力者（富民）も応募して東北地方へと赴いた。その際に、東国地域に残留した「物部」氏を代表するのがその後「僦馬の党」に集約された人びとであったろう[19]。その発生原因には、複合的な要素が関係していると思われるが、律令国家の東北政策に、積極的には協力しなかったというような事情もあったかもしれない。

また、物部氏の非仏教的性格に注意すれば、その思想・信仰の根源が奈辺にあったかに思いを致さざるを得ない。ひとつの可能性として、古い段階での「儒教」や「道教」に関する情報の流入にも十分留意すべきであろう。石上神宮の武器庫に集約された「武器」のなかでも、「剣」に関する特別な呪力を認めるのは、陶弘景の『真酷』にその濫觴があるという[20]。

小結

古代氏族が、どこ（地形・地点）にどのくらい（人数・期間等）居住していたのかを具体的に知るためには、「戸籍」関連の史・資料等がない場合、非常な困難を伴う。そのような一般的条件を当てはめると、上野国の「物部」系氏族に関しては、史料的に恵まれた方だといえる。墨書土器などの微細な史・資料の蓄積が、粗雑な見通しを補強または訂正できることを強く願っている。

それまで二次的資料や地名・伝承といったこれまで当地では未使用に近い要素も援用して立論することになる。そこに見られる傾向を、超歴史的として排除するか、何らかの史実の投影と考えるかは議論の分かれるところだろう。現状では望まれる「実証」史学と遠くかけ離れた地点での作業に留まらざるを得ないが、いつかどこかで何かの鉱脈に突き当たれるかもしれない偶然に期待して、更なる作業を継続してゆきたい。

注

(1) たとえば、青木和夫・田辺昭三『藤原鎌足とその時代』(吉川弘文館、一九九七年)。

(2) 篠川賢『物部氏の研究』(雄山閣出版、二〇〇九年)の整理が悉皆的である。

(3) 尾崎喜左雄『上野国神名帳の研究』(尾崎先生著書刊行会、一九七四年)参照。なお、本章の記述全般は、尾崎氏が同書を通じて繰り返し検証されている内容をトレースする形になっている部分が多い。

（4）久保田順一「国衙領の形成と開発」（『群馬文化』三一六、二〇一三年）参照。

（5）拙稿「東山道『駅路』の成立」（地方史研究協議会編『交流の地域史』雄山閣出版、二〇〇五年所収）。

（6）井上唯雄「赤城山櫃石と群馬の祭祀遺跡」（『群馬文化』一九二、一九八二年）、菊池康明編『律令制祭祀論考』（塙書房、一九九一年）。時枝務『山岳考古学』（ニューサイエンス社、二〇一一年）等参照。

（7）田島桂男「一宮貫前神社」（谷川健一編『日本の神々』十一、白水社、一九八四年所収）に代表される見解は、基本的に前掲注（3）に示される尾崎説を踏襲するものであろう。

（8）中世諸国一宮研究会編『中世諸国一宮制の基礎的研究』（岩田書院、二〇〇〇年）。

（9）尾関章『両面の鬼神』（勉誠出版、二〇〇九年）。

（10）神野富一『補陀洛信仰の研究』（山喜房佛書林、二〇一〇年）参照。

（11）宮田登『ミロク信仰の研究』（未来社、一九七五年）参照。

（12）前掲注（3）尾崎『上野国神名帳の研究』参照。

（13）篠川賢『物部氏の研究』（前掲注（2）書）に、八世紀段階までの動向が悉皆的に整理されている。また、加藤謙吉『蘇我氏と大和政権』（吉川弘文館、一九八三年）。

（14）拙稿「鏑川流域からみた地域情勢」（『古代上毛野の社会基盤』同成社、二〇一八年所収）。

（15）松田猛「中世資料からみた古代氏族」（西垣晴次先生退官記念『宗教史・地方史論纂』刀水書房、一九九四年所収）。

（16）その意義に関しては、白石太一郎「東国の古墳と古墳群」（『古墳と古墳群の研究』塙書房、二〇〇〇年所収）参照。

（17）井上太「群馬県富岡市曽木久保遺跡の祭祀遺構と儀鏡」（『考古学ジャーナル』四四六、一九九九年）。

（18）拙稿「律令国家の東北政策と東国」（『史苑』五十巻二号、一九九〇年）。

（19）三宅長兵衛「将門の乱の史的前提」（『立命館文学』一一二、一九五四年）、また。下向井龍彦『武士の成長と院政』（講談社、二〇〇一年）参照。

（20）福永光司「天皇と真人」（『道教と日本思想』徳間書店、一九八五年所収）。

第六章　スグロ（リ）神社と白ヒゲ神社

はじめに

「上野三碑」のユネスコ世界記憶遺産登録の頃より、同時代の上毛野～上野国地域には多数の渡来人が流入してきていて、それらの人びととの文化を「平和的に受容」した形が石碑として遺されているといった論調が一般化しているようである[1]。

　文化の相互交流は、七～八世紀に留まるものではないだろうし、多数の「渡来人」というのも、「畿内近国」や「日本海沿岸」地域に比較してどうなのかという印象は拭えない。逆にそれらの地域で顕著な石碑の造立が見られないのは、法令遵守の結果だとすれば、当地の同一郡内にのみ遺例が集中する理由は、他に求められるべきなのではないか[2]。

一、スグロ（リ）神社

上野国に実際にやってきた「渡来」の人びとの具体的な「生活」や「行動」の痕跡を探る指標として、一般的に「渡来人」が奉祭していたとされることの多い「スグロ」神社と「白鬚」神社を中心に実態を精査し、渡来系とされる人びとの地域内部での信仰の具体相に関して、改めて整理・考察してみたい。スグロ神社の表記については、上野国内の事例に関しては「村主」・「勝（呂）」・「巣黒」といったバリエーションがある。「稲荷」・「八幡」などの附属要素が付加されることもあった。「スグロ」の原義は、応神天皇の段階で阿知使主とともに渡来した氏族名に基づくとされる。本来「族長」を意味する古代朝鮮語であるという[3]。

A東漢氏系＝「村主」
B秦氏系＝「勝」

「神社明細帳」段階の群馬県内で、スグロの音に関係する神は次表に整理する通りである。単純な頻度では東部地域に比重があり、特に勢多郡に多い。右のA「村主」の表記が大半

表12　スグロ（リ）神

神社名	所在地	祭神	備考
巣黒神社	群馬郡岩鼻町	事勝国勝長狭神	明治一三年陸軍用地となり、赤城神社に移転
赤城神社	群馬郡岩鼻村		末社（巣黒神社他25社）
村主神社	群馬郡下日高村	事勝国勝長狭神	
神明神社	南勢多郡西片貝村		摂社（村主稲荷社他1社）、明治四一年片貝神社に合祀
村主稲荷神社	勢多郡野中村		
村主大明神	勢多郡泉沢村		
小鷹神社	勢多郡武井村		末社（猿田彦社・神明宮・村主社）
村主神社	勢多郡前皆戸村		
村主神社	佐位郡上植木村	長狭神	
勝呂神社	佐位郡東小保方村	長狭神	大正二年に、雷電神社・熊野神社・北野神社・浅間社と合併し、大東神社と改称・移転
村主八幡宮	利根郡上津村	誉田別命	明治一二年に末社八座を合祀

なので、同地域に居住した渡来系氏族は、ほぼ東漢氏系の後裔であったと考えられることになる。そのことは、相模国・信濃国以東の東国地域で、秦氏の分布密度が非常に低いことと連動している可能性がある。少なくともスグロ神の絶対数の少なさは、流入した奉祭集団人数の少なさや期間の短かさを如実に反映するであったろう。

全体的な頻度が多いとはいえないので断定はできないが、単独神社が多数を占め、境内末社として合祀されたりする事例も少ない。地域的な偏差としては、旧利根川流路の東部地域に比重がある。広域な勢多郡には疎らに分布しているようだが、佐位郡の事例とはやや近接しているようにも見える。前述の一般的理解に基づくと、勢多郡野中村で秦氏関係の「稲荷」[4]と結合する事例は、「村主」表記で内容的なねじれがある。

利根川右岸上流の利根郡上津村の事例も、渡来系の「八幡宮」と結合するが、祭神も「誉田別命」で引っ張られている。同所周辺は、後期の顕著な群集墳が分布しており、副葬品に馬具を埋葬する事例が目立つ。馬匹生産に従事する集団の定着が想像される。地点的には、吾妻川流域経路による日本海沿岸地域からの流入の可能性がある。その規模(ないし時期)は、非常にピンポイントなものであったと言えるだろう。

また『新撰姓氏録』によれば、氏族名としてのスグロ(リ)の事例として、次のような諸氏族と出自とが掲出されている[5]。

○左京諸蕃上(漢)桑原村主―出自漢高祖七世孫萬徳使主也
　　　　　　　　　上村主―出自後漢光武帝七世孫慎近王也
　　　　　　　　　下村主―廣階連同祖。陳忠王植之後也
○左京諸蕃下牟佐村主―出自呉孫権男高也

○右京諸蕃上（漢）錦織村主—出自韓国人波努志也

檜前村主—出自漢高祖男齊王肥也

上村主—廣階連同祖。通剛王植之後也

下村主—出自後漢光武帝七世孫慎近王也

○左京諸蕃下（漢）高向村主—出自魏武帝太子文帝也

（百済）坂田村主—出自百済人頭貴村主也

上勝—出自百済人多利須須也

不破勝—出自百済人渟武止等之後也

高安下村主—出自高麗人大鈴也

○山城国諸蕃錦部村主—錦織村主同祖。波能志之後也

勝—上勝同祖。百済人多利須須之後也

○大和国諸蕃（漢）額田村主—出自呉国人天国古也

○摂津国諸蕃（漢）上村主—廣階連同祖。陳思王植之後也

村主—芦屋村主同祖。

勝—上勝同祖。多利須須之後也

○河内国諸蕃（漢）茨田勝—出自呉国王孫皓之後意富加牟枳君也。大鷦鷯天皇御世。賜居
地於茨田邑。因為茨田勝
（百済）古市村主—出自百済国虎王也

○和泉国諸蕃（漢）秦勝—（秦忌寸）同祖
上村主—廣階連同祖。東阿王之後也
（百済）葦屋村主—出自百済人意寶荷羅支王也
村主—葦屋村主同祖。大根使主之後也

○未定雑姓（右京）高向村主—呉国人小君王之後也
志賀穴太村主—後漢孝献帝男美波夜王之後也
（山城国）春日部主寸—津速魂命三世孫大田諸命之後也
穴太村主—曹氏寶徳公之後也
村主—漢師建王之後也
（大和国）村主—漢高受王之後也

右の事例はあくまでも「畿内」の問題であって、当然のことながら各氏族が上野国地域に実際居住していたとは考えられない。基本的には「地名＋スグリ（ロ）」になっているので、

居住地につく属性があった可能性があるが、そのような区別を必要としない程度の頻度であれば、運用上「村主・勝」氏で十分であったろう。「村主」と「勝」とでは圧倒的に前者が多い。このことは、中央（畿内）でも地方である上野国でも共通している。但し、『新撰姓氏録』の記す畿内には「百済」起源の「村主」が含まれており、やや違和感がある。

二、白ヒゲ神社

一般的に白鬚神社は、近江国滋賀郡所在の白鬚神社を総本宮とし、「猿田彦命」を祭神とする。ヒゲ字に「髭・鬚・髯」のバリエーションがある。「髭→鬚・髯」といった序列は地域の広がりの広狭や居住の頻度に関係している可能性はあるが、あまり大きな違いではないと考えられているようである。

「神社明細帳」の「白ヒゲ（神）社」を整理すると次表のようになる。「神社明細帳」での絶対数は非常に少ないうえに、同時期の段階でも合祀関係による出入りがあり、単独神社と境内末社とが半ばする状態である。但し、旧利根川を境に東西に分けて考えると、明らかに西部地域に比重がある。とりわけ吾妻郡・碓氷郡・甘楽郡の山間地に分布している事例に関しては、西方（信濃国）に通じる交通路に関係していると考えられる。

そのなかでも吾妻郡に最も多く見られるということは、信濃国→越後国（日本海沿岸）との結びつきを示唆している。そのように理解してよければ、新羅系と考えられる渡来人は、日本海沿岸地域のいずれかに漂着した後、後の北陸道（ないし山陰道）を北上して越後国→信濃国を経由して吾妻川流域をたどって上野国内に到達した可能性がある。少なくともその段階では、かなりの部分はそのまま西部地域に定着し、山田郡・新田郡といった東部地域にまではほとんど定着するに至っていないように観察できることになる。

白ヒゲ神社の場合は、比較的末社が少ないので、近隣他社を合祀してそのまま継続する場合がそれなりにあったと見られる。絶対数が僅少なので、合祀の経過が十分追跡できないような場合には、現在ではほとんど消滅状態になっている可能性もあるだろう。

いずれにしても、上野国内に関する東西軸に関しては西部地域、南北軸に関しては北部地域に比重があり、個別の検討が必要な部分も含まれるが、北西方向からの流入をうかがわせる分布傾向を示しているように思われる。それが何時のことなのかという問題もあるが、国家の政治的要請に基づいて実施された移動・流入ではなくて、移動する当事者の主

表13 白ヒゲ（神）社

神社名	所在地	祭神	備考
白髭神社	群馬郡川原嶋新田	猿田彦命	
白鬚神社	西群馬郡漆原村	猿田彦命	明治四三年、漆原神社に合祀
八幡宮	群馬郡新井町	誉田別命	末社（白髭社他6社）
雷電神社	西群馬郡上新田村	大雷命・火雷命	末社（白髭社他7社）
白髭神社	緑野郡根小屋村	猿田彦命	
諏訪大神・八幡大神	甘楽郡下に田村	健御名方命他	末社（白髭社他11社）
白髭神社	甘楽郡八木連村	猿田彦命	明治四三年、足日神社に合祀
浅間神社	北甘楽郡西野牧村	木花咲耶姫命	末社（白髭社他4社）
白髭神社	碓氷郡原村	猿田彦命	明治四一年、八坂神社に合祀
白髭大神	碓氷郡西秋間村	高良玉垂神	
白髭神社	吾妻郡大柏木村	猿田彦命	
白髭神社	吾妻郡本宿村	猿田彦命	
吉岡神社	吾妻郡本宿村	伊弉諾尊	末社（白髭社他14社）、明治四十一年合祀
佐奈神社	吾妻郡荻生村	健御名方命他	末社（白髭社他）
川戸神社	吾妻郡川戸村	瓊々杵命	末社（白髭社他3社）
畔宇治神社	吾妻郡大戸村	猿田彦命	文永元年、近江国滋賀郡堅田郷白髭神を勧請
浅間神社	吾妻郡松尾村		摂社（白髭大神他11社）
小高諏訪社	利根郡後閑村	健御名方命他2社	末社（白髭社他1社）、明治四四年に合祀
白髭神社	勢多郡込皆戸村	猿田彦命	末社（白髭社他9社）

稲荷神社	勢多郡込皆戸村	倉稲魂命	
白髭神社	新田郡藪塚村	猿田彦命	
白髭神社	山田郡安楽土村	猿田彦命	明治四二年、吾嬬耶神社・雷電神社・稲荷神社・琴平神社を合祀

体的意思が反映された形を示していると考えられるのではなかろうか。当然そこでは、後の東山道「駅路」のようなものを利用して移動しているわけではない。

スグリ神社と白ヒゲ神社との分布の偏りは、それらの奉祭集団の流入の時期と規模の違いを示している可能性がある。前者が時期的に先行する葛城氏の全国展開に関わっており、太平洋岸から河川を遡上する形で、渡良瀬川下流の邑楽郡＝ナガラ神・山田郡＝カモ神進出・定着の延長上にある可能性がある。

これに対し後者は、その後の蘇我氏の全国展開の直前か同時期に進出・定着した可能性がある。渡来系氏族との関わりという点でも、先行する物部氏よりも可能性があるだろう。但し、複数想定される陸路でも、特に吾妻川流域ルートが重視されているようなので、日本海沿岸の重要地点を舟を利用して北上してきた可能性があり、王権の直属の勢力とは多少の距離をおく関係にあったかもしれないことに留意すべきである。

三、「猿田彦（毘古）」神

次に、白ヒゲ神社の主要な祭神である「猿田彦（毘古）」神については、記紀神話にも登場する個性的な神であり、死没地の関係で本来「伊勢」地域に帰属していたとされる(6)。伊勢国が関係しているということは、モデルとなった渡来系氏族の伝播経路として、漠然と日本海沿岸地域ということでなく、ほぼ「出雲」国経由で伊勢国まで到達し、その後全国に拡散していったという理解が可能であることになるだろう。白ヒゲ神社以外の要素の地域外からの流入としては、一段階後出することになる。

改めて「神社明細帳」に見える「猿田彦（毘古）」神について整理してみると次表のようになる。なお、前述で重複する白ヒゲ神社関連の事例には○印を付した。単独の「猿田彦神社」は、群馬郡を中心に四座があるに過ぎない。

「猿田彦社」の大半が境内末社なこともあり、特に東部地域での頻度は激増する。例外も少なくないが、各郡の西端または北端に白ヒゲ神社が位置し、末社となった猿田彦社が川沿いに展開する形になる。南東隅にいくほど頻度がさがり、邑楽郡には白ヒゲ神社は確認できない。合祀の際に移転することもあるので絶対ではないが、確認できる合祀の例では同一共同体とみられる近隣で処理されることが多いようなので、ある程度の傾向としては認知できるだろう。

山田郡と邑楽郡の場合にみるように、「猿田彦社」はほぼ末社でしか存在しないが、渡良瀬川右岸に展開する両郡地域には、先行するナガラ神・カモ神に続いて、それなりの頻度で伊勢神宮の御厨等が設定されており、その関係で時期的に後発する進出があったのではなかろうか。そのように理解できれば、同じような末社の「猿田彦社」であっても、意味内容に地域毎に多少の違いがあった可能性がある。

さらに、群馬郡（高崎駅）の都市部などに位置する場合には、商売繁盛などの現世利益的な意味で勧請されている場合がある。そのような場合には、近世の都市化への対応が想定され、「庚申」信仰の流行などのような、さらに何段階か下った時期の問題になる。近世高崎町のような上野国で最も繁華な都市部周辺に特有の事例と考えられるだろう。

渡来系氏族が奉祭した神として最も著名なのは、秦氏の「稲荷」神社や「松尾」神社がある[7]。特に稲荷神社の鎮座数は非常に多く、県内全域に及んでおり、何らかの理由で身近に親しまれた存在である。

しかし、時期的にも下った上野国地域への関わり方はそれぞれである。後者は著しく事

表14 「猿田彦命」関連神社

神社名	所在地	祭神	備考
愛宕神社	群馬郡高崎駅		末社（猿田彦社他7社）
猿田彦神社	群馬郡高崎駅	猿田彦命	高崎神社に合併
熊野（高崎）神社	群馬郡高崎駅		末社（猿田彦社他28社）、明治四〇年合併注記
白山神社	群馬郡高崎駅		末社（猿田彦社他1社）
諏訪神社	群馬郡高関村		末社（猿田彦社他2社）
総社神社	群馬郡元総社村		末社（猿田彦社他9社）
三宮神社	群馬郡大久保村		末社（猿田彦社他3社）
聖宮神社	群馬郡大久保村		末社（猿田彦社他4社）
胸形神社	群馬郡棟高村		末社（猿田彦社他7社）
熊野神社	群馬郡大八木村		末社（猿田彦社）
諏訪神社	群馬郡西明屋村		末社（猿田彦社他2社）、八幡宮に合併
外榛名神社	群馬郡西明屋村		末社（猿田彦社他3社）、明治四二年合併
八幡宮	西群馬郡西明屋村		末社（猿田彦社他）、外榛名神社を合併
榛名若神子神社	群馬郡松之沢村		末社（猿田彦社他4社）
熊野神社	群馬郡和田山村		末社（猿田彦社他8社）
諏訪神社	群馬郡白川村		末社（猿田彦社他6社）
榛名木戸神社	群馬郡本郷村		末社（猿田彦社他5社）
稲荷神社	群馬郡本郷村		末社（猿田彦社他1社）
駒形神社	群馬郡高浜村		末社（猿田彦社他9社）
車持神社	群馬郡十文字村		末社（猿田彦社他13社）
諏訪神社	群馬郡八木原村		末社（猿田彦社他15社）

瀧泉神社	群馬郡上野田村		末社（猿田彦社他17社）
猿田彦神社	群馬郡中里村	猿田彦命	
有馬渠口神社	群馬郡有馬村		末社（猿田彦社他8社）
大山祇神社	群馬郡石原村		末社（猿田彦社他3社）
猿田彦神社	群馬郡石原村	猿田彦命	
大山祇神社	群馬郡中郷村		末社（猿田彦社他6社）
大山祇神社	群馬郡上白井村		末社（猿田彦社他4社）
大島神社	群馬郡横堀村		末社（猿田彦社他3社）
神明宮	東群馬郡前橋竪町		末社等（猿田彦社他6社）
飯玉神社	東群馬郡後閑村		
諏訪神社	群馬郡鶴光路村		末社（猿田彦社他20社）、明治四二年新堀神社に合祀
○白髭神社	群馬郡川原嶋新田	猿田彦命	末社（猿田彦社他2社）
○白鬚神社	西群馬郡漆原村	猿田彦命	
○八幡宮	群馬郡新井町	誉田別命	明治四三年、漆原神社に合祀
○雷電神社	西群馬郡上新田村	大雷命・火雷命	末社（白髭社他6社）
稲荷神社	緑野郡西平井村		末社（白髭社他7社）末社（猿田彦社他8社）
鹿島宮	緑野郡三波川村		末社（猿田彦社他1社）
○白髭神社	緑野郡根小屋村	猿田彦命	
平地神社	多胡郡黒熊村		末社（猿田彦社他2社）
○諏訪大神・八幡大神	甘楽郡下に田村	健御名方命他	末社（白髭社他11社）
子宝神社	甘楽郡譲原村		末社（猿田彦社他10社）
丹生神社	甘楽郡黒田村		末社（猿田彦社他13社）
赤城神社	北甘楽郡小幡村		末社（猿田彦社他15社）

諏訪神社	甘楽郡富岡町		末社（猿田彦社他14社）
磐戸神社	甘楽郡岩戸村		末社（猿田彦社他8社）
○白髭神社	甘楽郡八木連村	猿田彦命	明治四三年、足日神社に合祀
○浅間神社	北甘楽郡西野牧村	木花咲耶姫命	末社（白髭社他4社）
八幡宮	碓氷郡八幡村		末社（猿田彦社他22社）
八幡宮	碓氷郡下里見村		末社（猿田彦社他1社）
熊野神社	碓氷郡上野尻村		末社（猿田彦社他1社）
水沼神社	碓氷郡水沼村		末社（猿田彦社他17社）
諏訪神社	碓氷郡岩水村		末社（猿田彦社他3社）
白山神社	碓氷郡下間仁田村		末社（猿田彦社他13社）
大宮神社	碓氷郡人見村		末社（猿田彦社他12社）、明治四三年合併
諏訪神社	碓氷郡人見村		末社（猿田彦社他9社）
諏訪神社	碓氷郡人見村		末社（猿田彦社他9社）
諏訪神社	碓氷郡新堀村		末社（猿田彦社他3社）
○白髭神社	碓氷郡原村	猿田彦命	明治四一年、八坂神社に合祀
諏訪神社	碓氷郡西上秋間村		末社（猿田彦社他5社）
○白髭大神	碓氷郡西秋間村	高良玉垂神	
○白髭神社	吾妻郡大柏木村	猿田彦命	明治四〇年諏訪神社に合併
稲荷神社	吾妻郡大柏木村		末社（猿田彦社他1社）
諏訪神社	吾妻郡横壁村		末社（猿田彦社他11社）
神明宮	吾妻郡川原畑村		末社（猿田彦社他4社）、明治四三年諏訪神社に合併
諏訪神社	吾妻郡与喜屋村		末社（猿田彦社他7社）
八幡宮	吾妻郡与喜屋村		末社（猿田彦社他3社）

大宮磐鼓神社	吾妻郡原町		末社（猿田彦社他24社）
大鳥神社	吾妻郡山田村		末社（猿田彦社他6社）
飯綱神社	吾妻郡折田村		末社（猿田彦社他5社）
熊野神社	吾妻郡上沢渡村		末社（猿田彦社他5社）、明治十年移転
三島神社	吾妻郡五町田村		末社（猿田彦社他7社）
大山祇神社	吾妻郡五町田村		末社（猿田彦社他11社）
大山祇神社	吾妻郡奥田村	猿田彦命	末社（猿田彦社他7社）
一宮神社	吾妻郡金井村	伊弉諾尊	末社（猿田彦社他8社）、貞観二年抜鉾神社より勧請
○白髭神社	吾妻郡本宿村	健御名方命他	末社（白髭社他14社）、明治四十一年合祀
○吉岡神社	吾妻郡本宿村	瓊々杵命	末社（白髭社他）
○佐奈神社	吾妻郡荻生村	猿田彦命	末社（白髭社他3社）
○川戸神社	吾妻郡川戸村		文永元年、近江国滋賀郡堅田郷白髭神を勧請
○畔宇治神社	吾妻郡大戸村		摂社（白髭大神他11社）
○浅間神社	吾妻郡松尾村		
須賀神社	利根郡沼田町		末社（猿田彦社他9社）
愛宕神社	利根郡沼田町		末社（猿田彦社他12社）
神明宮	利根郡沼田町		末社（猿田彦社他13社）
榛名神社	利根郡沼田町		末社（猿田彦社他10社）
神明宮	利根郡沼田町		末社（猿田彦社他5社）
諏訪神社	利根郡岩室村		末社（猿田彦社他6社）
諏訪神社	利根郡追貝村		末社（猿田彦社他7社）
諏訪神社	利根郡幡谷村		末社（猿田彦社他7社）、文化十三年創立・明治十年諏訪神社に移転
大山祇神社	利根郡柿平村		末社（猿田彦社他12社）

諏訪神社	利根郡花咲村		末社（猿田彦社他2社）
諏訪神社	利根郡硯田村		末社（猿田彦社他2社）
○小高諏訪社	利根郡後閑村	健御名方命他2柱	末社（白髭社他1社）、明治四四年に合祀
細井（赤城）神社	南勢多郡上細井村		末社（猿田彦社他7社）
小出神社	南勢多郡上小出村		末社（猿田彦社他4社）
日枝神社	勢多郡端気村		末社（猿田彦社他6社）
八幡宮	勢多郡小坂子村		末社（猿田彦社他5社）
八幡宮	南勢多郡勝沢村		末社（猿田彦社他8社）
白河神社	南勢多郡時沢村		末社（猿田彦社他6社）、明治四一年合祀
琴平宮	南勢多郡時沢村		末社（猿田彦社他3社）、明治四一年時沢神社に合祀
稲荷神社	南勢多郡小暮村		末社（猿田彦社他3社）、明治四〇年赤城神社に合祀
八幡宮	勢多郡石井村		末社（猿田彦社他16社）、明治四五年赤城神社に合祀
御前神社	勢多郡猫村		末社（猿田彦社他7社）、明治四三年赤城神社に合祀
八幡宮	南勢多郡津久田村		末社（猿田彦社他20社）
琴平宮	南勢多郡津久田村		末社（猿田彦社他1社）、明治四一年合祀
○白髭神社	勢多郡込皆戸村	猿田彦命	
○稲荷神社	勢多郡込皆戸村	倉稲魂命	末社（白髭社他9社）
鵜鷹神社	南勢多郡武井村		末社（猿田彦社他3社）
小鷹神社	南勢多郡武井村		末社（猿田彦社他2社）
八幡宮	勢多郡川額村		末社（猿田彦社他13社）
武尊神社	勢多郡多那村		末社（猿田彦社他7社）
大山祇神社	勢多郡輪組村		末社（猿田彦社他9社）
穂高神社	北勢多郡生越村		末社（猿田彦社他7社）

○白髭神社	新田郡藪塚村	猿田彦命	
稲荷神社	新田郡安養寺村		末社（猿田彦社他1社）
伊佐須美神社	新田郡大田町		末社（猿田彦社他4社）、承和年中勧請
○白髭神社	山田郡安楽土村	猿田彦命	明治四二年、吾嬬耶神社・雷電神社・稲荷神社・琴平神社を合祀
菅原神社	山田郡荒金村		末社（猿田彦社他6社）
白瀧神社	山田郡如来堂村		末社（猿田彦社他4社）
八坂神社	山田郡淺部村		末社（猿田彦社他3社）、明治四二年猿田彦神社に合併
猿田彦神社	山田郡二渡村	猿田彦命	明治四三年大山祇神社に合併、護国神社と改称
神明宮	山田郡大間々町		末社（猿田彦社他19社）
稲荷神社	山田郡桐原村		末社（猿田彦社他3社）
赤城神社	山田郡小倉村		末社（猿田彦社他3社）
八幡宮	山田郡塩原村		末社（猿田彦社他4社）
赤城神社	山田郡塩原村		末社（猿田彦社他7社）
近戸神社	山田郡塩原村		末社（猿田彦社他3社
八坂神社	邑楽郡館林町		末社（猿田彦社）、明治二四年合祭
並木稲荷神社	邑楽郡館林町		末社（猿田彦社）、明治四三年長良神社に合併
菅原神社	邑楽郡新里村		末社（猿田彦社他6社）
長柄神社	邑楽郡中谷村		末社（猿田彦社他4社）
三嶋神社	邑楽郡梅原村		末社（猿田彦社他10社）
竜守神社	邑楽郡篠塚村		末社（猿田彦社他7社）
大国神社	邑楽郡篠塚村		末社（猿田彦社他2社）
神明宮	邑楽郡赤堀村		末社（猿田彦社他1社）
並木稲荷神社	邑楽郡館林町		末社（猿田彦社）

大山祇神社	邑楽郡高根村		末社（猿田彦社他5社）
赤城神社	邑楽郡足次村		末社（猿田彦社他8社）
長柄神社	邑楽郡離村		末社（猿田彦社他4社）
雷電神社	邑楽郡西岡新田		末社（猿田彦社他2社）、明治四〇年赤城神社に合祀し西丘神社と改称

例が少ないし、前者のすべてを秦氏に象徴される渡来系氏族の信仰対象とすると、地域信仰の多様性そのものが成り立たないだろう。社殿等の宗教施設造営にかかる経済力の問題や、各地点への勧請時期などが問題になってくる。地域・地点毎の個別的な考察が必要になってくると思われる。

また、前述の白ヒゲ神社に類似・音通する「白○神」は、新羅系渡来人が奉祭する場合を含んでいるとされる[8]が、「神社明細帳」に見える上野国関係では、現状でそのように考えられそうな事例が認められない。白ヒゲ神社自体の僅少とも少なからず関わっているだろう。

各地の白ヒゲ神社の存在形態に関しては、東国地域内での下野国那須郡（↓那須国）の特殊性[9]にも十分注意が必要だろう。『日本書紀』などの採用しない「建評」の事情等を詳細に記す「那須国造碑」の位置づけが、さらに留意すべき問題になってくる[10]。

小結

神社レベルでの合祀に伴う末社化の進行は、各神社の奉祭集団の弱体化や消滅に関わっている可能性がある。外部から流入した集団の在地化の進行による「郷に入っては郷に従え」といった、利害関係の反映の可能性もあるだろう。婚姻関係の拡大や進行によって、出自の記憶が薄らいだという事情もあると思われる。各段階・各地域から上野国へと流人したはずの「渡来系氏族」はほどなく在地化して、本来の性格を変質させていったのではなかろうか。

また、「神社明細帳」には同一神社の情報が繰り返し出てくるのだが、移転・合祀・合併の履歴になっている。本来多種多様な神社で構成されていたものが、移転・合祀が重ねられて少数の有力神社に統合・消滅されて単純な構成へと変化してゆくのである。そのことは社会の変化と相関関係があるのだろうが、今後とも注意してゆかなければならない現象となっている。

注

（1）上毛野地域での「渡来」文化の定着に関して、今日に至る強い影響を保持しているのは、たとえば尾崎喜左雄『上野国の信仰と文化』（尾崎先生著書刊行会、一九七〇年）等に採録された一連の論考である。以後の群馬県関係の論著の大半は、新たな検証が省かれて尾崎説のコピーとなっている。仮に右の理解を全面的に受け容れるとして、さらに問題だと思われるのは、「渡来人」はその後どのような形で展開し、どのように解消されていったかに関する理解なのではなかろうか。

（2）この点に関しては、これまでにも何度も論及してきているが、特に問題にされてきていないようである。特に拙著『古代上毛野の社会基盤』（同成社、二〇一八年）で多面的に扱っているので参照されたい。

（3）たとえば、佐伯有清「新羅の村主と日本古代の村主」（『日本古代の政治と社会』吉川弘文館、一九七〇年所収）。

（4）近藤喜博『稲荷信仰』（塙書房、一九七八年）、直江廣治編『稲荷信仰』（雄山閣出版、一九八三年）等参照。

（5）佐伯有清『新撰姓氏録の研究』考証篇第五・六（吉川弘文館、一九八三年）。

（6）小花波平六編『庚申信仰』（雄山閣出版、一九八三年）。

（7）関晃『帰化人』（至文堂）、平野邦雄「今来漢人」（『大化前代社会組織の研究』吉川弘文館、一九六九年所収）等参照。

（8）古代の日本国内で、最も存在感の強かった渡来系氏族の信仰という点では、一連の出羽弘明氏の著作が参考になる。

①『新羅の神々と古代日本』（同成社、二〇〇四年）
②『新羅神と日本古代史』（同右、二〇一四年）
③『新羅神社と古代の日本』（同右、二〇一六年）

右の著作には、新羅神（社）の実例が多数採録され、考察が加えられている。九州から北海道まで、時期の新旧も配慮されて網羅しているが、最新刊の③で近隣の下野国那須郡の事例が採録されるものの、現状で上野国の事例は未収録である。そのことは、上野国での実際の新羅神社の分布の希薄を裏付けるかと思われるが、全く存在しなかったとまでは断定できない点に関しては、本稿の通りである。

（9）真保昌弘『侍塚古墳と那須国造碑』（同成社、二〇〇七年）。

（10）高島英之「古代の石碑」（『列島の古代史』6、二〇〇六年所収）。

第七章　補陀洛信仰

はじめに

補陀洛（山）とは、多くの経論に記載されている観音菩薩が降臨するとされる霊場である。伝承での本体は、南インドの海浜地域に実在するとされているが、実体を伴うものであったかは問題がある。菩薩信仰の成立後、観音菩薩に対する信仰が広まるなかで、体裁のよい山体が中国・朝鮮半島・日本列島の各地に措定されるようになっていった[1]。その形状は八角形を呈するとされ、終末期の高塚古墳で八角形を意図する設計に基づく場合は、その宗教的基底に観音信仰の存在が想定できる。

観音信仰に基づいて補陀洛山を目指すために、海洋に漕ぎ出す行為を「補陀洛渡海」といい、史料上平安時代には実施されている[2]。大陸・半島から流入する観音信仰の隆盛の下で、日本海地域を中心に、多くの補陀洛信仰の事例が知られているが、内陸に位置する両毛地域にも類例を見ることができる。特に下野国の日光連山の場合には、時期的にも遡及することが明らかで、時間経過の下で変容を遂げながら、非常に大きな影響力を行使するようになっていった。その意味について若干の私見を提示してみたい。

一、二荒山神社

下野国（栃木県）の日光山は、本来「二荒（ニコウ←フタアラ）」山であって、明らかに早い段階で補陀洛信仰が流入していたことが知られる。信用に足りる史料は限られるが、空海の『遍照発揮性霊集』所載の「沙門勝道歴山水瑩玄珠碑」等による事実関係は、同時代の史実に近い当地の宗教状況を多く含むのではないかと考える。少なくとも下毛野の補陀洛山は、八世紀以前から補陀洛山であった[3]。

そこに登場するのは、下野国芳賀郡の若田氏出身ではないかとされる勝道という僧侶である。「天下三戒壇」と称された下野国薬師寺の戒壇院で受戒し、正式な僧侶となった。空海と交流があったというだけでも並大抵の人物ではなかったと思われる。少なくとも単なる在家の出家者ではない。

勝道が活動していた奈良〜平安時代の、地域の宗教状況の詳細は正確には知り得ないが、

表15　勝道の年譜と道忠教団関連年表

年・月・日	勝道	年齢	道忠及び教団関係者	備考
天平七・四・二一	勝道誕生	0		
宝字五・・		26		下野国薬師寺に戒壇設置
宝字六・・	下野国薬師寺で具足戒受ける	27		
景雲元・・	補陀洛山登頂失敗（一回目）	32		
宝亀元・・		34		道鏡、下野薬師寺別当任
宝亀三・・		36	円澄、武蔵国埼玉郡で誕生	
天応元・四・	補陀洛山登頂失敗（二回目）	46		
天応二・三・	補陀洛山登頂成功（三回目）	47		
延暦二・		48		国師の定員増
延暦三・三・	南湖に神宮寺建立	49		国師の任期六年
延暦七・四・	北涯に移住	53		

延暦八・四・四	任上野国総講師?	54		
延暦一三・・	（延暦年中に上野国講師に任）	60		
延暦一四・・		61	最澄の一切経書写を援助	国師→講師
延暦一六・・		63	円澄、最澄に入門	
延暦一七・・		64		
延暦二〇・七・一七		67	円仁、広智に入門	〇山上多重塔建立
延暦二一・・		68		桓武天皇、天台隆興の指示
延暦二四・・		70	安慧、広智とともに最澄に面会	講師年齢制限、読師新設
大同元・・		71		
大同二・・	補陀洛山上で雨乞いの祈祷	72	円仁、広智とともに最澄に面会	
大同三・・		73		
弘仁八・三・一	勝道入滅	82		最澄東国伝道

右の「沙門勝道歴山水瑩玄珠碑」によって知られる事項を年譜的に整理すれば右表のようになる。天平七年（七三五）生まれの勝道は、天平宝字六年（七六二）に二七歳頃に受戒する。前年に下野国薬師寺の戒壇が完成するので、それ以前には国家に認証された正規の僧侶になりたくてもなれないような階層に属していたのであろう。

その後、山林修行に含まれるとみられる補陀洛山登攀（三回目に成功）に従事し、その開山に努めた。さらに、地域に仏教施設の建設などを行うが、そのような姿からは、経典研究に沈潜した学究ではなく、社会事業などに従事した先行する行基等に類似する活動家の容貌を想起させる。

活動時期としては、道鏡が下野国薬師寺に左遷された時期にはまだ若年で、面識があった可能性がある。近隣地域を拠点としていていた可能性の高い道忠や広智とは交流があり、彼らを介して円仁や最澄・空海と知り合ったとみられる。最澄の東国伝道の時期（直前）に死去しているので、直接対面できたかどうかは微妙なタイミングである。

注意されるのは、勝道が正式に宗教活動（山林修行）に従事するようになる以前から補陀洛（→二荒）山はそのように命名されており、下野国地域には観音信仰が定着していたとみられることである。そのような霊地が、国家仏教の一端を担うようになった勝道によって克服される対象となった。

内陸部に位置する日光に、外来信仰である補陀洛が受容されるに至った時期が問題である。下野国では、右の下野国薬師寺が国家的寺院に再編成されて、通常の国分寺や定額寺以上に、道鏡に留まらず中央の有力な僧侶が居留していたことが知られている。特に鑑真の弟子である如宝や恵雲は、明らかに外国人であり、補陀洛信仰に連なる観音信仰を熟知していた可能性がある[4]。下野国での補陀洛信仰の定着は、下野国薬師寺の再編段階までは時期的に遡及すると考えられるのである。

さらに次の段階では、最澄が比叡山・空海が高野山に活路を見いだしたように、勝道の関係者たちは、下野国薬師寺に代表される平地の寺院を離脱していったとみられることである。国家的受戒施設を内蔵する下野国薬師寺は勿論、国家仏教を体現したはずの国分寺などは、そのような全般的動向の下でどのような変化を遂げていったのであろうか。

それでも下野国の二荒山の場合には、「日光(・月光)」信仰という新たな要素も加わって、神社という形で転生していくことになる[5]。そしてそれは、恐らく仏教以前の状況への回帰でもあったのではないか。そのことは、上野国における上毛三山の変容にも対応するものではないかと考える。上毛三山での宗教状況は、神社を中心とする習合状態を維持していくことになった。

近世末期段階の上野国内にも所在した二荒山神社は、次表に整理する通りである。立地としては、上野国内では下野国寄りの東部山間地域の頻度が高い。赤城山の北から西北方側に郡域をまたいで集中している。特に利根郡の場合は、大半が本社である二荒山神社で、他地域のそれが末社がほとんどなのとは非常に対照的である。その場所は、会津方面への交通路沿いになる(6)。

利根郡の事例は、本社が大半であるためか、勧請年次が判明している例が多く、いずれも江戸時代である。特に利根郡東小川村での集中が注目される。同じような神社が集中しているためか、明治三九年に出された神社合併令(7)に従って、明治四〇年頃に「諏訪神社」に合祀し、その後「笠科神社」と改称している。従って、現在では旧地名を冠し、多くの末社を擁する「笠科神社」だけが所在する形となっている。ここに「明細帳」の記録以前に末社として合祀に及んだ過程のひとつが示唆されているのではなかろうか。

さらに神社の分布状況を見てみると、各神社の勧請時期に「二荒山信仰」を持つ下野国の住人が、各種条件の恵まれていない赤城山北麓地域に移住しているようにも観察できる。近隣諸国の「二荒山神社」の分布に注意すると、栃木県内に多いのは言うまでもないが、会津地方を中心とした福島県が最大の分布地域で、他に関東地方では茨城県・千葉県に分布している。さらに、群馬県北部を越えて新潟県にも分布が知られている。時期の前後はあるが、こうした分布状況は、法相宗「徳一」の伝承を有する寺院の分布[8]にも近似しているように思われる。

同じ勢多郡でも、南面に位置する「赤城神社」を避けているとすれば、他の事例ではどうか。利根郡と勢多郡北部の「二荒山神社」の分布は、同地域で最も特徴的な集中を示す「武尊神社」の分布と重複するような部分がある。この地域は、福島県会津地方に至る交通路（群馬県側では「会津街道」）が通過しているという点で、「二荒山神社」の分布が、単なる偶然ではないことを示唆する。

「二荒山」に関して、その起源や名称等に関しては諸説ある。現状では「補陀洛山」に基づくとする説に魅力を感じる。「補陀洛」とは、先述のように『華厳経』などに見える語句であり、南インドにあるとされる八角形を呈する伝説的な山である。そこには「観音菩薩」が降臨する（した）という。そのような場所として、日本国内では、和歌山県の「熊野」と栃木県の「日光」とが特に措定されていたのである。

前者にあっては、平安期以降「補陀洛渡海」という形で、「捨身行」が実施されたこと

表16 上野国内の二荒山神社

神社名	所在地	祭神	備考
児持神社	群馬郡中之郷村		摂社（二荒山社他7社）
二荒山神社	多胡郡黒熊村	事代主命他	
飽馬神社	碓氷郡西上秋間村		摂社（二荒山社他2社）
七社神社	吾妻郡五町田村		末社（二荒山社（豊城入彦命）他19社）
三嶋神社	吾妻郡五町田村		大正十年二荒山社他を合併
二荒山神社	利根郡上古語父村	事代主命	天保十年勧請
白佐波（武尊）神社	利根郡高平村		明治四〇年上古語父村二荒山神社を合祀
二荒山神社	利根郡大楊村	事代主命	寛永十四年勧請、明治四〇諏訪神社を年合祀
二荒山神社	利根郡下平村	事代主命他	明治四〇年諏訪神社に合祀
二荒山神社	利根郡菅沼村	事代主命	明治四〇年諏訪神社に合祀
二荒山神社	利根郡築地村	事代主命	元禄元年勧請
二荒山神社	利根郡東小川村	事代主命	明治四〇年諏訪神社に合祀
二荒山神社	利根郡東小川村	事代主命	寛政九年勧請、明治四〇年諏訪神社に合祀
二荒山神社	利根郡東小川村	事代主命	明治四〇年諏訪神社に合祀
笠科（諏訪）神社	利根郡東小川村		明治四〇年下平村・菅沼村・築地村・東小川村二荒山神社合祀
赤城神社	勢多郡三夜沢村		末社（二荒山社他26社）
赤城神社	勢多郡津久田村		明治四一年今上神社を合祀
今上神社	勢多郡津久田村		末社（二荒山社他5社）
保多賀神社	勢多郡糸井村		末社（二荒山社他4社）

が知られている。この「捨身行」は、ある段階から「水葬」の様相を呈することになるが、当初は身を捨てて聖地としての「補陀洛」を目指すという、優れて宗教的行為であった。「舟」を使うという発想も、紀伊国という濃厚な「海民」の存在を前提としており興味深い(9)。

また後者は、「フタラ(ク)」に「二荒」の字をあてており、東国地域に伝来直後の古代「仏教」の認識を示していると思われる。そのように理解してよければ、法相宗「徳一」がこの付近に定着するに至った思想的原型に関するいくつかの可能性が出てくると考える(10)。

「補陀洛」について、サンスクリットの「ポータラカ(potalaka)」の音訳であったという。「ポータ(ラ)カ」とは、旧訳仏教の経典である『華厳経』を護持する「海民」集団の信仰(ホタカ神社)に関わるものではなかったか、信仰対象が「寺院」ではなくて、いずれも「神社」になっていることが、制度的に受容された以後の「仏教」ではなかったことを示している。さらに「補陀洛」の想定位置が、古代インドにあっても伝説的な地点(南インド)であることが、一連の諸要素の相対的な古さを示している。

二、武尊（穂高）神社

群馬県の「武尊山」は、近世山岳修験の重要地点である[11]。

別名「上州武尊山」とも言うらしいが、著名な長野県の「穂高山」と紛らわしいので、江戸時代に修験道関係者が「武尊」の文字を当てて差別化を図ったとされる。知名度という点では、「日本武尊」の方が時期的にも遡及し上回るという認識に基づき、より全国的であるという判断になると思われる。いずれにしても、類似した山容や立地に、本来同じ山名が付されているのが興味深い。

明治初年頃の上野国内の武尊神社について整理したのが次表である。後掲の図19にも示される通り、大半が武尊山を取り囲む利根郡に鎮座し、一部勢多郡（北西部）になるのは、利根郡の東側山間の隣接地であって、地勢的にはほぼ同一地域で括ることができる。

基本的には一村に一座であるが、規模の大小はあるにしても、ほぼすべての村に鎮座しているように思われる。基本的に末社はなく、本社で占められている。地域的にまとまって人口密度も低いためか、ほぼ「糸井村小高神社」「沼田町須賀神社」「宇楚井村河内神社」の三社によって兼務されている。

祭神が、基本的に「日本武尊」で揃っているのは、神社名の由来に揃えて遡及的に改変したか、祭神が「日本武尊」であるという共通認識ができてから神社の建立がなされたことによるかと思われるが、後者の事例が多いかもしれない。

そのようななかにあって「素戔嗚尊」「大山祇命」「菅原道真」などは本来の神社の内容を示すものであろう。そうであれば、悉皆的に集中する武尊神社も本来は各種の神社であり、武尊山を囲繞するという立地条件で機械的に名称変更が行われた可能性がある。

また「穂高見命」を祭神とする事例が、利根郡藤原村に二例だけ残されているが、これはあまりに奥地であったため、名称変更の埒外になった可能性がある。次の段階で周辺の十七社とともに兼務されていた「宇楚井村河内神社」に合併され、境内末社化したと思われる。

利根郡と境を接する勢多郡北西部所属の六社があるが、前述の二荒山神社の分布とは棲み分けた形になっており、分布範囲は被っていない。しかも、勢多郡西北部の二荒山神社がいずれも境内末社に留まるのに対し、一応本社の格付けで境内末社を内包する事例さえあり、本拠地と周辺部との格差を示しているかもしれない。

一方、長野県の穂高山は安曇郡に所在し、周辺には「穂高神社」が鎮座する。「穂高神社」は信濃国三宮に相当し、「里宮―奥宮―嶺宮」から構成され、現在の安曇野市の重要な構成要素である宏壮な神社である。海からは孤絶した環境にあるのに、主たる祭神は「海民」の祖たる親子の「綿津見命―穂高見命」である。

「綿津見命―穂高見命」については、『新撰姓氏録』に「安曇宿禰（右京神別）」・「凡海連（右京神別）」・「安曇連（河内国神別）」などと見えており、信濃国に関しては一般的に「海民」の内陸部定着と言われている。穂高神社では各種の神事が挙行されているが、それらのなかでも九月二六・二七日に行われる「本宮例大祭・本祭」の「御船神事」が特に注意される。

表17　上野国内の「武尊神社」

	表記	地名	祭神	特記事項
1	武尊神社	利根郡高平村	日本武尊	（境内末社）厳島社他七坐、糸井村小高神社兼務
2	武尊神社	高平村	日本武尊	糸井村小高神社兼務
3	武尊神社	生枝村	日本武尊	（境内末社）菅原社他七坐、糸井村小高神社兼務
4	武尊神社	岩室村	日本武尊	（境内末社）菅原社他七坐、糸井村小高神社兼務
5	武尊神社	平出村	日本武尊・菅原道真	（境内末社）戸隠社・水神社、糸井村小高神社兼務
6	武尊神社	生品村	日本武尊	（境内末社）稲荷社・大山祇社・菅原社、沼田町須賀神社兼務
7	武尊神社	立岩村	日本武尊	（境内末社）諏訪社・土神社・鹿島社、沼田町須賀神社兼務
8	武尊神社	萩室村	日本武尊	（境内末社）八幡宮他七坐、糸井村小高神社兼務
9	武尊神社	下古語父村	日本武尊	糸井村小高神社兼務

10	武尊神社	天神組	建御名方命・日本武尊・菅原道真	沼田町須賀神社兼務
11	武尊神社	門前組	日本武尊・建御名方命・埴安姫命	沼田町須賀神社兼務
12	武尊神社	門前組	日本武尊	境内末社）大山祇社、沼田町須賀神社兼務
13	武尊神社	河原湯原村	日本武尊	境内末社）三嶋社・火雷社・大山祇社、沼田町須賀神社兼務
14	武尊神社	薗原村	日本武尊	（境内末社）諸国一宮他四坐、糸井村小高神社兼務
15	武尊神社	大原新町	日本武尊	（境内末社）疫神社他四坐、糸井村小高神社兼
16	武尊神社	高戸谷村	日本武尊・素戔嗚尊	糸井村小高神社兼務
17	武尊神社	幡谷村	日本武尊・大山祇命	（境内末社）大山祇社、沼田町須賀神社兼務
18	武尊神社	老神村	日本武尊	（境内末社）雷神社他五坐、糸井村小高神社兼
19	武尊神社	穴原村	日本武尊	（境内末社）八坂社他八坐、糸井村小高神社兼
20	武尊神社	土出村	日本武尊	（境内末社）須賀社他四坐、沼田町須賀神社兼務
21	武尊神社	戸倉村	日本武尊	（境内末社）琴平社他十一坐、沼田町須賀神社兼務
22	武尊神社	越本村	日本武尊・菅原道真	沼田町須賀神社兼務
23	武尊神社	御坐入村	日本武尊・建御名方命・素戔嗚尊	（境内末社）賀茂社他四坐、沼田町須賀神社兼務
24	武尊神社	摺淵村	日本武尊	（境内末社）八幡宮他四坐、沼田町須賀神社兼務
25	武尊神社	摺淵村	日本武尊	（境内末社）須賀社他四坐、沼田町須賀神社兼務
26	武尊神社	花咲村	日本武尊	（境内末社）賀茂社他七坐、沼田町須賀神社兼務
27	武尊神社	花咲村	日本武尊	（境内末社）上野死期内十二社他六坐、沼田町須賀神社兼務
28	武尊神社	針山新田	日本武尊・建御名方命・大山祇命	沼田町須賀神社兼務
29	武尊神社	町田村	日本武尊	（境内末社）雷電社他二坐、宇楚井村河内神社兼務
30	武尊神社	町田村	日本武尊	（境内末社）雷電社他三坐、宇楚井村河内神社兼務
31	武尊神社	戸神村	日本武尊	（境内末社）白山社他七坐、宇楚井村河内神社兼務

32	武尊神社	下発知村	日本武尊	宇楚井村河内神社兼務
33	武尊神社	奈良村	日本武尊	（境内末社）須賀社他三坐、宇楚井村河内神社兼務
34	武尊神社	秋塚村	日本武尊	（境内末社）雷電社他三坐、宇楚井村河内神社兼務
35	武尊神社	発知新田	日本武尊・建御名方命日本武尊・建御名方命日本武尊	（境内末社）雷社他四坐、宇楚井村河内神社兼務
36	武尊神社	上発知村	日本武尊	（境内末社）八坂社、宇楚井村河内神社兼務
37	武尊神社	上発知村	日本武尊	（境内末社）愛宕社・八幡宮、宇楚井村河内神社兼務
38	武尊神社	上発知村	日本武尊・菅原道真	境内末社）諏訪社・熊野社、宇楚井村河内神社兼務
39	武尊神社	下佐山村	日本武尊	宇楚井村河内神社兼務
40	武尊神社	宇楚井村	日本武尊・菅原道真	（境内末社）雷電社他三坐、宇楚井村河内神社兼務
41	武尊神社	原村	日本武尊・菅原道真	（境内末社）雷社他四坐、宇楚井村河内神社兼務
42	武尊神社	下沼田町	日本武尊・菅原道真・埴安姫命	（境内末社）諏訪社他七坐、宇楚井村河内神社兼務
43	武尊神社	粟沢村	日本武尊	宇楚井村河内神社兼務
44	武尊神社	藤原村	日本武尊・穂高見命	宇楚井村河内神社兼務
45	武尊神社	藤原村	日本武尊・穂高見命	宇楚井村河内神社兼務
46	武尊神社	石倉村	日本武尊	（境内末社）大山祇社・八坂社、上川田村砥石神社兼務
47	武尊神社	石倉村	日本武尊	上川田村砥石神社兼務
48	武尊神社	小川村	日本武尊他六柱	上川田村砥石神社兼務
49	武尊神社	勢多郡貝野瀬村	日本武尊他六柱	（境内末社）東照宮他八坐、明治十年合併、糸井村小高神社兼務
50	武尊神社	生越村	日本武尊	（境内末社）稲荷社他七坐、糸井村小高神社兼務
51	武尊神社	輪組村	日本武尊	（境内末社）稲荷社他八坐、糸井村小高神社兼務
52	武尊神社	砂川村	日本武尊・大山祇命	
53	武尊神社	砂川村	日本武尊・大山祇命	
54	武尊神社	日影南郷	日本武尊・建御名方命・大山祇命	

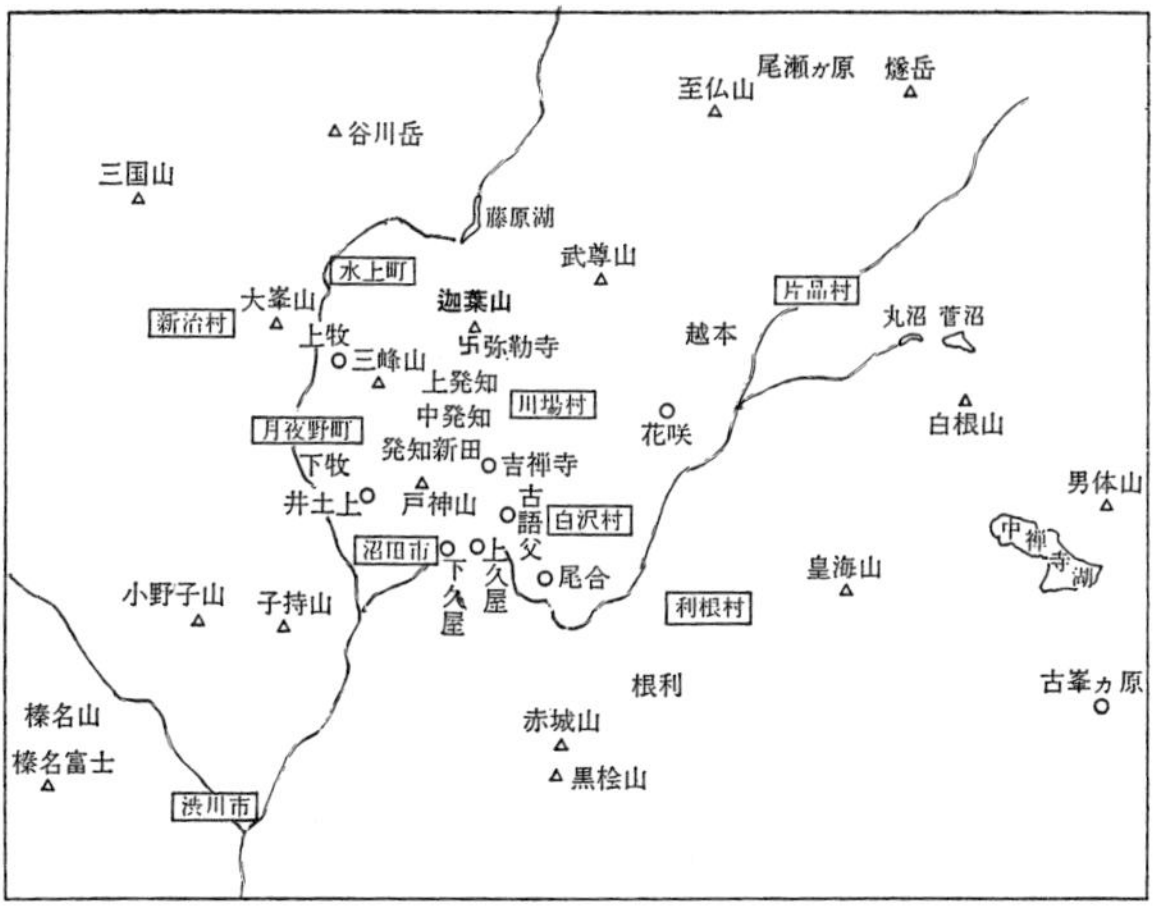

図 18　赤城山位置図（丑木論文より加筆転載）

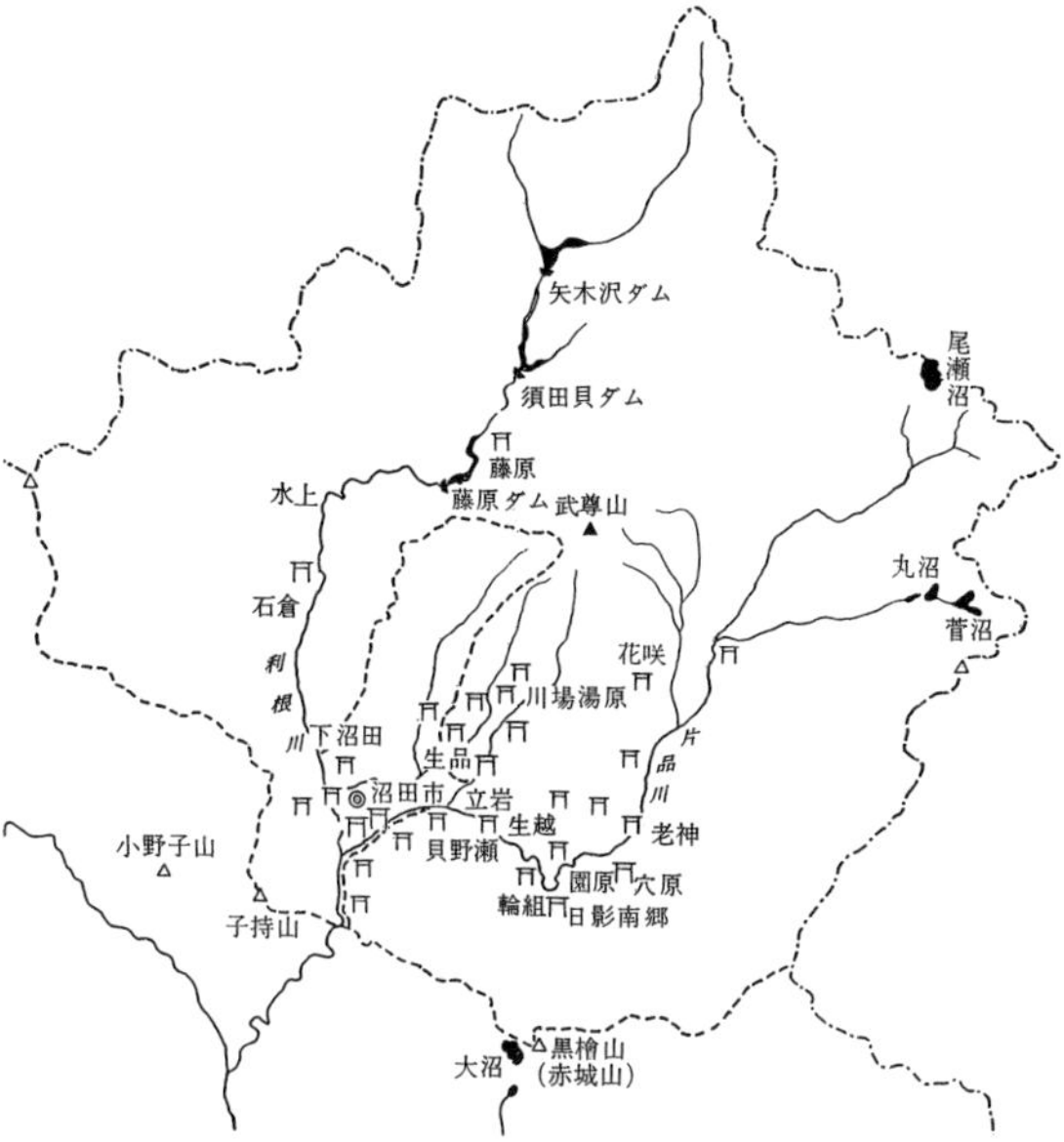

図 19　武尊神社の分布（尾崎論文より転載）

一般的には海人である安曇族の記憶の部分が強調されている[13]が、補陀洛渡海を具現化したものなのではないか。実際に水上に舟を浮かべる訳ではないが、上野国の荒船伝承（弥勒・観音信仰）のモチーフも類似していると思われる。

内陸部でも中部高地の信濃国になると、補陀洛信仰との関係は想定しにくくなるかもしれないが、前述の下野国の日光の場合を参考にすれば、次のような想定も可能になる。白村江の敗戦（六六三年）後、信濃国への遷都を本気で考えていた天智天皇は、それに先だって多数の渡来人を信濃国内に入植させたことが知られている[14]。そのような人びとの中には、時期的に熱心な観音信仰の信者が含まれ、身近な霊山を補陀洛に想定する場合もあったのではなかろうか。脈絡は異なるが、善光寺のような古代寺院が成立してくるのも偶然ではあるまい。

問題なのは、神仏習合や神仏分離令といった各時代の変容の起点だけでなく、受容の前提となる歴史的・地理的条件などによって、本来同一の実体が全く異なる様相を呈することになるのである。但しそれらのことは、日本の国内に限られたことではなく、シルクロードや海上の道上の経路の各地点でも発生していることではある。

三、補陀洛信仰の変容

補陀洛信仰を各地に持ち込んだ「海民」たちは、本来日本海を横断した「渡来人」または、日本海を北上する「海民」であったろう[15]。日本海を何度も横断するような人びとのことになれば、元々どこに帰属したのかも明瞭ではない。

その移動に当たって、「舟」によって内陸部にまで至り、各々の理想とする「補陀洛」（観音）の世界を構築しようとしたのではなかろうか。日本海から各地の河川を遡上できるような「舟」は、大規模な「構造船」ではない。自由な通行が可能な「道路」が未整備な段階であれば、河川の利用は当然のことだろう。そこには「仏教」的な要素を含んだ「道教」等の雑多な信仰内容が見え隠れしているのである[16]。

「補陀洛」山は、定着地点や時期差によって「↓二荒山」または「↓穂高山（武尊山）」のように変容した。会津地方や出羽三山周辺、場合によっては白山等をも含む広範囲に広がった集団は、各地点毎に少しずつ変異し変遷することになる。そのようななかにも、各時代を通じて緩やかな結合を維持し続けていた可能性を示す一つの証左が、赤城山北面地域に連続する形の「二荒山神社」ないし「武尊神社」の分布になるのではなかろうか。

最終的に徳一に収斂されていくそれらの集団は、総体として宗派としての「法相宗」の考え方を先行して受容し、やがて後発した天台宗の考え方を強く意識することになった。最澄が目指しつつも到達できなかった東北地方へ、円仁が衣鉢を継いだ形で、天台宗の影響力拡大が目指された。そして、赤城山南麓地域以南の地域と対峙するようになったのではないか。今日伝承として残されている「道教」的知識に起因する「蛇」と「蜈蚣」との対立（合戦）の基本構造は、右の相克を投影するものであった[17]と考える。

補陀洛信仰は、本来が観音菩薩を中心とした信仰であるから、神社ではなくて仏教施設（寺院）にこそその痕跡が見られるべきであるが、寺院の特性上あまり多くの直截的事例が知られていない。寺院に象徴される宗教施設は、宗派の転向に伴う名称変更がしばしばみられ、本来の来歴を示す名称でも変更される事例が多い。山号や院号などに比較すれば寺名は残される場合が多いようだが、流動的な印象がある。現状で補陀洛の寺名が確認できるのは、安中市松井田町新堀の松井田城跡に近接する「大泉山補陀（洛）寺」のみである。件数が少ないこともあって、特段の傾向は見いだせないが、当地の観音信仰の在り様と密接に関係するのだろう。群馬県の場合、他地域と比較して天台宗の影響力が強く見られるが、三一権実論争にまで遡及する因縁が反映しているのだとすれば、逆に検討する価値があるかもしれない。

なお宗教施設ではないが、利根郡片品村に所在する日光連山の錫ケ岳の別名を「二荒山」といったことがある。また、男体山を中心に日光連山で行う修行を「補陀洛夏峰」という。群馬県内では赤城山北面に関連神社が集中することに関係するだろう。本来、「補陀洛」は山名であって、寺社のような宗教施設ではないことからすれば、こうした自然物に付け

表18　上野国内の「補陀洛」関連事象

	表記	所在地名	本尊等	特記事項
1	華敷山補陀洛院慈眼寺	高崎市下滝町		真言宗
2	補陀洛山常行院観音堂	高崎市吉井町長根	千手観音	
3	補陀洛山実相院青蓮寺	沼田市屋形原	大日如来	真言宗御室派、勝道開基
4	大泉山補陀（洛）寺	安中市松井田町新堀		曹洞宗
5	補陀洛山花蔵院観音寺	邑楽郡板倉町除川	不動明王	信州豊山派、慶長年間開山

られた名称が本来に近いのかもしれない。

小結

終末期古墳が築造された七世紀後半には、仏教の信仰形態としての「補陀洛」が意識されていたと思われる。山容の美麗な山を信仰する場合もあったろうし、高塚古墳を築造するに当たって観音菩薩の加護を願って墳丘を八角形にしたと見られる事例が、陵墓に指定されるような事例をはじめとして全国的にも知られているし、群馬県内にも偶然ではなく二例以上所在するのは前述の通りである。

その後、「補陀洛」渡海との関与を窺わせる伝承が寺社縁起等に組み込まれ、各地に観音様を巡る巡礼道が設定されるようになった。群馬県内外にみることができるそのような事例によって、「補陀洛」信仰は今日にも生き続けていることが確認できるのである。

注

（1）神野富一『補陀洛信仰の研究』（山喜房仏書林、二〇一〇年）。また、福永光司『「馬」の文化と

「船」の文化』（人文書院、一九九六年）、吉田一彦『神仏融合の東アジア史』（名古屋大学出版会、二〇二一年）等参照。

（2）根井浄『補陀落渡海史』（法蔵館、二〇〇一年）。

（3）日光二荒山神社『日光男体山　山頂遺跡発掘調査報告書』（角川書店、一九六三年）以下、多数の調査報告がなされている。

（4）たとえば、細矢藤策「二荒山神社の日神信仰（二）」（『野州国文学』五三、一九九四年）。

（5）菅原信海『日本人の神と仏』（法蔵館、二〇〇一年」）、同『日本仏教と神祇信仰』（春秋社、二〇〇七年）、菅原信海・田邊三郎助編『日光　その歴史と宗教』（春秋社、二〇一一年）、神野富一「二荒山考」（前掲注（1）書所収）等。

（6）尾崎喜左雄「二荒山神社」（『栃木史心会報』六、一九七五年。後尾崎先生著書刊行会編『長楽寺の研究』一九七五年所収）。

（7）米地実『村落祭祀と国家統制』（御茶の水書房、一九七七年）、森岡清実『近代の集落神社と国家統制』（吉川弘文館、一九八七年）等参照。

（8）田村晃祐編『徳一論叢』（国書刊行会、一九八六年）。

（9）前掲注（2）根井浄『補陀落渡海史』参照。

（10）前掲注（8）田村編著参照。

（11）中川光熹「日光山修験道史」・宮本袈裟雄「男体山信仰」（いずれも宮田登・宮本袈裟雄編『日光山と関東の修験道』名著出版、一九八〇年所収）参照。なお、「山岳信仰」等に関する論著・調査報告書等に関しては、時枝務『山岳考古学』（ニューサイエンス社、二〇一一年）に悉皆的に収集されている。その都度注記しないが、適宜参照させて頂いた。

（12）小穴芳美「穂高神社」（谷川建一編『日本の神々』九、一九八七年所収）。

（13）宮地直一『穂高神社史』（穂高神社、一九四九年）。なお、『穂高神社史』については二〇二二年に龍鳳書房から令和四年の式年遷宮に合わせて現代語訳版が刊行されている。また、佐藤雄一『古代信濃の氏族と信仰』（吉川弘文館、二〇二一年）の成果が新しい。

（14）たとえば大津透「律令国家と畿内」（『日本書紀研究』第十三冊、塙書房、一九八五年所収。後同著『律令国家支配構造の研究』岩波書店、一九九三年再収）。

（15）前掲注（12）書参照。

（16）神野富一『補陀洛信仰の研究』（山喜房仏書林、二〇一〇年）。また、福永光司『「馬」の文化と「船」の文化』（人文書院、一九九六年）。

（17）沼義昭「山と水と観音」（『観音信仰研究』佼成出版社、一九九〇年所収）、李均洋『雷神・龍神思想と信仰』（明石書店、二〇〇一年）及び、若尾五雄『黄金と百足』（人文書院、一九九四年）。特に若尾著書について、すべての要素を「鉱山・治金」に結びつけようとするのは無理があるだろう。

第八章　初期の白山信仰

はじめに

白山は、美濃国（飛騨国）・能登国・越前国にまたがって位置し、古くから尊崇の対象となっていた。実際、日常的に白山の山容を仰ぎ見、農業用水などでその恩恵に浴している先記各国に、深く広く白山信仰が根付いているのは至極当然のことである。

問題なのは、実際に山容を眺められるような三国はともかく、それら以外の地域にも白山信仰の広がりがみられ、少なからぬ影響力を保持していることであろう。視覚的な認知が可能な岐阜県・福井県に圧倒的多数の白山神社が鎮座するのは当然のこととして、それらに隣接する新潟県・愛知県・石川県・富山県・埼玉県などでも、実際に多数の白山神社が所在する。

さらに、長野県・群馬県・秋田県・山形県などの周辺地域にあっても、それらに準じる頻度で白山神社の所在が認められるのは何故なのだろうか（1）。白山信仰定着後の具体的な宗教活動については、中核となる「美濃国（飛騨国）・越前国・能登国（加賀国）」地域から同心円的に波及したものと予想されるが、どの程度時期差や地域的偏差があるものなのか、各地の在来信仰等との折り合いはどうであったのかも注意される。

白山信仰に関する研究史のなかで、各地への白山信仰（神社）の広がりは、

①平安時代以降の天台宗の山林修行に起源を持つ修験道の隆盛

②鎌倉時代以降の永平寺による守護神化

③江戸時代の弾左衛門による信仰

なども関係している可能性もあり、時期的な変遷だけに限ってもとても単純ではない。

ある程度のデータの所在する近世末の上野国にあっても、本社・末社を含めて相当数の白山神社が所在したことが確認できるので、その意味について改めて考察し、可能な限り時期的に遡及させて、地域での定着と変容の過程等の可能性について考えてみたい。

一、泰澄と菊理姫命

各地の白山信仰の始原が、具体的にどの程度遡及するのかも問題だが、他の地方関係の

宗教的出来事と同様に、史料的には六国史などの同時代史料にはほとんど採録されていない。『日本文徳天皇実録』仁寿三年（八五三）十月条に「加加賀国白山比咩神従三位」とあるのが初見になる[1]。

この記事によれば、白山（加賀国・越前国・飛騨国）の主神は女神であり、これに対応する男神は立山（越中国）になるらしい。周辺各地にも修験道の聖地は多数存在するが、確実に平安期に遡及する始原を有するのは、ほぼ両者に限られるだろう。

白山比咩神は、加賀国加賀郡味知郷に所在し、中央にも進出した地方豪族である道君氏によって祭られていた。道君氏の性格も簡単には整理できないが、『新撰姓氏録』右京皇別上の記述によれば、出自を膳（高橋）氏と同族としており、主に食材確保を目的として、水陸の交通に関わる移動民的要素を持っていた。膳夫氏に関するそのような性格は、安曇氏と共に並び称されるものであった。膳・安曇両氏は、その移動・定着に伴って、各地に信仰文化を定着させる役割も果たしたと思われる。

天日槍や都怒我阿羅斯等、または『日本書紀』欽明天皇三十一年条の高麗使の漂着などの記事に見るように、高志（越）の国は大陸や韓半島からの渡来人が度々漂着する地域であり、それらが他地域の人びとよりは見慣れた光景となっていたはずである。新たな信仰文化などに関する感度も高かったと思われる。

初期の白山信仰に関して、開山に関わったとされ実在が確認できる人物に泰澄がいる[2]。泰澄以前の霊山的性格については原始宗教に行き着くものらしい。『泰澄和尚伝記』はその伝とされる史料である。編纂物で比較的成立時期が遡及して信頼できそうなのは、虎関師錬『元亨釈書』に収録されたもので、天徳二年（九五八）に浄蔵の口授を門人の神興が筆記したとの跋文が付されたものである。

『泰澄和尚伝』には、「道昭・（大）伴安麻呂・行基・玄昉・吉備真備」といった著名人と面識や便宜があったことになっており、『日本書紀』『続日本紀』の内容なども時間的

表19 『泰澄和尚伝』による略年譜

年	年齢	内容	備考
天武十一（六八二）	0	越前国麻生津で、三神安角の子として出生。母は伊野氏。	
持統七（六九二）	11	北陸道巡錫の道昭に邂逅し、神童と評される。	
持統九（六九五）	14	十一面観音の夢告により、越知山に入る。	

大宝二（七〇二）	21	勅使（大）伴安麻呂が派遣され、鎮護国家の法師となる。能登嶌の臥行者が弟子となる。	
和銅五（七一二）	31	臥行者が官米奪取を謀る。出羽国の浄定行者が弟子となる。	七一二出羽国設置
霊亀二（七一六）	35	白山の神の夢告を受ける。	
養老元（七一七）	36	白山に登拝し、一千日の錬行に入る。	七一八能登国設置（一回目）
養老六（七二二）	41	元正天皇の病気平癒の功により、神融禅師の号をうける。	
神亀二（七二五）	44	行基が、白山に泰澄を訪ねる。	
天平八（七三六）	55	玄昉を訪ね、十一面経を特授される。	
天平九（七三七）	56	十一面方による大疫終息の功により、大和尚位をうけ、泰澄和尚と号する。	
天平宝字二（七五八）	77	越知山に籠居する。	
神護景雲元（七六七）	86	一万頭を吉備真備を介して献上の後、入寂。	

な整合性が図られている。通説のように、記事の内容を字面通り採用することはできない。奈良時代になって泰澄が白山に登頂するに及び、それ以前にあったかもしれない在来信仰を昇華させて以後、山岳修験の場として徐々に整備されていった。泰澄自身に関しても、実際の人物像よりは荘厳を施された状態になっている。竜神などが関係している点などは、前述の日光の場合と同様に、道教的な要素も混入している。菊理媛神が女神である点に注意すれば、補陀洛的な観音信仰の要素も感得できる(3)。

いずれにしても、七世紀後半段階の大陸及び韓半島からの渡来人によって持ち込まれ、定着したと考えられる。養老元年（七一七）に泰澄が白山頂上に登攀し、二年後に仏堂を設置して十一面観音を祭り「高句麗媛」を崇敬したとされるのは、初期の段階から神仏混淆の状態であった同時代の地域信仰の様相を物語る。

『本朝神仙記』に、初期白山信仰に関する泰澄と並び称される同時期の存在として、備前国の報恩がいる(4)。いずれも強力な咒力によって超人的な能力を発揮するが、両者の違いは前者の中央の高位官僧への高い指向性に対し、後者が在野の沙弥に徹していたことであろう。備前国には白山信仰に相当するような広域信仰を現出させていない。

後述するように上野国の白山神社の祭神は、大半が「菊理姫命」となっている。これと同名の神は『日本書紀』神代巻第十の「一書」に見えている。本文ではなく異説であることが、本来地域の伝承で在った可能性を示す。

「及其与妹相闘於泉平坂、伊弉諾尊曰、始為族悲、及思哀者、是吾之怯矣。時泉守道者白云、有云矣。曰、吾与汝已生国矣。奈何更求生乎。吾側当留此国、不可共去。是時、菊理媛神亦有白事。伊弉諾尊聞而善之。乃散去矣。」という非常に僅かな内容だが、国生みの難事業の後、死去してしまった伊弉冉尊を求めて、約束を破って黄泉国に行き、目にしたそのあまりの姿に仰天して逃げ出して、追いかけられた。挙げ句に、黄泉比良坂での伊弉諾尊と伊弉冉尊との言い争いになり、それを収めて、伊弉諾尊がその場を立ち去ることに協力したことになっている。

しかし、具体的には何を言ったのかは示されておらず、菊理媛神が何者なのかの説明もない。主に中世以降見られるようになる「伊弉諾命・菊理姫命・伊弉冉命」という白山山頂の祭神の組み合わせの起源であることは間違いないが、異説ということもあり、必要・十分な情報を備えてはいない。「生死」に関係する場面に二女神が関係するという脈絡の出発点にもなっている。

以上のエピソードでは、菊理媛神が何故白山比咩神の祭神となったのかの事情も不明だが、時期的には平安時代末期を遡らない時期の認識になるらしい。ありがちな同名異人の可能性も捨てきれないだろう。研究史的には今日に至るまで、菊理媛神と初期の白山信仰との関係は全く不明というのが現状である(5)。

二、上野国の白山神社

山岸共氏の戦前の聞き取り調査の結果によれば、各地に所在する白山神社の上位十位までが次のように整理できるらしい(6)。

①岐阜五二五、②福井四二一、③新潟二三二、④愛知二二〇、⑤石川一五六、
⑥富山一〇六、⑦埼玉一〇二、⑧長野九六、⑨群馬九三、⑩秋田八六

以下、島根・岡山・広島の各二座まで、ほぼ全国四十都府県に鎮座していたことが確かめられるようである。①岐阜、②福井、⑤石川の各県は、白山の所在地であるから鎮座数が多いのは当然であろう。③新潟や⑧長野は隣接地域と理解できるとして、それ以外の遠隔地に関してはどのように理解すればよいのだろうか。水陸交通の便宜もあるようだが、

それだけでは説明ができない例もある。その他の在来信仰の様相や、個別の事例の時期差なども問題になるだろう。

右のような事例研究の一例として、群馬県の場合について少し詳しく見てみたい。「神社明細帳」に見える白山神社の本社・末社について、各郡単位に留意しながら整理してみたのが次表である。比較的本社の頻度は高いが、管理者は各地の有力神社の兼務であることが多く、周辺神社の管理を兼務するような有力神社は僅少である。

都合百三十四座程度が確認できたが、境内末社等も含めるとほぼ倍増する。前述の九十三座と比べると誤差の範囲になるだろう。中心地に近いほど誤差は少なくなるだろうが、中心地から遠隔であるほど見落としが増えるだろうし、基準となった資料の精度が問題になる。

表20「白山神社」の分布

	表記	地名	祭神	特記事項
1	白山神社	群馬郡高崎駅鎌倉町	伊弉諾尊	（境内末社）菅原社
	飯玉神社	飯塚村		（境内末社）白山社他六坐
	諏訪神社	板井村		（境内末社）白山社・秋葉社
2	白山神社	八幡原村	菊理姫命	下之宮村火雷神社兼務
3	白山神社	下斎田村	菊理姫命	下之宮村火雷神社兼務
4	白山神社	植野村	菊理姫命	元総社村総社神社兼務
5	白山神社	大久保村	菊理姫命	西国分村熊野神社兼務
6	白山神社	北下村	菊理姫命	西国分村熊野神社兼務
7	白山神社	新井村	菊理姫命	金古駅諏訪神社兼務
8	白山神社	新井村	菊理姫命	金古駅諏訪神社兼務
9	白山神社	柏木沢村	菊理姫命	金古駅諏訪神社兼務
10	白山神社	金古駅	菊理姫命	金古駅諏訪神社兼務
	抜鉾神社	菊池村		（境内末社）白山社他三坐
11	白山神社	上芝村	菊理姫命・伊弉諾尊	西明屋村八幡宮兼務
12	白山神社	上芝村	菊理姫命・伊弉諾尊	西明屋村八幡宮兼務
13	白山神社	生原村	菊理姫命・伊弉諾尊	西明屋村八幡宮兼務
14	白山神社	保渡田村	菊理姫命・伊弉諾尊	西明屋村八幡宮兼務
15	白山神社	浜川村	菊理姫命・伊弉諾尊	上小塙村稲荷神社兼務
	菅原神社	和田山村		（境内末社）白山社他七坐
16	白山神社	白川村	菊理姫命・伊弉諾尊	（境内末社）八坂社、春名山村榛名神社兼務

17	白山神社	本郷村	菊理姫命・伊弉諾尊	春名山村榛名神社兼務
	神明宮	本郷村		（境内末社）白山社他二坐
18	白山神社	高濱村	菊理姫命・伊弉諾尊	春名山村榛名神社兼務
19	白山神社	高濱村	菊理姫命・伊弉諾尊	春名山村榛名神社兼務
20	白山神社	白岩村	菊理姫命・伊弉諾尊	（境内末社十三座）、春名山村榛名神社兼務
21	白山神社	三倉村	菊理姫命	三倉村戸榛名神社兼務
22	白山神社	湯上村	伊弉諾尊	湯上村甲波宿祢神社兼務
23	白山神社	石原村	菊理姫命	湯上村甲波宿祢神社兼務、明治十年に村内白山神社五社を合祀
	諏訪神社	小野上村		（境内末社）白山社他二坐
	諏訪神社	村上村		（境内末社）白山社他十坐
	大山祇神社	片岡郡乗附村		（境内末社）白山社・八坂社
	菅原神社	緑野郡上大塚村		（境内末社）白山社・産泰社
24	白山神社	西平井村	伊弉諾尊	西平井村三嶋神社兼務
25	白山神社	緑野村	伊弉諾尊・倉稲魂命	（境内末社五座）、西平井村三嶋神社兼務
26	白山神社	金井村	伊弉諾尊	西平井村三嶋神社兼務
	倉御子神社	浄法寺村		（境内末社）白山社他六坐
	常木神社	多胡郡多比良村		（境内末社）白山社他七坐
27	白山神社	川内村	菊理姫命	神保村辛科神社兼務
28	白山神社	矢田村	菊理姫命	神保村辛科神社兼務
29	白山神社	甘楽郡藤木村	菊理姫命	（境内末社）琴平社・浅間社、福島町稲荷神社兼務
30	白山神社	後賀村	菊理姫命	福島町稲荷神社兼務
	今宮神社	上野村	菊理姫命	（境内末社）白山社他四坐

31	白山神社	小幡村	菊理姫命	小幡村赤城神社兼務
	石上神社	国峯村		（境内末社）白山社他十二坐
	諏訪神社	岩染村		（境内末社）白山社他三坐
32	白山神社	高瀬村	菊理姫命	富岡町小船神社兼務
33	白山神社	上黒岩村	菊理姫命	富岡町小船神社兼務
34	白山神社	下黒岩村	菊理姫命	富岡町小船神社兼務
35	白山神社	上丹生村	伊弉諾尊・倉稲魂命	下丹生村丹生神社兼務
36	白山神社	宮崎村	伊弉冉命	一ノ宮町貫前神社兼務
37	白山神社	白山村	伊弉諾尊・倉稲魂命・伊弉冉命	（境内末社）稲荷社・八坂社　下仁田町諏訪神社兼務
	丹生神社	坂原村		（境内末社）白山社他二坐
	小舟神社	富岡町		（境内末社）白山社他九坐
	八幡宮	下高田村		（境内末社）白山社他八坐
	吾妻屋神社	諸戸村		（境内末社）白山社・貴船社
38	白山神社	碓氷郡下豊岡村	菊理姫命	八幡村八幡宮兼務
39	白山神社	町屋村	菊理姫命	八幡村八幡宮兼務
40	白山神社	岩井村	菊理姫命	板鼻宿琴平宮兼務
41	白山神社	岩井村	菊理姫命	板鼻祝琴平宮兼務
42	白山姫社	中宿村	菊理姫命	板鼻祝琴平宮兼務
43	白山神社	古屋村	菊理姫命	上野尻村熊野神社兼務
44	白山神社	下秋間村	菊理姫命	上野尻村熊野神社兼務
45	白山神社	川浦村	菊理姫命	（境内末社五座）、三倉村戸榛名神社兼務
46	白山神社	下間仁田村	伊弉冉命	（境内末社十四座）、妙義町妙義神社兼務

47	白山神社	鷺宮村	菊理姫命	妙義町妙義神社兼務
48	白山神社	中野谷村	菊理姫命	（境内末社）八坂社・八幡社、妙義町妙義神社兼務
49	白山神社	二軒在家村	菊理姫命	妙義町妙義神社兼務
50	白山神社	二軒在家村	菊理姫命	妙義町妙義神社兼務
51	白山神社	八城村	菊理姫命	（境内末社）水分社、妙義町妙義神社兼務
52	白山神社	八城村	菊理姫命	（境内末社）菅原社、妙義町妙義神社兼務
53	白山神社	行田村	菊理姫命	（境内末社）八坂社・秋葉社、妙義町妙義神社兼務
84	白山神社	原市村	菊理姫命	妙義町妙義神社兼務
85	白山神社	原市村	菊理姫命	妙義町妙義神社兼務
86	白山神社	原市村	菊理姫命	（境内末社）八坂社、妙義町妙義神社兼務
87	白山神社	嶺村	菊理姫命	（境内末社）阿夫利社、妙義町妙義神社兼務
	菅原神社	嶺村		（境内末社）白山社他八社
88	白山神社	郷原村	菊理姫命	妙義町妙義神社兼務
89	白山神社	松井田駅	菊理姫命	妙義町妙義神社兼務
90	白山神社	新堀村	菊理姫命	（境内末社）稲荷社・大山祇社、峠町熊野神社兼務
	八幡宮	坂本駅		（境内末社）白山社他六坐
91	白山神社	上増田村	菊理姫命	（境内末社五座）、峠町熊野神社兼務
92	白山神社	下後閑村	伊弉冉命	妙義町妙義神社兼務
	菅原神社	下後閑村		（境内末社）白山社他三坐
93	白山神社	西上秋間村	菊理姫命	妙義町妙義神社兼務
	日枝神社	小日向村		（境内末社）白山社他十坐
94	白山神社	吾妻郡今井村	菊理姫命・大山祇命	（境内末社）八坂社・秋葉社・稲荷社・北野社・年神社　草津村白根神社兼務

	熱田神社	三原村		（境内末社）白山社他七坐
	諏訪神社	大前村		（境内末社）白山社他六坐
95	白山神社	大笹村	伊弉諾尊・菊理姫命	草津村白根神社兼務
	柴宮神社	中之条町		（境内末社）白山社他八坐
96	白山神社	原町	菊理姫命	草津村白根神社兼務
	岩櫃神社	原町		（境内末社）白山社他三坐
97	白山神社	蟻川村	伊弉諾尊・伊弉冉命・菊理姫命、他六坐	（境内末社）八坂社、横尾村和利神社兼務　相殿六坐は明治十年合併
98	白山神社	大道新田	伊弉諾尊・伊弉冉命・菊理姫命、他三坐	（境内末社）諏訪社・神明社・八幡宮・秋葉社・雷電社・琴平宮、横尾村和利神社兼務
	熊野神社	須川村		（境内末社）白山社他十一坐、文応元年勧請
	和利神社	横尾村		（境内末社）白山社他二十三坐
	飯綱神社	新巻村		（境内末社）白山社他三坐
99	白山神社	岩井村	伊弉諾尊・伊弉冉命・菊理姫命、他一坐	（境内末社）神明社・榛名社・八幡宮・秋葉社・稲荷社・愛宕社・大山祇社・八坂社・雷電社、草津村白根神社兼務
	諏訪神社	郷原村		（境内末社）白山社他十坐
	武尊神社	利根郡戸神村		（境内末社）白山社他七坐
100	白山神社	戸神村	菊理姫命	（境内末社）大山祇社・雷電社・稲荷社、宇楚井村河内神社兼務
	武尊神社	下沼田村		（境内末社）白山社他七坐
	熊野神社	後閑村		（境内末社）白山社他三十坐
101	白山神社	新田郡藪塚村	菊理姫命	大原本町村神明宮兼務
102	白山神社	小金井村	菊理姫命	小金井村松尾神社兼務
	八幡宮	強戸村		（境内末社）白山社他五坐
	赤城神社	新野村		（境内末社）白山社他七坐

103	白山神社	赤堀村	菊理姫命	世良田村八坂神社兼務
	矢抜神社	中江田村		（境内末社）白山社他三坐
103	白山神社	世良田村	菊理姫命	（境内末社）疱瘡社・稲荷社、世良田村八坂神社兼務
	稲荷神社	前島村		（境内末社）白山社他三坐
104	白山神社	大田町	菊理姫命	吉沢村住吉神社兼務
105	白山神社	細谷村	菊理姫命	細谷村冠稲荷神社兼務
106	白山神社	下田島村	菊理姫命	（境内末社）八幡宮・八坂社・琴平宮・稲荷社、岩松村八幡宮兼務
107	白山神社	山田郡龍舞村	菊理姫命	（境内末社）直日社・八坂社・厳島社・八幡宮・住吉宮・神明宮・稲荷社、龍舞村賀茂神社兼務
	菅原神社	荒金村		（境内末社）白山社他五坐
	北野神社	台之郷村		（境内末社）白山社他六坐
	雀神社	植木野村		（境内末社）白山社他九坐
108	白山神社	市場村	菊理姫命	植木野村雀神社兼務
	八幡宮	古氷村		（境内末社）白山社・八坂社
109	白山神社	新宿村	伊弉冉命	（境内末社）八幡宮、安楽土村稲荷神社兼務
	稲荷神社	安楽土村		（境内末社）白山社他五坐
110	白山神社	邑楽郡寄木戸村	伊弉諾尊・倉稲魂命・伊弉冉命	上小泉村長良神社兼務
111	白山神社	坂田村	伊弉諾尊・倉稲魂命・伊弉冉命	上小泉村長良神社兼務
112	白山神社	吉田村	伊弉諾尊・倉稲魂命・伊弉冉命	（境内末社）八幡宮、上小泉村長良神社兼務
113	白山神社	新福寺村	伊弉冉命	瀬戸井村長良神社兼務
114	白山神社	福島村	伊弉諾尊・倉稲魂命・伊弉冉命	瀬戸井村長良神社兼務
115	白山神社	舞木村	伊弉諾尊・倉稲魂命・伊弉冉命	瀬戸井村長良神社兼務
	神明宮	藤川村		（境内末社）白山社他三坐、篠塚村長良神社兼務

116	白山神社	中野村	伊弉諾尊・倉稲魂命・伊弉冉命	中野村長良神社兼務
117	白山神社	赤生田村	菊理姫命	赤生田村長良神社兼務
	野木神社	羽附村		（境内末社）白山社他四坐、赤生田村長良神社兼務
118	白山神社	萱野村	伊弉冉命	（境内末社）富士嶽社・道神社・萱原社・稲荷社・八坂社・若宮社、瀬戸井村長良神社兼務
	大山祇神社	高根村		（境内末社）白山社他五坐、足次村赤城神社兼務
	萱原神社	新当郷村		岩田村長柄神社兼務
119	白山神社	大高嶋村	伊弉諾尊・倉稲魂命・伊弉冉命	（境内末社）愛宕社・琴平社、大高嶋村高嶋神社兼務
120	白山神社	佐位郡伊勢崎町		（境内末社）秋葉社・萱原社・阿夫利社、下植木村赤城神社兼務
121	白山神社	茂呂村	倉稲魂命・伊弉冉命	（境内末社）稲荷社・萱原社・疱瘡社、下植木村赤城神社兼務
	勝山神社	保泉村		（境内末社）白山社他四坐
	稲荷神社	保泉村		（境内末社）白山社・八幡宮、保泉村勝山神社兼務
122	白山神社	上武士村	倉稲魂命・伊弉冉命	（境内末社）琴平社・萱原社・三峯社・八坂社・御嶽社・八幡社・秋葉社・春日社、
123	白山神社		倉稲魂命・伊弉冉命	保泉村勝山神社兼務
124	白山神社	上武士村	倉稲魂命・伊弉冉命	保泉村勝山神社兼務
125	白山神社	東小保方村	菊理姫命	（境内末社）八幡社・厳島社、西小保方村八幡宮兼務
	八幡宮	下触村		（境内末社）白山社他七坐
	飯玉神社	堀下村		（境内末社）白山社他九坐
126	白山神社	連取村	菊理姫命	宮子村宮子神社兼務
127	白山神社	宮子村	菊理姫命	宮子村宮子神社兼務
128	白山神社	東上ノ宮村	菊理姫命	宮子村宮子神社兼務
129	白山神社	今村	菊理姫命	宮子村宮子神社兼務

130	白山神社	山王道村	伊弉冉命	芝町八幡宮兼務
131	白山神社	那波郡下新田村	菊理姫命	下新田村玉村八幡宮兼務
132	白山神社	沼ノ上村	菊理姫命	下之宮村火雷神社兼務
133	白山神社	上茂木村	菊理姫命	下新田村玉村八幡宮兼務
134	白山神社	後箇村	菊理姫命	下新田村玉村八幡宮兼務

各郡単位について見てみると、群馬郡の場合は管理的な神社が分散傾向にあるが、榛名神社が比較的広域の白山神社を網羅して兼務している。多胡郡は絶対数が少ないが、辛科神社が兼務する。碓氷郡では妙義神社の兼務する白山神社が多い。吾妻郡では白根神社の兼務する白山神社がやや多い。玉村八幡宮は、群馬郡・那波郡など郡域をまたぐ形の白山神社を兼務している。

「神社明細帳」段階の白山神社の本社は合計一三四社程度であり、比較的分布密度は高い。合祀・合併の可能性もある末社等については五十坐程度が確認できるが、全体の傾向を左右する在り方ではない。備考欄に、地点的に集中する同名神社の合併の記載などが見えているので、最盛期よりはかなり数を減らしている可能性は高い。全体として、二百社程度は何らかの形で所在したのではなかろうか。

しかも、郡単位で見る分布密度にはかなりの偏差がある。旧利根川を境に東西で考えると、西部地域に東部地域の三倍近くが集中している。

【上野国西部】九九社―群馬郡（駅）二三坐・片岡郡〇坐・緑野郡三坐・多胡郡二坐・甘楽郡九坐・碓氷郡（駅2）五六坐・吾妻郡六坐

【上野国東部】三五社―利根郡一坐・勢多郡〇坐・新田郡（駅）七坐・山田郡三坐・邑楽郡十坐・佐位郡（駅）十一坐・那波郡四坐

旧片岡郡域を併呑して比較的大きな群馬郡に二三坐が所在するのは当然としても、同様な条件の勢多郡に関しては一坐も登録されていない。勢多郡は、「赤城神社」の鎮座数が卓越するので、地理的条件などに左右される前後関係から、完全な棲み分けがなされていた可能性がある。

山間地の利根郡・吾妻郡では、類似した山岳信仰に関係する「武尊神社」等各種の神社が所在するが、白山神社は併せて七坐しかない。こうした在り方は、分布範囲の重複を避けた可能性もあるが、本来山岳信仰を起点とするはずの白山信仰のあり方とは矛盾するものではないのか。

東山道駅路の「駅」が所在する各郡、碓氷郡（×2、五六座）→群馬郡（二三座）→佐位郡（十一座）→新田郡（七座）の鎮座数の相対的に優位な傾向があり、それらの交通機能が低減する前に流入していた可能性がある。そうであれば逆に、鏑川流域や吾妻川流域といった、時期的にやや先行する交通路によっていないという点で、やや後発するものであったかもしれない。

ここで注意されるのが、（北）甘楽郡白山村に本社としての白山神社が所在することである。近隣の白山神社の大半が「菊理姫命」を祭神とするのに対し、「伊弉諾尊・倉稲魂命」を祭神としていてやや特異である。神話上の主客という点では、「伊弉諾尊・倉稲魂命」を中心に据える方が信仰の中核的位置づけになるかもしれない。

地名として「白山」を負う点で注目されるが、現存地名ではなく明治二二年（一八八九）に馬山村が新設された際に吸収された村名である。現在の多野郡下仁田町馬山に相当する。下仁田町の市街地とは山を挟んで東側に隣接する。右岸に位置する馬山の対岸で、鏑川流路が北東方向に変更され左右に蛇行して生成された左岸の狭い平地になる。現存の白山神社はその山を背にして東向きに建てられている。鏑川富岡市との境界線は入り組んでおり、北東側に神成―神農原の鏑川最深部の条里型水田が広がる立地になっている。『倭名類聚抄』郷名（那射）の遺称地とされる「南蛇井」が鏑川対岸の至近に位置する。なお、甘楽郡の白山神社は、大半が旧北甘楽郡に所在し、南甘楽郡はほほぼ空白地域に近い。そのような違いが、ある段階の行政区分の上にも反映していたかもしれない。

三、白山信仰の諸段階

白山信仰の祭神は、多種・多様であり、信ずるに足りる史料は限られている。それぞれの史料は、時期差・地域差が関係していると考えられる。「白山神」「土地神」「国常立尊」「大山祇命」「百済神」「おしら神」とする場合を除くと、「菊理媛」「伊弉諾命」「伊弉冉命」が個別またはそれらを組み合わせて見られる場合が圧倒的に多いらしい(7)。

そもそも本源的な白山比咩神社は、伝承では崇神天皇七年に遙拝所創建とするものが古く、応神天皇二八年に神殿を造営し、霊亀二年（七一六）に三宮の敷地に遷座したという。その一方で、天智天皇六年（六六七）に既に加賀国石川郡白山神社があったとする史料などもあるが、いずれも後世の付会や部分的な問題になるだろう。

養老元年（七一七）に泰澄が白山頂上に登攀し、二年後に仏堂を設置して十一面観音を祭り「高句麗媛」を崇敬した。その際に、仏教思想に基づいて入山について女人禁制と定めたという。この禁制は、天長九年（八三二）に加賀・越前・美濃からの遙拝所を起点とする登山路が整備された際に撤回された。なお、長寛元年（一一六三）の『白山記』では、

・白山頂上＝白山比咩神（十一面観音）
・大汝山＝大己喜命（阿弥陀如来）
・別　山＝大山祇神（聖観音）

のように記されていた。ところが、健保三年（一二一五）の「絹本着彩白山大権現像」の段階では、頂上の祭神に関して、中央がやや突出した形で三神の並立が確認され、

・右　＝伊弉諾命
・中央＝菊理媛
・左　＝伊弉冉命

のように変化していたという。この間の変化について、従来の自然崇拝的な信仰が消失したことによるのではないかとされる。

右のような時期的変容に留意すれば、祭神を基準にした前後関係が編年的に整理される可能性もあるが、現実には三国に分離した登山路の、勢力関係の変化などによる時期的な移動・混乱が知られている。

白山信仰の本源的な起源は韓半島にあったとされることが多い（8）。それらが、日本海沿岸地域に漂着した各種の文化的要素の一つとして受容されていった。最初に加賀国を中心とする白山周辺で根付き、次第に各地に広がっていった。その際に泰澄のような仏教の影響下にある人材の宗教活動が触媒となっていたと見られる。日本海沿岸地域及び河川交通などで遡及可能な地域までの拡散は、ほぼ同時期の定着が達成されたものと思われる。

その後、平安時代には加賀国（白山本宮→白山寺）・越前国（白山中宮→平泉寺）・飛騨国（美濃馬場＝白山本地・長滝寺）の山麓地域に設置されていた施設を核として「馬場」が整備され、陸上交通を利用した信仰の広がりが各地域に展開していった。前述のように、東山道筋になる（信濃国→）上野国～の白山信仰の展開は、飛騨国（美濃馬場＝白山本地・長滝寺）との関わりが注意される。

小結

上野国にとって、外来信仰としての初期の白山信仰は、実際に何時流入したのかを明確にし得ない。中世以降の流入の可能性は非常に高いが、東山道駅路との相関関係がある可能性に留意すれば、その路線決定後の八世紀中頃以降を視野に入れる必要がある。そのような時期は、泰澄による白山を舞台にした山林修行と、さほど時期をあけない時期ということになる。

山麓から頂上を目指した信仰は、再び山麓に戻る途中で各種の宗教施設を設定し、要所には「馬場」を構築して周辺諸国から多くの修行者を集めた。そのベースには天台宗が関わっている。上野国では、最澄の東国巡錫の関係もあって、周辺諸国よりは天台宗の定着が優勢であった。西部地域を中心に、非常に多くの白山神社が鎮座するのも、単線的に分祀が行われただけでなく、各種要素が複線的に往復するなかで形成された社会状況になるだろう。そこには上野国東部地域の国内起源の外来系信仰との一線を画すような違いがあった可能性がある。

注

（1）白山信仰に関する各種資料については、白山本宮神社史編纂委員会『白山比咩神社史』（北國新聞社出版局、二〇一六年）参照。また、白山信仰の概要については、高瀬重雄編『白山・立山と北陸修験道』（名著出版、一九七七年）、下出積與編『白山信仰』（雄山閣出版、一九八六年）等参照。

（2）泰澄及び『泰澄和尚伝』に関しては、平泉澄「泰澄和尚伝考」・下出積與「泰澄和尚伝説考」・浅香年木「『泰澄和尚伝』試考」の各論考が、下出積與編『白山信仰』（雄山閣、一九八六年）に採録されている。また、本郷真紹『白山信仰の源流』（法蔵館、二〇〇一年）、堀大介『泰澄和尚と古代越知山・白山信仰』（雄山閣、二〇一八年）等参照。

（3）神野富一「古代における白山・能登の観音信仰」（『補陀洛信仰の研究』山喜房佛書林、二〇一〇年所収）。また、沼義昭「山と水と観音」（『観音信仰研究』佼成出版社、一九九〇年所収）。

（4）下出積與「報恩大師伝説考」（『日本史における民衆と宗教』山川出版社、一九七九年所収）。

（5）前掲注（3）沼論文。

（6）山岸共「白山信仰と加賀馬場」（前掲注（1）高瀬編著書所収）。玉井敬泉「白山の祭神と信仰」（前掲注（1）下出編著所収）にも同等の整理がある。

（7）玉井敬泉「白山の祭神と信仰」（前掲注（1）下出編著所収）。

（8）三品彰英『日鮮神話伝説の研究』（『三品彰英論文集』四、平凡社、一九七二年）、出羽弘明『新羅の神々と古代日本』（同成社、二〇〇四年）、前田速夫『海を渡った白山信仰』（現代書館、二〇一三年）等参照。

第九章　感染症と国分寺創建

はじめに

養老五年（七二一）の諏方国の設置記事を最後に、史料上「国」レベルの拡大的な地域再編成（「廃置国郡」）[1]の動きが休止する。天平三年（七三一）の諏方国廃止を皮切りに、天平一五年（七四二）の佐渡国の越後国への併合に至るまで、行政区分の分割＝増加という方向から「併合＝減少」という形が一般的になるのである。

天平勝宝四年（七五二）に、越後国から分立される形で佐渡国が再置されたのは、実に十年後のことであった。最後に設置された諏方国が最初に廃止され、最後に廃止された佐渡国が最初に復活するのは、それぞれの段階の前政権との関係で意味があった可能性がある。これらのことに関して、ほぼ同じ期間「郡」レベルの地域再編成についても、全国的に動きが止まり、確認できる事例はすべて陸奥国管内という特徴がある。

拡大的な地域編成が活発に行われていた、七世紀後半～八世紀前半の時期には、天武天皇系の皇親・藤原朝臣不比等や長屋王などの存在が注意されてきている[2]。それら有力者の間に、政策の持続性がどの程度あったのかは確認しにくい。

各政治首班の連続性を分断する要素として、この時期感染症(天然痘)の大流行があった。古代の日本には、在来の感染症は存在せず、専ら海外から持ち込まれた。記録に遺る最古の事例は、新羅から「仏教」とともに持ち込まれた「天然痘」で、『日本書紀』敏達天皇十四年（五八三）二月条に「（前略）是時国行疫疾民使者衆」とある。崇仏論争の廃仏の根拠の一つとされた。敏達天皇自身が、感染症による病没だったという。渡来人と接触する機会が多い地域ほど、リスクが増大した。要人を含む多数の人命が失われた結果、政治制度そのものも見直しを余儀なくされ、矮小化した要素がある。感染症に関する鮮烈な記憶とその風化の過程と国分寺との関わりについて考えてみたい。

一、武智麻呂と房前

「按察使」の創出[3]など国司制度を基軸として、政策としての地域再編成（「廃置国郡」）の実施に、特に熱意を持っていたと考えられる長屋王の失脚後、後継の中核となった藤原四兄弟のなかでも長子の武智麻呂は、官職に関する処遇を巡って肉親（特に不比等―房前）の間での軋轢なども想定されている。当面問題になる次男の房前との関係を対比的に整理すると表21のようになる。

「藤氏家伝下（武智麻呂伝）」の残る武智麻呂に比べると、房前に関する情報は非常に限られている。著名人であるにも拘わらず、現状では年齢に関する記述が『公卿補任』しか確認出来ないのである。同腹兄弟であるとのことなので、最低でも一歳程度の年齢差は存在したであろう。実際に、従五位下～正三位の昇叙に関しては、数年以内程度の時間差で雁行している。なお、宇合・麻呂の年齢差も一歳程度であるらしいが、武智麻呂・房前と宇合・麻呂との間は一回り以上離れており、最年長の武智麻呂と最年少の麻呂との間は十五歳も離れている。当事者間では「兄弟」というよりも「親子」に近かったのではないか。

武智麻呂と房前との違いについて強いて挙げるならば、武智麻呂に関しては大宝三年（七〇三）の病気で中判事を辞めざるを得なくなったことであろう。そのことで経歴上の問題が発生したりはしていないが、内官か外官でも畿内近国国司のみ歴任する事実は、文弱な資質と体質的な問題とを感じさせる。

一方の房前は、位階の高さの割には任官の事例が少ない。内官への任官事例もあるが、特に目立つのは重ねて東日本方面に関する「遣使・巡察使・節度使」に任官することである。何度か対応した地域勢力からすれば、会う度に偉くなるといった印象を植え付けられたことだろう。

表21　武智麻呂と房前

年・月・日	藤原武智麻呂	年齢	藤原房前	藤原宇合(宇)・藤原麻呂(麻)
天武9・4・	藤原不比等の第一子として大原にて誕生		(天武10頃誕生か)	(宇―文武元頃誕生か) (麻―文武2頃誕生か)
大宝元・	正六位上、内舎人	21		
2・正・	中判事	22		
3・正		23	東海道遣使任官	
3・4・	(病で罷業)			
4・3	大学助任官	24		
	刀利康嗣に釈奠を作成させる			
慶雲2・	従五位下叙位	25		
・12	大学頭任官		従五位下叙位	
3・7	図書頭兼侍従任官	26		
4・10		27	文武天皇大喪に造山陵司任官	(麻)
和銅2・9		29	東海・東山巡察使任官	
4・3	従五位上叙位	31		
・4	近江守任官		従五位上叙位	

5・6	従四位下叙位	32		
6・正	従四位上叙位	33		
霊亀元・正	式部大輔任官	35	従四位下叙位	
2・10	式部卿任官	36		(宇) 遣唐副使、従五位下叙位
養老元・10		37	朝政参議	(麻) 養老改元により従五位下叙位
2・9	皇太子を賛引、正四位下	38		
3・正	東宮傅	39	従四位上叙位	(宇) 正五位下叙位、上総按察使任官
・7	従三位、中納言			
4・3	(藤原不比等薨去—享年63)			
5・正		41	従三位叙位	(宇) 正四位上叙位 (麻) 従四位上叙位、左京大夫任官
・3	帯刀資人四人賜与			
・9	兼造宮卿任官		太上天皇不与に際し、長屋王と共に遺詔を拝領、内臣任官	
・10				
・12	太上天皇不与で御装束事を行う			
神亀元・2	正三位叙位、益封、知造宮事任官	42		(宇) 式部卿現任で、持節大将軍任官
2・正				(宇) 征夷の功で従三位・勲二等
3・正			正三位叙位、益封	(宇) 知造浪速宮事に任官 (麻) 正四位上叙位、装束司任官
5・7	播磨守、按察使任官			
天平元・2	長屋王の変で、王を窮問	49	(この頃中衛大将)	(宇) 六衛府の兵で長屋王宅を囲む
・3	大納言任官			(麻) 従三位叙位、天平改元に関与
・9			中務卿任官	

3・8				（宇）参議・畿内副惣管
9	兼大宰帥任官	51		（麻）兵部卿現任で参議、山陰道鎮撫使に任
4・8		52	東海・東山節度使任官	（宇）西海道節度使
5・10	橘三千代への贈位使	53		（宇）橘三千代への宣詔使
6・正	従二位、右大臣任官	54		（宇）正三位叙位
9・4			正三位、参議、民部卿現任（享年57？）	（麻）兵部卿現任で陸奥持節大使
・7	正一位、左大臣現任（享年58）			（麻）従三位、参議・兵部卿（享年43？）
・8				（宇）正三位参議式部卿兼大宰帥（享年44？）
・10			贈正一位、左大臣	
宝字4・8	贈太政大臣			

養老元年（七一七）段階の「朝政参議」[4]は、未だ正式な官職ではないが、なおさら藤原不比等の房前への期待を感じさせる。同時期の武智麻呂は、東宮との人間関係を形成しつつあり、次期政権での重用は見込める状態であった。藤原不比等薨去（養老四年）の直後に関しては、大きな変化は生じていない。竜頭蛇尾な印象のある初期の「按察使」についても、畿内近国（播磨国守）とはいえ武智麻呂自身が播磨按察使として任官しているのである。両者の関係を分かち、政策的にも大きな転換点になるのは、やはり天平元年（七二九）の「長屋王の変」になる。「長屋王の変」に関しては、これまで諸説あるように単純ではない[5]。人事面で直接の契機になるのが、直前に房前が長屋王とともに「内臣」

任ぜられ、強固な「協力関係」が形成されたかのような雰囲気が醸成されたことは大きい。
少なくとも長屋王の変の段階では、藤原四兄弟は同じ方向を向いてはいなかった。特に「中衛大将」として在京だったと思われる房前の動向は、やや明瞭さに欠けるものがある。その直後は、武智麻呂―光明子を中核とし、宇合・麻呂が補佐する政権になったと思われるが、それぞれ在京の期間は短い。天武天皇の皇親勢力も未だ残存していた。

二、感染症の流行

時期的に遡及するほど失効している法令頻度が高く、『類聚三代格』の採録の精度と頻度とが低下する。変の直後は、事態の収拾のための法令が集中する。流れとしては、気分を一新するために改元し、その直後に念願であった藤原夫人の皇后が実現することになる[6]。舎人親王の政治的権威に制約を加え、「太政官処分」によって政務が運営される場面が史料的にはやや目立つ。

天平五～九年にかけては、『類聚三代格』の段階で効力を保持していた法令の割合が増えてくる。それでも詔・勅以外の「制・定・命」などの形式不明な法令が一定頻度で見られる。必ずしも法令遵守とは言えない一連の政務手続きが、ある時期その効力を抹消されるような形になった可能性がある[7]。

天平五年八月の「天皇臨朝始聴庶政」によって、詔・勅による政務手続きの比率が増加する。「庶政」に相当する部分への聖武天皇の関与が想定される。同時に、『続日本紀』の上では「又」で接続されるような、同日の複数案件の処置も減少する。弁官局の人的整備などにより、文書行政の事務手続きが整い、政務の機械的運用がようやくできる形になってきたという要素もあるかもしれない。

地域編成に関連する事例では、天平三年（七三一）三月に「諏訪国」が廃止される[8]。この際の方法は、複数の記事に係る「制」である。他の事例では「勅」がほぼ同義で使われるが、全く同等かどうかの確証はない。いずれにしても正規の「廃置国郡」の手順とは言いがたい。

「石城国・石背国」の廃止については、現状では直接触れる記事が残存していない[9]が、近接した時期に類似した方法で実施されたと考えられる。他の地域編成としては、陸奥国雄勝郡の建郡（天平五年）が見られる程度で、頻度の点で非常に低調な時期であったといえるだろう。それ以前の活況と比較すれば、地域編成の休止期の始まりと位置づけられるかもしれない。

表22　感染症の流行

年	内容
天平元	（正・16勅）京畿の官人已下に価直を給与、（正・21詔）五位以上の高齢官人への賜物 （2・10）【長屋王の変】、（2・15勅）諸国司に変の波及を抑えるよう指示 （3・23太政官奏）徴税の規格（布及び班田）変更 （4・3勅）変に関係する兆候の摘発命令・（同日又勅）神祇官給与・（同日太政官処分）舎人親王への処遇・山陽道駅家建造費用支出 （5・21太政官処分）諸国史生・傔杖は式部判補とする （8・5勅）天平改元（三）・（同日又勅）唐僧道榮の処遇、（8・10詔）藤原夫人を皇后とする、（8・24勅）賜物 （9・14勅）陸奥鎮兵員への報償 （11・7太政官奏）各種田の取り扱い
天平2	（2・詔）中臣朝臣広見を大学寮に派遣・（同日勅）大学寮博士・学生を慰労 （3・27格（太政官奏））（「」）・（同日又詔）優秀な学生の確保に関する手当、 （同日又）陰陽医術及七曜頒暦博士の後継養成、（同日又）通訳の養成 （4・10太政官処分）収税に当たっての大税の事務、（同日又）国内所出の珍奇口味の取り扱い、（4・16詔）天下婦人の衣服 （5・6格）（「」） （6・1太政官処分）史生以上の上日 （閏6・11制）伊勢神宮へ奉幣、（閏6・17勅）新田部親王に命じて神祇官に畿内七道諸社へ奉幣 （7・11詔）斎宮年料 （9・29詔）盗賊の捕縛、（同日又）不当な集会の禁止、（同日又）禽獣の捕獲禁止

天平3	（正・26神祇官奏）庭火御竈四時祭祀 （3・7制）竿習生が省に留まることを許可 ・諏訪国を信濃国に併合↑ （4・27太政官奏）（「」） **（6・24勅）戸座事**（三） （7・29定）雅楽寮定員 （8・5勅）執事の推挙 （9・2勅）亡者の宅門で大路に在る物は撤去、**（9・12勅）内膳司召阿房之刀自部令祀膳神**（三） （11・2太政官処分）兵部省人事、（11・28制（勅））大惣管職掌等の身分等規定 （12・16定）武散位定額員、（12・21詔）祥瑞
天平4	（5・21詔）饗宴（新羅使 （7・5詔）大赦、（7・6詔）放生 （8・22勅）牛馬の移動禁止、（同日又（勅処分））四道兵士の勤務、（同日又）使以下傔人の身分及び博士の給与等
天平5	（正・27勅）賑給 （2・7太政官処分）遷替国司（勅許） （閏3・2）大税貸与、（閏3・21詔）賑給、（閏3・25勅）西海道関係（雑器仗）支出 （5・26勅）大赦天下（皇后枕席不安） （8・17）【天皇臨朝始聴庶政】 （11・14勅符）（「」）、（同日勅符）（「」） （12・26）「出羽柵」遷置、（同日又） 陸奥国雄勝郡建郡↑
天平6	（正・18勅）官稲混合 （4・17勅）地震の被害調査、 （同日又詔）地震への対応 （4・21詔）問民苦使

	（5・28太政官奏）畿内への大税借貸等 （7・12詔）大赦天下 **（5・23勅符）応禁断稲代所償田宅等物更田挙事**（三） （9・16制）大竹河が安芸・周防二国国境 **（11・20勅符）応令度者闇誦法華最勝両経事**（三）、（11・21太政官奏）僧尼の得度基準
天平7	（3・23勅）大赦天下 （5・21格（制））郡司の任用基準（譜第）、 （6・5勅）寺院併合令の撤回 （8・12勅）疫病対策 （9・28詔）阿倍帯麻呂事件判決、（9・30詔）新田部親王薨去 （10・5詔）親王薨去時の作法、（10・14詔）舎人親王薨去、 （閏11・17詔）大赦天下、（閏11・21勅）国司への勉励
天平8	**（2・25官符）諸国浮浪宜随其欲帰与状発遣又無実編附当処**（三）・（同日格）（「一応畿内七道諸国括責戸口事・一応勘他国浮浪事」） （3・20太政官奏）公田賃租 （4・7官符）（「応浮浪人水旱不熟之年准平民免調庸事」） （5・17勅）特定運送物の処分禁止 （7・10詔）賜物、（7・14詔）四大寺百人得度・（同日又）給糧 （10・22詔）免租 （11・3詔）叙位、（11・11詔）橘宿禰改姓（←県犬養橘宿禰）、（11・17詔）臣籍降下（橘宿禰）、 （11・19詔）免祖
天平9	（正・22詔）任官 （3・3詔）造仏、（3・10官符）請抽出元興寺摂大乗論門徒住持興福寺事（三） （4・8勅）大般若経転読、（4・17）**【藤原房前薨去】**、

（5・19詔）賑恤
（7・13）【藤原麻呂薨去】、（7・23詔）大赦天下
（7・25勅）【藤原武智麻呂薨去】
（8・2命）最勝王経転読、（8・5）【藤原宇合薨去】、（8・13詔）免祖

※『続日本紀』を基本とする。『類聚三代格』＝「三」、（「」）は関連法令を示す。以下同じ。

天平九年（七三七）二月頃より、東北地方を舞台とする軍事行動は、大野東人・田辺難波ら実働部隊によって、大規模な交通「路」の開削と「城柵」の設置とが行われ、非常な活況を呈していた。このまま進捗していれば、地域編成にも見るべきものがあったはずである。しかし、その矢先に藤原房前が薨去する。大宰府管内から広がってきていた疫病が、ついに畿内にも到達したのである。藤原四子の相次ぐ突然の病没は、政権の中枢を含む多数の関係者の病没とも連動していた。四兄弟の病没について再度整理してみると次のようになる。

①四月十七日　＝藤原朝臣房前　―参議・民部卿・正三位（二男）
②七月十三日　＝藤原朝臣麻呂　―参議・兵部卿・従三位（四男）
③七月二十五日＝藤原朝臣武智麻呂―左大臣・正一位（長男）
④八月五日　＝藤原朝臣宇合　―参議・式部卿・兼大宰府帥・正三位（三男）

疫病の兆候は、天平七（七三五）年段階に既に見られ、『続日本紀』の同年末尾に「是歳」という形で注記されている。なお、「是年」で始まる同様の記事は、天平九年末にも見られる。天平六年十二月に来航し、同年二月に入朝した新羅使などに保菌者がいた可能性が高い。最初に薨去した房前は、時期的にやや離れているが、残りの三人は一ヶ月の間に次々に薨去している。房前薨去の翌日には「大宰府管内諸国。疫瘡時行。百姓多死」との記事が見えており、実際に「小野老（大宰大弐）・長田王・多治比県守・大野王・百済王郎虞・橘佐為・水主内親王」といった有位の要人が相次いで死去している。以下の階層の感染・発病・死亡は相当数になると思われる。

一般的に天然痘は、二週間程度で発症し、十日間程度で治癒するかどうかに分かれるといい、致死率は四十パーセント程度であるとされている。そのような条件を当てはめると、藤原房前は三月中旬頃感染し、四月初旬頃から体調不良となり、症状が改善しないまま薨去に至ったと考えられる。他の三人は、房前の罹病の状況を見聞して、十分警戒していたと見られる。しかし、六月頃より畿内近国でも、感染を避けられないほど病勢が蔓延したのではなかろうか。房前の発病と時間差があったのは、他の三人との親近関係とも関係している可能性がある。

藤原武智麻呂は、六月中に感染し、七月上旬頃より執務不能に陥ったと見られる。危篤状態の七月二十五日になって、急遽「正一位」に叙位され、「左大臣」に任命されるが、「即日薨」去と相成った。他の三名も似たような状況であったろう。房前のみが、約半年後の十月七日に「正一位左大臣」が贈られ、薨去直前の武智麻呂と同格になった。このことは、実際に房前が長屋王の変後に不遇を託つ事実があったことを示す。薨去記事に見える「以大臣葬儀。其家固辞不受」も含め、その事実を知る関係者の善意によって「名誉」回復が為されたと考える。二十年の期限付きではあるが、「食封二千戸」が特に「其家」に賜与されたのは、その後の藤原「北家」の隆盛を暗示するものがある。

法令の発布状況を見ても、天平九年四月以降八月末までは見るべきものがない。主要人物の病臥・病没によって政務運営不能な状態を、如実に反映していると見るべきだろう。薨去者が出る度に、聖武天皇が、「大赦」や「転読」を頻発する様子が想像される。

三、国分寺建立の政策的位置

天平九年の夏頃西海道方面で発生し、急速に蔓延した天然痘によって、政権の中枢を含む多数の関係者が病没した。そのことは、否応なく人事の新陳代謝を促すとともに、政権運営の基本方針などへの影響を来すことになった。但し、法令の発布状態から見ると、その立て直しに要した期間は案外短い。藤原氏主流の次の政権を目論むシャドウ・キャビネットが、かなり早い段階からシュミレーションされていたのかもしれない。

九月二二日に、当面の問題であった「禁断臣家之稲貸与百姓求利交闘事」に関する方針が明示され、空洞化していた「筑紫防人」が停止される。同月二八日には鈴鹿王以下十四人の諸王と、四十二人の諸臣に叙位が行われ、十二月十二日には叙位による官位相当を踏まえた大量の任官が実施されるのである。以下、数次に及ぶ大規模な叙位・任官がくりかえされ、新たな政権の陣容が整う。

橘諸兄及び関係者の、都合十八年間に及ぶ政権中枢での在職期間のうち、後半の七年間は藤原仲麻呂政権と重複するので、一連の関係者が実質的な権限を保持していた期間は十一年間程度になる。政権の前半の天平十二年（七四〇）に藤原広嗣の乱が発生し、周知の事実である聖武天皇の彷徨が開始される。

藤原広嗣の乱の継続していた八月末から十一月初旬にかけては、詔・勅によって各種の乱への対応が試行されるが、それ以外への案件への対応は基本的に見られない。天皇不在の宮都には「留守官」が置かれ、複都制が実質的なものとなる。その維持にかかる経費負担は膨大なものとなるだろう。そうした負担を捻り出すために、閣内の各階層への様々な妥協をせざるを得なくなった。

　聖武天皇が畿内近国の諸宮を彷徨している間に、国分寺の建立（七四一）・大仏の造立（七四三）がそれぞれ指示される。また、国家の基本原理である「公地公民」の重大な転換点となる墾田永年私財法（七四三）さえ発布されるのである。

　この間の地域編成に関する事案は、いずれも「廃止（併合）」である。

①天平十二年八月二十日―和泉監廃止（河内国に併合）
②天平十三年十二月十日―安房国廃止（上総国に併合）
③　　同　　右　　　　―能登国廃止（越中国に併合）
④天平十四年正月五日　―大宰府廃止（筑前国に併合）
⑤天平十五年二月十一日―佐渡国廃止（越後国に併合）

なお大宰府に関しては、「廃止」にも拘わらず機能の存続をうかがわせるような記事が続く。実態として完全な「廃止」にはなっていない。それ以外の事例の背景としては、基本的には各地域の事情が注意されなければならないと思われる。流れとしては諏方国（・

石城国・石背国）の廃止に始まる「小国」の解消も開始されていた。しかし、その直前に政権の交代を発生させるような天然痘の流行があったことを考えると、全く異なった事情が想定できるのではないか。

表23　国分寺建立の政策的位置

年	内容
天平9	**（9・21勅）禁断臣家之稲貸与百姓求利交關事**（三）・（同日格）（「応禁断王臣家出挙私物事」）・ （同日格）（「一応禁断出挙私稲事（三）・一禁断出挙財物以宅地園圃為質事（三）、」）・ （同日格）（「応禁断諸院諸宮王臣家仮民私宅号庄家貯積稲穀等物事」）・
天平10	（4・17詔）最勝王経転読、（4・19官符）（「応停労効郡司預譜第事」）、（4・29）祭賀茂神之日会集人馬悉皆禁断任意聴祭（三） （7・7勅（詔））賜物 （5・28）（「禁制国司任意造館事」） **（10・7）中宮職供御物事**（三）
天平11	（2・26詔）大赦天下、（2・30勅）2・26大赦の付則 （3・21詔）祥瑞 （4・3詔）改姓（大原真人） （5・23詔）郡司の定員減、（5・25兵部省符）（「応依旧置兵士事」）、（5・30詔）出挙の利の免除 （7・14詔）五穀成熟経転読、（7・15格）諸国郡司不善不徳在終身之任（三） （8・16太政官処分）蔭子孫并位子の学問奨励
天平12	（6・15勅）大赦天下

	(8・14)(「応年中雑用停用新穎先尽旧穀事」)
	(8・20) 和泉監を河内国に併合↑
	(8・29) 藤原広嗣上表↓9・3蜂起【藤原広嗣の乱】
	(9・4勅) 叙位、(9・5勅) 任用(軍事)、(9・15勅) 造仏・写経、(9・21勅) 臨時徴発、(9・29勅) 藤原広嗣討伐指令
	(10・9詔) 祈請(八幡神)・(10・26勅) 遷宮、
	(11・3詔) 藤原広嗣捕獲・(11・5) 藤原広嗣斬殺
	(11・21詔) 叙位
天平13	**(2・7官符) 応禁屠殺馬牛事**(三)・(同日詔) 馬牛屠殺禁止
	(2・14勅) 国分寺創建事(三)・(同日勅)(「応定国分寺僧死欠替事」)・(同日格)(「応補国分金光明寺僧欠事」)
	(閏3・15詔) 平城京への居住禁止、(閏3・25勅) 賜銭
	(9・8勅) 大赦天下
	(10・14勅) 五位以上の礼服冠自弁、(10・21制)
	(11・21勅) 恭仁京命名
	(12・10) 安房国を上総国に、能登国を越中国に併合↑
天平14	(正・5) 大宰府廃止↓筑前国
	(5・28官符)(「応定国分寺僧死欠替事」)・(同日図籍)(「応補国分金光明寺僧欠事」)
	(8・5詔) 改姓・賜物、(8・11詔) 行幸、(8・25制) 廃府物給付
天平15	**(2・11) 佐渡国を越後国に併合↑**
	(3・4詔) 衆僧慰労、(5・3) 叙位
	(5・27詔) 墾田為私財無三世一身悉咸永年莫収公(三)・
	(同日勅)(「不可収陸奥出羽両国百姓墾田事」)・(同日勅)(「応占田地依町段数事」)・(同日格)(「応改定判給占荒田并閑地之例事」)
	(10・15詔) 造立大仏

天平16	（正・23太政官奏）鎮西府人事 （閏正・1詔）恭仁京と難波京の優劣 （2・12勅）放賤従良、（2・22詔）報奨（百済王氏）、（2・26左大臣宣勅）難波宮を宮都 **（7・23詔）四畿内七道諸国々別割取正税四萬束出挙**（三） （8・5詔）賜物 （9・26勅）巡察使の監査結果について、（9・27別勅32条）巡察使への指示・（同日勅）諸国郡官人の違法・ （同日口勅13条）（具在別勅）・（同日又勅）大赦天下・（同日又口勅5条）（語具別記） （9・30詔） **（10・14勅）僧綱任用、（同日格）禁断国司娶所部女子為妻妾事**（三）・ （10・17勅）（「応点立科条令欲粛諸国司娶部内女子事」）、（同日勅）（「応令諸国講師検校国分寺事」）※
天平17	（正・7詔）叙位、（正・21詔）大僧正任命（行基）※ （4・27詔）大赦天下 （5・25制）無位皇親給服 （6・5　復置大宰府・任官↑ （9・17勅）大赦天下、（9・18勅）天皇不予 （10・12謄勅符）（「応令天台宗傳弘諸国事」）※ **（11・27（制））始置公廨**（三）・（同日）始置公廨（三）
天平18	（3・15勅）大赦天下、（3・16太政官処分）寺院の土地買得※ （4・28勅）馬従 （5・9符）（「禁凡下百姓将軍田宅園地売与寺事」） （7・21官符）（「応聴自草野国埼坂問等津往還公私之船事」） **（12・15太政官奏）国軍毅兵士事**（三）
天平19	（正・1勅）大赦天下、（正・27制）沙弥尼の受戒・入京※

	（2・21詔）賜物
	（5・3太政官奏）封戸人員の定数・（（太上天皇）詔5・5）菖蒲縵不使用
	（10・3勅）改姓許さず
	（11・7詔）国分寺造営の督促※
	（12・14勅）大赦天下（太上天皇不予）、（勅）造塔許可※
天平20	（3・8勅）大赦天下
	（4・12勅）挙哀（太上天皇崩御）、（4・28勅）天下素服
	（5・8勅）敬礼読経
	（10・28詔）免田租
天平21	（2・21詔）匿名の書を投ずるのを禁止、（2・27勅）郡司任用（譜第主義）

※天平十二年十一月～同十七年五月まで（形式の太罫線）の期間は、聖武天皇が平城宮を離れていた期間

すなわち大宝律令制定以来、徐々に増加する官僚としての有位の（貴族）官人の存在があった。そのことに関係して、常に各官司の官員の定員増が問題であった。しかし、天然痘の流行によって各階層の官人の死亡が相次ぎ、昇叙と任官が重ねられた結果、国司に任用するべき階層の官人の枯渇が発生したのではないか。考選法の適正な運用を行う限り、物理的な欠員の補充が追いつかず、代替可能な官司に関する臨時的な廃止が連続することになった。この時廃止された部分は、その後事態が改善した暁には再度設置が約束されて

いた可能性がある。

領域支配に関する天皇の大権事項であった可能性もある「廃置国郡」が、律令制的な運営の事情―官司制的な経営のなかで解消されたことになる。偶々その間の聖武天皇は、現状肯定的な政策遂行のための法令＝養老律令の理念に、大きく歩み寄ることになったのである。

健康状態に不安を抱える聖武天皇は、大赦を連発する。結果として禁固の罪人などは払底したであろうし、財政負担も相当な額に上ったであろう。その一方で藤原朝臣仲麻呂が、橘諸兄政権内部で一定の主導権を確保するのは天平勝宝元年（七四九）頃のことであった。同一年内に改元を連発し、派手な花火を打ち上げた形でスタートする。検討の対象は、都合十五年間になる。同時代性が高まるためか、『類聚三代格』の段階でも効力を残すような法令が、多数発布されている。

法令の頻度で言えば、天平宝字元年（七五七）が突出している。翌年も同様である。史料の残存状況も関係しているのかもしれないが、同日に複数の法令が「数珠つなぎ」で出される形が復活し、現実問題として多くの法令が出されたものであろう。少なくとも史料に採録され残存した比率が高いことは想定できる。

急激な政治改革は、少なからぬ反発の原因となった。天平宝字元年に関する特に大きな政治的事件としては、橘奈良麻呂の乱がある。ほんの数日のことだが、関係者への喚問が続き、皇位継承権のある人物が大量に処分されて、権利を剥奪された。結果として、その後の皇位継承者に事欠くことになり、孝謙女帝の重祚などという異常事態が発生する。同時代の一連の人為的な政治混乱の、原点ともいうべきできごとである。

この間の地域編成は、国レベルでは前段階の「廃止」からの復元的な「設置」の事例に限られる。問題になっている地点が限られ、国の等級で特定の「小国」だけが対象になっている。事故や災害などの大幅な人口減少がなく、官人数も順調に増加したことの裏返しだろう。かつて按察使の広域行政圏での具体的な経験があるなどして、予想される影響が非常に小さい地点でもあった。

天平宝字元年（七五七）の「小国」の再置の理由は「頃者。上下諸使。惣附駅家。於理不穏。亦苦駅子」で、交通上の事務量及び負担の増加が挙げられている。注目されるのは、同日条で備前国・出雲国・讃岐国について、国の等級に変動を来すような官員の増加が実施されていることである[10]。国の設置による官員の増減は、以後延暦十二年（七九三）の設置まで、三十六年間見られなくなる。

そうした一連の流れを見てみると、地域の再編を目指す積極的な「廃置国郡」の性格が変質するのは、藤原四兄弟が天然痘に倒れる以前ではなく、天然痘の被害によって練達の官員が失われて、行政事務をスリム化せざるをえなくなった橘諸兄政権下の、和泉監の「廃止」以後のことであると考えられることになる。同様に動きがないことの本質的な性格が全く異なるのである。

養老公式令論奏式の論奏事項に「増減官員」と「廃置国郡」とが並んで付け加えられることになったのは、王権の関与が必須となるような積極的な地域編成（「廃置国郡」）が、官員の定員調整に係るような極めて官僚制的な運営の道具（「増減官員」）と一線を画さないように変質していったことに関係しているのではなかろうか[11]。

また、天平宝字二年（七五八）八月から天平宝字八年（七六四）十月までは、淳仁天皇が在位したが、恵美押勝の乱を契機として退位を余儀なくされる。法令発布の頻度で言えば、天平宝字元年から同三年頃までは非常に活発な状況が続くが、同四年の後半頃より称徳女帝の体制固めが始まり、法令の頻度も少なくなる。叙位・改姓といった個人的な問題や、寺院に対する優遇措置などを除外すると、積極的な政策は全く打ち出されていない。そして、決定的な天平宝字六年六月三日の詔が出され、淳仁天皇とその周辺から政治的実権が剥奪されることになる。

小結

『帝王編年紀』に引く天平宝字五年正月二十一日勅によって、下野国薬師寺に「戒壇」が設置され、「天下三戒壇」の体制が整備されたと見られる[12]。しかし、この勅は『類聚三代格』はおろか、『続日本紀』にさえ記載がない。時期からすれば、淳仁天皇が積極的に関わった数少ない国家的政策になると思われるが、一括して削除され、国家仏教の地域的展開に関する重要政策の全貌は、不明瞭な部分を幾つも残すことになった。

天平宝字八年九月は恵美押勝の乱への対応に埋め尽くされている。恵美押勝の蜂起から、藤原仲麻呂の捕獲・斬殺に至るまで、足かけ七日間、その後の処理に約二十日間を費やしている。関係者は相当人数に及び、その後の任官人事も非常に大がかりなものとなった。

注

（1）石母田正「天皇制と太政官」（『日本の古代国家』岩波書店、一九七〇年）、早川庄八「律令制と天皇」（『史学雑誌』八五巻三号、一九七六年）等参照。

（2）佐藤仁「国・郡の分割と藤原氏」（『弘前大学国史研究』九、一九五八年）、服部昌之「郡の成立過程」（『律令国家の歴史地理学的研究』大明堂、一九八三年所収）、拙稿「大宝令制定前後の地域編成政策」（『地方史研究』二〇一号、一九八六年）、荒井秀規「領域区画としての国・評（郡）・里（郷）」（独立行政法人国立文化財機構奈良文化財研究所『古代地方行政単位と在地社会』二〇〇九年所収）等。なお、橘諸兄政権の初期段階で「郷里」制が廃止されたことも、当時の社会全体の状況を投影している可能性がある。岸俊男「郷里制廃止の前後」（『日本古代政治史研究』塙書房、一九六六年所収）。

（3）坂元義種「按察使の研究」（『ヒストリア』四四・四五号、一九六五年）、新野直吉「按察使の性格」（『日本古代地方制度の研究』吉川弘文館、一九七四年所収）、渡部育子「陸奥国の按察使について」（渡辺信夫編『宮城の研究』2、清文堂、一九八三年所収）、同「律令的地域支配と広域行政区画」（虎尾俊哉編『律令国家の地方支配』吉川弘文館、一九九五年所収）等。

（4）竹内理三「参議制の成立」（『律令制と貴族政権』第一部、御茶の水書房、一九五七年所収）、虎尾達也「参議制の成立」（『史林』一九八二年）等。

（5）たとえば寺崎保広『長屋王』吉川弘文館、一九九九年。なお、「長屋王家木簡」出土後の研究状況に関しては、森公章「長屋王家木簡・長屋王邸関連論文目録（稿）」（『長屋王家木簡の基礎的研究』吉川弘文館、二〇〇〇年所収）参照。

(6) 岸俊男「光明立后の史的意義」（『日本古代政治史研究』塙書房、一九六六年所収）。
(7) 大平聡「奈良時代の詔書と宣命」（『奈良平安時代史論集』上巻、吉川弘文館、一九八四年所収）、早川庄八『宣旨試論』岩波書店、一九九〇年）等。
(8) 一志茂樹「国・郡の成立過程」（『古代東山道の研究』信毎書籍出版センター、一九九三年所収）。
(9) 土田直鎮「石城石背両国建置沿革余考」（『奈良平安時代史研究』吉川弘文館、一九九二年所収）。
(10) 山田英雄「国の等級について」（『日本古代史攷』岩波書店、一九八七年所収）、野田嶺志「国の等級について」（小葉田淳先生退官記念会編『国史論集』、一九七〇年所収）等。
(11) 佐藤宗諄「律令的地方支配機構の変質」（『平安前期政治史序説』東京大学出版会、一九七七年所収）、関口明「律令郡制再編の意義」（佐伯有清編『日本古代史論考』吉川弘文館、一九八〇年所収）。
(12) 拙稿「下野国薬師寺の再編と古代東国の仏教」（野田嶺志編『地域のなかの古代史』岩田書院、二〇〇八年所収）。

第十章　久路保乃禰呂から赤城山へ

はじめに

群馬県の中央部に位置する「赤城山」に関して、中国的要素が反映しているという考え方は、古くから識者の注意するところであり、諸説が林立する状態であったという。様々な要素が複雑に絡み合っているし、多年を経過して複雑な変遷過程も経ている。単に上野国の「赤城山」だけの問題に留まらず、下野国「日光（二荒）山」・信濃国「穂高山」等との関係も留意されなければならない。

非常に広範囲に及ぶ山容は、地元で周知の上毛かるたに「裾野はながし赤城山」と採録されて親しまれている。各地点での印象の違いはいうまでもなく、各地点の地形・気象や行政区分等にも大きな影響を与えている。

一、からやしろ

実際に赤城山西南麓に居住し、赤城山に少なからぬ思い入れを持った民俗学研究者に今井善一郎がいる。赤城山に関する諸説を止揚した現段階までの到達点もまた、今井によって達成されたと言ってよい(1)。但し、今井自身も認める通り、その始原に関する決定的な証拠は現在までのところ発見されてはいない。今井の思索の足跡を辿ることには、大きな意味があると思われるので、ここで簡単に紹介してみたい。

永年に亘って追究し続けたので、今井の理解にも変遷がある。大きくは三段階に及ぶその変遷の冒頭を飾るのが、源実朝の作になる次の一首である。

○上野の　すたの赤城のからやしろやまとにいかで跡を垂れけん　（『夫木集』）

右の一首は、「中国天台の赤城山と同名の山が我が国にもあるが、不思議な因縁だ」という程度の意味になるという。伝本によってわずかな字句の異同があるようだが、最古の『夫木集』では「からやしろ」となっており、大和国にいかなくても、という流れで文意が成り立つのも同様であるとする。「すた」とは「赤城山」を全周する「勢多郡」のことであり、「からやしろ」という語句が問題になるという。実際に渡来系の神社があるとか、現在の社殿に外来系の建築要素が見られるとかいった諸説があるなかで、思索が継続され、迷い、見解は概ね次のように変遷する。

Ⅰ、赤城山には、山上の「大洞」と里宮の「三夜沢」と同じく里宮の「二之宮」に神社施設があり、四月と十二月とに三夜沢と二之宮との間を神輿が渡御する。この間、神が不在の神社が発生することを「からやしろ」と称したのを、比較的近隣の鎌倉に居住した源実朝も伝聞に及んだのではないか（空祠）。

←

Ⅱ、「からやしろ」が、あくまでも中国起源の施設（唐社）であったという理解から導き出されたのは、以下のような理解である。中国（唐）に留学経験のある慈覚大師（円仁）は、「泰山府君赤山明神」のことを知っており、死後にはなるが比叡山の西麓に「赤山禅院」を創建したほどである(2)。「泰山府君」は人の生死を司る神で、その活動の場である「赤山」も祖霊信仰で知られている（「地獄」の相似）。赤城山東麓に、特殊な「祖霊信仰」が残存しているのもそのことに関係しているのではないか。「泰山府君」の信仰の痕跡なりが発見されるのが俟たれる。

←

Ⅲ、「山上他界」に関係する仏老混交の「冥府信仰」(3)が中世以前に流入し、「赤城山」を巡る地域全般に信仰されるようになった。そうした情報や動きが、二之宮赤城神社の創建にも関わったとされる源頼朝の子弟である実朝の知るところとなり、「からやしろ」の習俗が「赤城山」でも見られるようになって詠嘆しているのであろう。

当面、この問題をピンポイントに深く追究した事例を他に知らないので、今井の理解が今日でも命脈を保っているとみてよい。その慧眼に感服するばかりである。今日的に整備された形ではなかったかもしれないが、仏教と同時かそれに先行する形で、中国の在来信仰である儒教・道教等が流入し、同時代の日本にも定着していた可能性があるという大前提には、今後とも十分留意しておく必要があるだろう(4)。

そのような「赤城山」に関する理解の現段階に逆行するようで、全く落穂拾いの形になるが、若干の整理を試みたい。上野国内の神社は、中世と近世との間に重大な断絶があるとの理解もある(5)が、明治時代の実態を伝える「神社明細帳」から、その段階で勢多郡内にあった渡来系神社を抽出すれば表24のようになる。

表24　勢多郡内の渡来系神社

神社名	所在地	祭神	備考
神明神社	南勢多郡西片貝村		摂社（村主稲荷社他1社）、明治四一年片貝神社に合祀
村主稲荷神社	勢多郡野中村		
村主大明神	勢多郡泉沢村		
小鷹神社	勢多郡武井村		末社（猿田彦社・神明宮・村主社）
村主神社	勢多郡前皆戸村		
細井（赤城）神社	南勢多郡上細井村		末社（猿田彦社他7社）
小出神社	南勢多郡上小出村		末社（猿田彦社他4社）
日枝神社	勢多郡端気村		末社（猿田彦社他6社）
八幡宮	勢多郡小坂子村		末社（猿田彦社他5社）
八幡宮	南勢多郡勝沢村		末社（猿田彦社他8社）
白河神社	南勢多郡時沢村		末社（猿田彦社他6社）、明治四一年合祀
琴平宮	南勢多郡時沢村		末社（猿田彦社他3社）明治四一年時沢神社に合祀
稲荷神社	南勢多郡小暮村		末社（猿田彦社他3社）、明治四〇年赤城神社に合祀
八幡宮	勢多郡石井村		末社（猿田彦社他16社）、明治四五年赤城神社に合祀
御前神社	勢多郡猫村		末社（猿田彦社他7社）、明治四三年赤城神社に合祀
八幡宮	南勢多郡津久田村		末社（猿田彦社他20社）
琴平宮	南勢多郡津久田村	猿田彦命	末社（猿田彦社他1社）、明治四一年合祀
○白髭神社	勢多郡込皆戸村	倉稲魂命	
○稲荷神社	勢多郡込皆戸村		末社（白髭社他9社）
鵜鷹神社	南勢多郡武井村		末社（猿田彦社他3社）
小鷹神社	南勢多郡武井村		末社（猿田彦社他2社）

八幡宮	勢多郡川額村	末社（猿田彦社他13社）
武尊神社	勢多郡多那村	末社（猿田彦社他7社）
大山祇神社	勢多郡輪組村	末社（猿田彦社他9社）
穂高神社	北勢多郡生越村	末社（猿田彦社他7社）

大半が「伊勢」信仰のフィルターのかかった境内末社の「猿田彦社」であり、期待される渡来系要素とはかなり距離があるが、それ以外のスグロ神社に示される非常に微かな徴表を認めるならば、「東漢系の渡来人」の居住の痕跡の可能性がある。仏教以前の考え方を持ち込んだのがそれらの人びとであったとしても、時期的にはそれほど大きな矛盾はないことにはなる。

多少問題になりそうなことは、隋・唐以前の南北朝時代の中国で、今日「道教」の聖地とされている「赤城山」・「青城山」といった場所(6)にどの程度影響力が発生していたかということであろう。仮にある程度の知名度が発生していたとしても、亡命などの形で日本に渡来・帰化したようなレベルの人びとは、それらをどの程度認識していたのか。

また、さして著名でもない「誰か」が漠然と言った程度では、地名として認知・定着するとは考えられない。しかるべき階層に属した影響力のある人物が言い出さなければ、人口に膾炙するまでには至らないのではないか。その定着時期も非常に大きな問題である。

二、クロホノネロ

『万葉集』巻十四には「東歌」が集成されているが、そのなかの一首に次のようなものがある。

・賀美都家野　久路保乃禰呂乃　久受葉我多
可奈師家児尓　伊夜射可里久母　（三四一二）
（上毛野　久呂保の嶺ろの　久受葉がた　愛しけ児らに　いや離り来も）

『万葉集』の各歌の成立時期には幅があるが、「防人歌」などに知られるように天平宝字三年（七五九）までの歌が採録されている。「（賀美都家野）久路保乃禰呂」が通説のように赤城山を表しているとしてよければ、八世紀半ば段階では「赤城山」の呼称は未成立であったことになる。

一方、六国史には「赤城神」に対する神階授与の記事が見えている。

・承和六　（八三九）・六・二三　無　位→従五位下

・貞観九　（八六七）・六・二〇　従五位上→正五位下
・貞観十一（八六九）・十二・二五　正五位下→正五位上
・貞観十六（八七四）・三・十四　正五位上→従四位下
・元慶四　（八八〇）・五・二五　従四位下→従四位上

神階叙位に関しては諸説ある[7]し、上野国関連の他神の事例も少なくない。「赤城神」に関しては貞観期に集中しており、同時期に特に意味のある政策であったと理解できる。以前から指摘されていることではあるが、貞観一六年までは「赤城神」であるが、元慶四年に関しては「赤城沼神」と表記が変化している。

下野国「補陀洛山（二荒山）」に勝道上人が神護景雲元年（七六七）から天応二年（七八二）にかけて度々登頂を試み、三回目にようやく成功したと伝えられている。八世紀末〜九世紀初頭のこの時期の「山林修行」[8]の一環で、未踏と考えられていた各地の「霊山」の信仰対象としての「再開発」が試みられた可能性がある。

「赤城山」でも、記録は残されていないが宗教家による登頂が試みられ、山頂の「沼」が識者に初めて明確に認識されたのではないか。同一の対象物への叙位であったか問題だが、位階の連続性は認められるので、「神」の実体が形として把握されるようになったことに関連すると理解しておきたい。右の二つの時間軸から「赤城山」の名称の定着は、ほぼ天平宝字三年（七五九）から承和六年（八三九）の間のできごとであったのではなかろうか。

「赤城山」信仰は関東地方全般に及んでいる(9)が、こうした形は近世の「御使」の活動による場合が多い。下野国の「二荒山」神も彼地では都賀郡（ないし河内郡）を中心に大きな存在感を持っており、「男体山山頂遺跡」の考古学的調査に始まって、様々な分析がなされている(10)。問題なのは、下毛野氏の影響力の下で推移し、「赤城神」と戦闘行為に及ぶような対立関係にあったと伝承されていることであろう。下毛野氏は、下野国薬師寺の創建に関与する一方で、二荒山神も信奉していたというのは本当なのだろうか。

また、近世末期段階の二荒山神社は、上野国内では下野国寄りの東部山間地域の頻度が高い。赤城山の北から西北方側に郡域をまたいで集中している。特に利根郡の場合は、大半が本社である二荒山神社で、他地域のそれが末社がほとんどなのとは非常に対照的である。その場所は、会津方面への交通路沿いになる。

利根郡の事例は、勧請年次が判明している例が多く、いずれも江戸時代である。特に利根郡東小川村での集中が注目される。同じような神社が集中しているためか、明治三九年に出された神社合併令[11]に従って、明治四〇年頃に「諏訪神社」に合祀し、その後「笠科神社」と改称している。従って、現在では旧地名を冠し、多くの末社を擁する「笠科神社」だけが所在する形となっている。ここに「明細帳」の記録以前に末社として合祀に及んだ過程のひとつが示唆されているのではなかろうか。

周辺地域の「二荒山神社」の分布に注意すると、栃木県内に多いのは言うまでもないが、会津地方を中心とした福島県が最大の分布地域で、他に関東地方では茨城県・千葉県に分布している。さらに、群馬県北部を越えて新潟県にも分布が知られている。時期の前後はあるが、こうした分布状況は、法相宗「徳一」の伝承を有する寺院の分布[12]にも近似しているように思われる。

同じ勢多郡でも、南面に位置する「赤城神社」を避けているとすれば、他の事例ではどうか。利根郡と勢多郡北部の「二荒山神社」の分布は、同地域で最も特徴的な集中を示す「武尊神社」の分布（図19参照）と重複するような部分がある。この地域は、福島県会津地方に至る交通路（群馬県側では「会津街道」）が通過しているという点で、「二荒山神社」の分布が、単なる偶然ではないことを示唆する。

群馬県の「武尊山」は、山岳修験の重要地点である。別名「上州武尊山」とも言うらしいが、長野県の「穂高山」と紛らわしいので、江戸時代に修験道関係者が「武尊」の文字を当てて差別化を図ったとされる。類似した立地に、本来同じ山名が付されているのが興味深い。

長野県の穂高山は安曇郡に所在し、周辺には「穂高神社」が鎮座する。「穂高神社」は信濃国三宮に相当し、「里宮―奥宮―嶺宮」から構成される宏壮な神社である。海からは孤絶した環境にあるのに、主たる祭神は「海民」の祖たる親子の「綿津見命―穂高見命」である。

「綿津見命―穂高見命」については、『新撰姓氏録』に「安曇宿禰（右京神別）」・「凡海連（右京神別）」・「安曇連（河内国神別）」などと見えており、信濃国に関しては一般的に「海民」の内陸部定着と言われている。九月二六・二七日に行われる「本宮例大祭・本祭」の「御船神事」が、このことに密接に関係していると考えられているようである(13)。

一方、「二荒山」に関しても、その起源や名称等に関しては諸説ある。現状では「補陀洛山」に基づくとする説に魅力を感じる。「補陀洛」とは、『華厳経』などに見える語句であり、南インドにあるとされる伝説的な山である。そこには「観音菩薩」が降臨する（した）という。そのような場所として、日本国内では、和歌山県の「熊野」と栃木県の「日光」とが特に措定されていたのである。

前者にあっては、平安期以降「補陀洛渡海」という形で、「捨身行」が実施されたことが知られている。この「捨身行」は、ある段階から「水葬」の様相を呈することになるが、当初は身を捨てて聖地としての「補陀洛」を目指すという、優れて宗教的行為(14)であった。「舟」を使うという発想も、紀伊国という濃厚な「海民」の存在を前提としており興味深い。

また後者は、「フタラ(ク)」に「二荒」の字をあてており、東国地域に伝来直後の古代「仏教」の認識を示していると思われる。そのように理解してよければ、法相宗「徳一」がこの付近に定着するに至った思想的原型に関するいくつかの可能性が出てくる(15)。

その移動に当たって、「舟」によって内陸部にまで至り、各々の理想とする「補陀洛」(観音)の世界を構築しようとしたのではないか。自由な通行が可能な「道路」が未整備な段階であれば、河川の利用は当然のことだろう。そこには「仏教」的な要素を含んだ「道教」等の雑多な信仰内容が見え隠れしているのである(16)。

「補陀洛」=「二荒山—武尊山—穂高山」を核とし、会津・出羽地方等も含む広範囲に広がった集団は、各地点毎に少しずつ変異し変遷することになるが、各時代を通じて緩やかな結合を維持し続けていた可能性を示す一つの証左が、赤城山北面地域での「二荒山神社」ないし「武尊神社」の分布になるのではなかろうか。

それらの集団は、総体として制度的「仏教」としての「法相宗」の考え方を受容し、後発して「天台宗」の考え方の影響を強く受けた、赤城山南麓地域以南の地域と対峙するようになったのではないか。強いて言えば、今日伝承として残されている「道教」的知識に起因する「蛇」と「蜈蚣」との対立（合戦）の基本構造は、右の相克を投影するものであった[17]と考える。

三、最澄・円仁の東国伝道

古代日本への「道教」の伝播に関しては、「仏教」の伝播過程と同様に何段階かあったと思われる。但し「国家仏教」として位置づけられて公認された「仏教」とは異なって、純粋に「道教」として受容されたかは問題がある。中国国内の「道教」にも時期的な変遷があるので、変容したどの段階の「道教」であったかによっても、享受できる利益が異なるものであったろう。

そのような変化に敏感であったのは、専門的な宗教家であり、空海の『三教指帰』に端的に示されるように、それぞれの長短を熟知していたはずである。同時代、上野国地域に重大な影響力を行使した可能性のある存在として、最澄と円仁とを挙げることができる。前者は一度だけだが、後者には恐らく土地勘もあり、何度か訪れていた可能性がある。円仁の創建と伝える寺院も複数存在するのである。

最澄が拠点とした比叡山は、かつて近江大津京守護のために大和国より「大神」神を勧請していたのはよく知られている[18]。本来「仏教」とは異なる信仰・祭祀の場所に、従来の流れを否定せず新たな信仰の拠点を設定することは、単なる寛容さだけではないだろう。そこには一般的な感覚としての神仏習合的な部分があったことを示している。

最澄が円仁等を伴って東国伝道に赴いたのは、弘仁八年（八一七）のことであったとされる。東山道経由で美濃国・信濃国の宗教関係者を訪ねながら、下野国まで到達する。特に記事の集中する上野国にあっては、各種の行事を挙行できた。関係者の熱狂は、単なる字面の問題だけではないだろう。

最澄と円仁との年齢差は二八歳あり、ほぼ親子の世代差となっている。最澄の没年が五六歳なのに対し、円仁は七一歳なので、健康に恵まれない部分があったにせよ、多くの事業に関わることができた。特に円仁は、天長六年（八二九）から数年に及ぶ東北地方への伝道を行ったが、最澄の衣鉢を継ぐものであるだろう。藤原氏主流・皇族との個人的な

表25　最澄・円仁の略年譜

年	最澄	円仁	備考
天平神護二（七六六）	生誕		
宝亀九（七七八）	近江国分寺で大国師行表の弟子となる		
宝亀十一（七八一）	得度		
延暦二（七八三）	度縁		
延暦四（七八五）	東大寺で具足戒		
延暦十（七九一）	修行入位		
延暦十三（七九四）		生誕	
延暦十六（七九七）	内供奉に任ぜられる		
延暦二三（八〇四）	遣唐使にに同行して渡航		
延暦二四（八〇五）	帰朝。		
大同元（八〇六）	天台宗公認		
大同三（八〇八）		最澄の弟子となる	
弘仁元（八一〇）	伝燈法師位を授けられる		
弘仁四（八一三）	『依憑天台集』	官試に及第する	
弘仁五（八一四）		得度	
弘仁七（八一五）		東大寺で具足戒	
弘仁八（八一七）	東国伝道で下野国大慈寺・上野国浄法寺に赴き、満頂を授ける（五一歳） 『照権実鏡』	東国伝道に随行（二四歳）	
弘仁九（八一八）	『守護国界章』		
弘仁十（八一九）	『天台法華宗年分得度学生名帳』 『内証仏法相承血脈譜』		

弘仁十一（八二〇）	『顕戒論』・『通六九証破比量文』・『決権実論』			
弘仁十二（八二一）	『法華秀句』			
弘仁十三（八二二）	伝燈大法師位を授けられる。 死去（五六）	大乗戒壇設立許可		
弘仁十四（八二三）		延暦寺の寺号		
天長六（八二九）			「北上」「北狄」巡錫開始（三六歳）	
天長九（八三二）			伝燈満位を授けられる	
天長十（八三三）			罹病で横川に籠もる	
承和二（八三五）			遣唐請益僧となる	
承和三（八三六）			遣唐使に随行して渡航（失敗）	
承和四（八三七）			遣唐使に随行して渡航（失敗）	
承和五（八三八）			唐に渡航、揚州に上陸	
承和六（八三九）			赤山法華院に滞在、『入唐求法目録』	
承和七（八四〇）			青州に移る、五台山巡台、長安に着く	
承和八（八四一）			伝法潅頂	
承和九（八四二）				会昌の廃仏
承和十二（八四五）			長安を去る	
承和十三（八四六）			帰国、太宰府に逗留	
承和十四（八四七）			『入唐新求聖教目録』	
嘉祥元（八四八）			『比叡山霊所巡礼修行記』	
仁寿元（八五一）			『金剛頂経疏』	
斉衡二（八五五）			『蘇悉地経疏』	
貞観二（八六〇）			武蔵国・上野国で宿祷、『顕揚大戒論』	

貞観六（八六四）		死去（七一歳）
貞観七（八六五）		
貞観八（八六六）	伝教大師の諡号	慈覚大師の諡号

友誼もあって、各種の宗教行事に関与して関係を深め、政策遂行につなげて天台宗の隆盛をもたらした。

　最澄の在唐は一年弱であり「明州→台州→明州→越州→明州」という形で、「明州」を基点に数カ所に短期間滞在しただけで、情報収集量にも限度があったものと思われる。これに対して円仁は、『入唐求法巡礼行記』[19]を引くでもなく、在唐期間が九年間にも及ぶ。揚州から北上して海州に至り、さらに海路で赤山に至る。陸路で登州に至り、河北道を通って五台山、そこから河東道を通って長安に達した。長安から都畿道を洛陽に向かい、さらに揚州に至る。帰国に際しては、再度赤山に戻っている。以上のように各地を歴訪し、多くを体験し、情報を収集し続けた。中国道教の聖地たる「赤城山」等に関する知識も少なからずあったろう。比叡山西麓に現存する「赤山禅院」建立への思い入れにも並々ならぬものがある。

　最澄も円仁も、ともに上野国の現地で「クロホノネロ」を実見していたはずである。これを既存の中国天台山の一峰「赤城山」と引き寄せて名付けたのは、この両者のいずれかではなかったか。この二人のどちらかであれば、周囲の人間の共感を得て、地名として定着させられるだけの知名度と説得力とがあったはずである。

天台山は中国南東部の浙江省にあり、上海市の南の寧波市からみて南西に位置する。天台県の北に広がる「十一の山、一二七の峰」から構成される。天台大師智顗で知られる仏教の聖地である以前に、神仙の棲息する道教の聖地であった。著名な仏教施設以外にも、今日でも幾つもの道観等を見ることができる[20]。

非常に多くの山で構成される天台山であるが、それらの中でも赤城山は「南門」と称され、最南端で天台県を見下ろす位置にある。標高は三〇六メートルに過ぎないが、赤い岩肌が目立つ形で屹立し、名前の由来となっているという。山頂は平場になっていて、高さ六〇メートル・四面七層の「梁妃塔」が建っているのが遠方からも見える。山腹には「棲霞」と呼ばれる洞窟が十八あり、現在でも人が住んでいる。かつてその住民たちは、道教に由来する医療行為に従事していたという。

中核寺院の一つである「国清寺」は、赤城山の東に比較的隣接して所在する。天台山は、五台山や峨眉山といった他の聖地と比較すると海浜部に近く、当時も比較的交通の便がよ

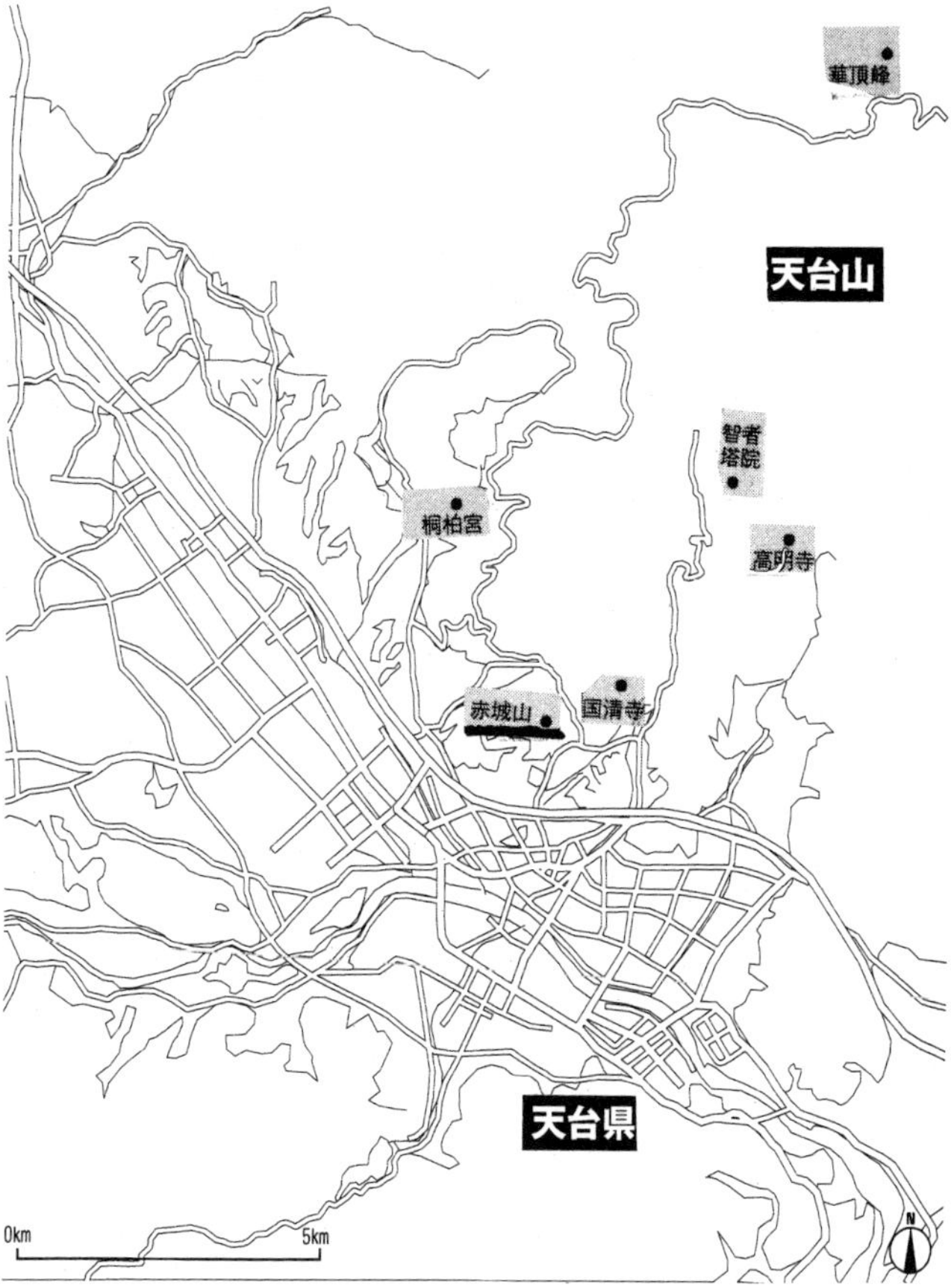

図20　中国天台山と赤城山（注20書に加筆転載）

く、多くの日本人僧侶が訪れていた。天台宗関係では、最澄の他に円載・円珍も訪れているが、円仁は在唐期間が長期に及ぶものの天台山には至っていない。

中国に関する情報をより多く持っていたのは、恐らく円仁である。下野国出身なので、「クロホノネロ」に関しても、最澄よりは詳しかったはずである。しかし、情報の多寡は時期によったはずで、「赤城神」に対する最初の神階叙位の承和六年（八三九）段階に、円仁は在唐中なので、それ以前の命名に関与することは物理的にできない。天長六年（八二九）からの東北伝道に際して、東山道「駅路」経由で上野国を通過して会津以北へと移動したかもしれないが、その時は逆に中国に訪れる以前であり、中国現地に関する情報収集は十分できていなかった可能性もある。影響力の行使に関しては微妙な時期だろう。

一方最澄に関しては、東国伝道に赴いた段階で、既に十分に大きな影響力を保持していた。地域の有力者である道忠・勝道との縁故によって、緑野郡（藤岡市）付近にあった「浄法寺（緑野寺）」等に滞在したらしいが、上野国内平野部であれば、どこにいても概ね北方に「クロホノネロ」を遠望して過ごすことになったことだろう。現在想定されているひたすら直線的な東山道「駅路」の路線を通ったとするなら、下野国大慈寺に向かう道すがら、馬上や輿上であったかもしれないが、常に左手に「クロホノネロ」があったはずである。そもそも上野国は「六所宝塔」の第一に位置づけられていた（『日本国大徳僧院記』・『天台霞標』）思い入れの強い場所である。隣接する下野国とともに、共感者・協力者が多かったと思われる。

・安東　上野宝塔院　在緑野郡　浄法寺（緑野寺）
・安南　豊前宝塔院　在宇佐郡　弥勒寺
・安西　筑前宝塔院　竈門山寺
・安北　下野宝塔院　在都賀郡　大慈寺（小野寺）
・安中　山城宝塔院　在比叡山西塔院
・安総　近江宝塔院　在比叡山東塔院
（・根本如法塔）

「六所宝塔」の構想は、「写六千部法華経。造六基多宝塔。塔別安置千部経。毎日長講福利国家也」という最澄自身の発願によるものであった[21]。基本的にその仕様は「法華経千部」を安置するための「多宝塔」だったと思われる。六塔の設置順序は「①（弘仁五年）豊前宝塔院→②（同年）筑前宝塔院→③（同年）下野宝塔院→④（弘仁六年）上野宝塔院

↓⑤・⑥（弘仁一二年）山城宝塔院・近江宝塔院」である。他の「六所法塔」は、まがりなりにも調査研究の俎上に載っているが、全く実態が不明のままの「上野宝塔院」について、早急に考察が加えられるべきである。

ここで改めて注意されるのが、現在の三夜沢「赤城神社」について、東・西二つの社から構成されていることである。時期的に先行するとみられる「東社」は、粕川流域の比較的狭い範囲―赤城神の本来の信仰対象地域を網羅する形になっているという。

一方、後発するとみられる「西社」に関しては、上野国西部地域全体を守護するという機能を負わされているらしい[22]。この形は、比叡山の東・西塔院の担った西日本全体を守護するという機能を、上野国一国に限定してなぞったものなのではないか。そのようにみた場合、上野国東部及び北部地域は「赤城神」の守備範囲ではないのかについては問題になるだろう。

それらのカバーする範囲には、当面「二荒山神社」等が分布する「赤城山」北面以北の地域が入ってはいなかった。事情は下野国大慈寺に関しても同様である。河内郡と都賀郡とに認められる「二荒山神」の主導権争いは、「六所宝塔」の守護範囲に起因する部分があるのではないか。そしてその背後には「徳一」を核とするような教団の存在があった可能性がある。少なくとも最澄の構想の下にあった地点は都賀郡であった。

最澄が地域住民に対して聖地「赤城山（神）」を発案し、その後に円仁がそれを上書きすることによって決定的なものとなった。勢多郡在住者を含む上野国の、熱烈な天台宗信徒たちがそれを支持して定着し、様々な解釈を加えて今日に至っているのではないか。

赤城山南麓周辺の天台宗的な要素は、今日想像する以上にとても強固なものであったのではなかろうか。赤城山の属性をそのように理解できるとすれば、天台宗定着以降の成立にかかる「赤城神社」とか「宇通遺跡」などに関しても、新たな解釈の可能性が出てくると思われる(23)が、詳細に関しては後考に期したい。

小結

群馬県関係者にとって、そこにあるのが当たり前の「赤城山」であるが、本来中国の道教の聖地に由来する信仰対象の名称であった。平安時代前期までにそのような知識や宗教体験と非常に強い影響力とを併せ持った人物（最澄・円仁）によって命名された可能性があるとなると、見え方がだいぶ変わってくるのではなかろうか。

注

（1）以下、本稿で問題とする今井の理解に関しては、今井善一郎『赤城の神』（煥乎堂、一九七四年）による。また、近藤義雄『上州の神と仏』（煥乎堂、一九九六年）参照。

（2）こうした今井善一郎の見解に改めて脚光を当てたのが、高橋徹・千田稔「「赤城山」は道教の伝説に登場する山の名前に由来」（『日本史を彩る道教の謎』（日本文芸社、一九九一年所収）である。なお、同書のなかで、当地の古墳時代の「産鉄（製鉄遺跡）」を、道教の「錬金術」と関連させようとする部分については承服できない。

（3）今井が同時期に参照した文献として、森三樹三郎『中国古代神話』（清水弘文堂、一九六九年）、森安太郎『黄帝伝説』（京都女子大学人文会、一九七〇年）、伊藤清司『かぐや姫の誕生』（講談社現代新書、一九七三年）等が示されている。その後の研究成果に関しても枚挙に遑がないが、煩雑なのでここでは割愛する。

（4）福永光司『道教思想史研究』（岩波書店、一九八七年）。

（5）尾崎喜左雄『上野国神名帳の研究』（尾崎先生著書刊行会、一九七四年）。

（6）現代中国の道教に関する「聖地」を現地調査した例として、奈良行博『道教聖地』（平河出版社、一九九八年）がある。また、池上正治『仙境の地青城山』（平河出版社、一九九二年）等参照。

（7）中世諸国一宮制研究会編『中世諸国一宮制の基礎的研究』（岩田書院、二〇〇〇年）参照、また、川原秀夫「国司と神社行政」（林陸朗・鈴木靖民編『日本古代の国家と祭儀』雄山閣出版、一九九六年所収）、同「神階社考」（『古代文化』四九巻二号、一九九七年）。

(8) 薗田香融「古代仏教における山林修行とその意義」(『平安仏教の研究』法蔵館、一九八一年所収)等参照。

(9) 丸山知良「赤城山信仰」(宮田登・宮本袈裟雄編『日光山と関東の修験道』名著出版、一九八〇年所収)。

(10) 日光二荒山神社『日光男体山　山頂遺跡発掘調査報告書』(角川書店、一九六三年)以下、多数の調査報告がなされている。また、中川光熹「日光山修験道史」・宮本袈裟雄「男体山信仰」(いずれも宮田登・宮本袈裟雄編『日光山と関東の修験道』名著出版、一九八〇年所収)参照。なお、「山岳信仰」等に関する論著・調査報告書等に関しては、時枝務『山岳考古学』(ニューサイエンス社、二〇一一年)に悉皆的に収集されている。その都度注記しないが、適宜参照させて頂いた。

(11) 米地実『村落祭祀と国家統制』(御茶の水書房、一九七七年)、森岡清実『近代の集落神社と国家統制』(吉川弘文館、一九八七年)等参照。

(12) 田村晃祐『徳一論叢』(国書刊行会、一九八六年)。

(13) 小穴芳美「穂高神社」(谷川建一編『日本の神々』九、一九八七年所収)。

(14) 根井浄『補陀落渡海史』(法蔵館、二〇〇一年)。

(15) 前掲注(12)書参照。

(16) 神野富一『補陀洛信仰の研究』(山喜房仏書林、二〇一〇年)。また、福永光司『「馬」の文化と「船」の文化』(人文書院、一九九六年)。

(17) 李均洋『雷神・龍神思想と信仰』(明石書店、二〇〇一年)及び、若尾五雄『黄金と百足』(人文書院、一九九四年)。特に後者について、すべての要素を「鉱山・冶金」に結びつけようとするのは無理があるだろう。

（18）村山光一「比叡山の環境と組織」（村山修一編『比叡山と天台仏教の研究』雄山閣出版、一九七六年所収）。

（19）小野勝年『入唐求法巡礼記の研究』全四巻（法蔵館、一九六四〜六九年）、佐伯有清『慈覚大師の研究』（吉川弘文館、一九八六年）等参照。

（20）陳公余・野本覚成『聖地天台山』（佼成出版社、一九九六年）。また、現地の最新の地理に関しては「アジア城市（まち）案内」制作委員会編『天台山』（まちごとパブリッシング、二〇一八年）参照。

（21）景山春樹「三塔・九院・一六谷」（村山修一編『比叡山と天台仏教の研究』雄山閣出版、一九七六年所収）。

（22）前掲注（1）今井著書

（23）前掲注（9）丸山論文は、本来「宇通遺跡」の発掘調査を担当された尾崎喜左雄氏によって執筆される予定であったとされるが、その後の新たな見解は出されておらず、現状では保存状態の良好な重要遺跡であるにも拘わらず、未だに史跡指定の対象となっていない。

（24）たとえば、井田安雄「榛名山信仰」・池田秀夫「妙義山の信仰」（いずれも宮田登・宮本袈裟雄編『日光山と関東の修験道』名著出版、一九八〇年所収）に示されるような一般的理解が、近時の累積データに基づいて改めて検証され直してゆく必要があるだろう。

第十一章　伝承と史実の間

はじめに

六世紀前半頃、主に百済から伝来した古代仏教は、七～八世紀を通じて主として高句麗・新羅からの情報を加えて、日本独自に理解された。そして『日本書紀』などの関連史料の記述でも、数多くの寺院が建造されたと記されている。

右の古代寺院のなかには、畿内近国の大寺院を中心に、紆余曲折を経ながらも、現在まで法灯をつないできた寺院も少なからず存在する[1]。しかし、上野国の場合には、古代寺院の多くが廃絶してしまい、現在は僅かな史料・伝承と、断片的な遺構・遺物によってしか往事の姿を知り得ない場合が多いように思われる。

各種史料によって知られるように、人災や天災等の被害によって施設が損耗し、それ以後急激に衰退する場合がかなりの頻度で想定される。その復興には、通常多額の経費が必要であり、単独に近い「堂」や「庵」の類ですら、国家的給付抜きの、個別氏族の純粋な信仰心だけで同一規模に再建するのは、極めて困難な事業であったように思われる。

上毛野地域での古代寺院の継続性が、特に低いように感じられるのは、そういった一般的な事由に留まらない背景があるのではないか。同じ東国地域のなかでも、東北地方南部や常陸地域などとの違いに特に留意して考えてみたい。

一、「寺院明細帳」のなかの「古代寺院」

丑木幸男編「寺院明細帳」は、明治十年（一八七八）の政府による委託を承けて、同十三年頃までにまとめられた同時代の上野国関連の寺院に関する悉皆調査を基本として、その後の追補とともに編集されている。

原本は、各関連官庁を経由して、現在では群馬県立文書館に移管され、整理・保存されている。形態によって四種類程度に分類できるとされ、それぞれが加筆・訂正等の段階差によるという。比較的最近まで加除筆が加えられ、原本は複雑な内容になっているらしい。非常に膨大な情報量の史料集であるが、神仏分離令前後を中心とした地域情勢を物語る重要資料である。

「寺院明細帳」で、創建年代が古代にまで遡及すると特に注記される具体的現存寺院名は、表に整理する通りである。なかには単なる伝承の域を出ないような事例も含まれている可能性がある。但し、上野国には八世紀以降十四郡あったが、各郡にまんべんなく分布している訳ではなく、一定以上の偏りが見られるようである。そのことは、後発するはずの仏宗の偏在とも相関関係がある。最も分布頻度の高いのは「国府」所在の群馬郡であり、その東に隣接する勢多郡がこれに準ずる。このことは、地域では稀少な「官僧」の所在と関係する可能性もある。

本来的な絶対数の僅少という問題はついて回るが、「浄法寺」については、緑野郡（藤岡市）に所在する現存寺院である。神流川左岸の台地平坦面に位置する現在地に大きな寺域があるが、古代から継続すると見られる遺構・遺物はほとんど存在しない。対岸の児玉郡側に伝承地があり、古瓦が出土している(2)ほか、近年下流の藤岡市牛田地区で、白鳳期まで遡及する可能性のある寺院跡が確認された。さらに緑野郡内北部には、山岳寺院の範疇に入るとみられる黒熊中西遺跡の存在も確認されている。発掘調査で「元慶四年（八八〇）」と刻まれた砥石が出土しており、存続時期を示している(3)。

「華蔵寺」は、佐位郡（伊勢崎市）所在の現存寺院である。赤城山起源の泥流丘の南斜面に位置する。周辺は優勢な古墳密集地域であるが、東北方一五〇〇ｍほどのところに「上植木廃寺」が近接して所在し、注意を要する。

「善勝寺」は、勢多郡（前橋市）所在の寺院である。赤城山南面の緩斜面に位置する。周辺は各時代の遺跡の密集地であり、九世紀前後の創建とされるが、当面古瓦等の散布は知られていない。鎌倉期の「鉄造阿弥陀如来坐像」が現存するので、中世以前に遡及するのは確実である。

「大福寺」は、群馬郡（高崎市）所在の寺院である。現在の所在地は、榛名山西麓（室田町）で「室田之滝不動」という別名があり、最澄の「舟尾山寺」滞在を介して関係したとするが、現在の「舟尾滝」は東麓（吉岡町）にあり、何らかの錯誤があるかもしれない。「大福寺」では、現在でも正月の「大般若会」が実施されている。

「妙見寺」は、群馬郡（高崎市）所在の現存寺院である。上野国分寺とは染谷川を挟ん

表26　平安時代以前に遡及する記述（伝承）のある主な現存寺院

	名称（通称）	宗派	創建	年代	備考
①	広厳山般若浄土院（浄法寺）	律宗→天台宗（弘仁6）	道忠	八世紀代	

②	丘林山浄土院（華蔵寺）	天台宗	円珍	貞観一四	
③	艮場山慧雲院（善勝寺）	天台宗	勝道	延暦～大同年間	
④	秀巌山瀧水院（大福寺）	天台宗	最澄	弘仁六	→舟尾山寺
⑤	三鈷山吉祥院（妙見寺）	天台宗	上野国大掾藤原忠明	和銅七？	『続紀』に記事
⑥	新比叡山（天竜護国寺）	天台宗	円仁	貞観年間	
⑦	五徳山（水澤寺）	天台宗	恵灌	推古朝	
⑧	青柳山談義堂院（龍蔵寺）	天台宗	勝道	延暦三	（→満願寺）
⑨	佐鳥山安養浄土院（西光寺）	法相宗→天台宗（応安三）	徳一	弘仁頃（八一〇～二四）	春日大明神
⑩	成菩提山光明院（極楽寺）	天台宗	円仁	貞観六	
⑪	薬師山乗明院（魚遊寺）	天台宗	円仁		
⑫	迦葉山龍華院（弥勒護国禅寺）	天台宗	円仁	嘉祥元	
⑬	清水山（蓮華寺）	天台宗	円仁	天長二	天海中興
⑭	禅定院	天台宗	円仁	仁寿年中	天海中興
⑮	恵明山正教院（覚成寺）	天台宗	円仁	仁寿年中（八五一～五四）	天海中興
⑯	箕輪山（法峯寺）	天台宗	円仁	天安年中	天海中興
⑰	日吉山（禅養寺）	天台宗	円仁	貞観二	天海中興、日枝神社
⑱	鷲ヶ峰福応山（円満寺）	天台宗→真言宗	円仁	貞観三	天海中興
⑲	（長寿院）	天台宗	円仁	不明	
⑳	（清楽寺）	天台宗	円仁	不明	
㉑	微妙山薬王院（長泉寺）	天台宗→曹洞宗	円仁	不明	薬師像
㉒	（普門寺）	天台宗	円仁	不明	観音像

で対峙している。直接には千葉氏による導入の可能性が高いが、古代の段階での上野国への妙見信仰の波及[4]の可能性を示して興味深い。その場合には、現在史料的には確認できないものの、新羅系秦氏との関係が問題になってくる。

「水澤寺」は、群馬郡（渋川市）所在の現存寺院である。現在でも山岳寺院の様相を色濃く残すが、後述の水沢廃寺が比較的近接して所在しており、両者の関係が注意される。水沢廃寺の全容は不明だが、複数の礎石建物があり、国分寺修造段階の古瓦が導入されているのが判明している。

「龍蔵寺」は、勢多郡（前橋市）所在の現存寺院である。地域出身とみられる勝道による創建が伝えられるが、近隣に対応するような遺跡等もなく、天台宗の有力寺院ではあるが、中世以降の成立である可能性が高い。

なお、直接「寺院明細帳」に記載がある訳ではないが、「西光寺」は、勢多郡（前橋市）所在の現存寺院である。榛名山起源の前橋台地上の平坦面に位置し、南に隣接して「春日神社」も現存する。古瓦や礎石の残存は知られていないが、中世までは「法相宗」であり、特に藤原氏（興福寺）との関係で注意される。西光寺と春日神社とを含む区画周辺は、旧利根川からの引水によって大規模に開田された「条里」型区画の水田が広がっているが、帯状に残された微高地上になる。

同じく「寺院明細帳」に明示されないが、「天竜護国寺」「極楽寺」「魚遊寺」「弥勒護国禅寺」については、いずれも円仁の開基と伝える寺院である。下野国出身の円仁は、中国への求法巡礼以前に、最澄に倣って東国伝道に及んだとされているのが関係しているであろう。但し、現状では「伝道」の事実の真偽も含めて検討の余地が大きいらしい。

以上に重大な見落としも全くないとはいえないが、少なくとも明治十年段階までで、掲出した各寺院のうち浄法寺が律宗、西光寺が法相宗から始まっているのが判明している。現在ではいずれも天台宗となっている。

時期の遡及する寺院の大半は、本来他宗であっても、最澄（または円仁）の東国伝道後に、天台宗に改宗したものであろう。その意味では、各寺院のそれなりの古さを裏書きすると見て良いのではないか。また、当初から現在地に在ったというよりも、何らかの決定的な廃絶を承けて移転したような場合が想定される。

少なくとも群馬県に関する限り、明治初年の寺院の総数からすると、平安時代以前に遡及するとされる伝承の絶対数は非常に少ないと思われる。本来伝承があったかどうかも問題だが、「施設」としての寺院もさることながら、恐らく「伝承」自体がかなり早い時期に消滅しているのである。

そのことは、茨城県や福島県を中心に相当数が残存する、徳一関連の伝承を有する寺院群[5]との非常に大きな違いとなっている。それらの地域では、平安以前に遡及する仏像の事例も多く認められている。それは単なる伝承に留まらない歴史的事実と考えられる。

大きな影響力を行使できる重要人物（徳一等）が、実際に居住したかどうかというような、直接的前提条件の違いと密接な相関関係がある可能性がある。同じような宗教的巨人であっても、最澄（または円仁）の東国伝道が一過的なものであったのとは、非常に大きな違いとなっている。

二、定額寺の衰亡

当初の根本法令が失われているため、定額寺の定義に関しても各説が分かれている状態である[6]が、基本的には各地の有力者によって創建・運営される白鳳期頃まで遡及する古代寺院が相当するとみられる。国家に認証され、国司の監督を受けるかわりに、経済的な要素を含む何らかの優遇措置が与えられていた。

上野国に関しては、長元元年（一〇三〇）の成立とされる「上野国交替実録帳」（以下「交替実録帳」と略す）の存在によって「放光寺・法林寺・弘輪寺・慈光寺」の、少なくとも四寺が定額寺であったことが確認できる[7]。四寺以上あった可能性も否定できないが、遺跡の上での時期的に白鳳期まで遡及する本格的寺院も限られている。

これらのうち発掘調査に伴って「方（放）光」という文字瓦が検出された、前橋市山王廃寺が「辛巳年（六八一）」の山上碑に見える「放光寺」であるという理解で一致している以外は、現在までのところそれぞれどの古代寺院遺跡が該当するかに関しての決め手を欠く。

・**放光寺**…項目の筆頭に記載されているが、「氏人」の申請によって「定額寺」と為さず「除き放」したままであるという注記があり、非常に特異である。同時代には周知であったと思われる、時点及び氏人の特定が困難であり、定額寺の内容も含め、検討課題の多い一文になると思われる。

・**法林寺**…「交替実録帳」の記載では、天延三年（九七五）七月一日の大風で「金堂」が顛倒し、長徳元年（九九五）には「講堂」が焼亡して以来、再建されていないほか、多くの什器が「無実」となっている。「塔・房舎・長屋・西門・

東門」に関する明確な記述はなく、残存していた可能性が残る。但し、火災に遭っていたりするので、単なる記載漏れかもしれない。「廻垣」が四周を囲繞していたと見てよければ、二三丈（六九m）×四＝九二丈（二七六m）になり、全壊の可能性がある。「金堂」は非常に小ぶりで、ほぼ六m真四角の平面に高さが三・五mほどしかない。仏像のみを収納する小建築であったかもしれない。「講堂」は「萱葺」で、金堂よりはひとまわり大きかった。外構の「廻垣」は「玖拾貳丈」が無実とされるが、他の事例に見られる方位の記載がない。一辺二三丈の正方形の四方が全壊を意味するのかもしれない。そこに付設される門は南・北二方が無実だが、東・西には最初からなかった可能性がある。無実だが「燈爐」の記載もある。金堂正面などに設置されていたものであろう。無実とされる六棟の建物の内容からすれば、平安時代の段階で「大衆院」は既に機能していなかった。

・弘輪寺…

「交替実録帳」には金堂・講堂等の記載こそないが、「二重多宝塔」以下建造物、仏像・仏具の無実・破損が多い。記述が残存することは、かつては項目分の物品が所在したことの裏返しにはなるだろう。動産の「瓶二口」について、

「天延年中大風、酒屋顚倒次件瓶打破者」とされるのは、右の天延三年大風を示すものであろう。構造上欠陥のある建物が吹き飛ばされるような大型台風であったと考えられる。被害の状況が類似しているのは、地理的な近接を示唆する可能性がある。外構施設の築垣は、細かく方位を記す切れ切れの状態で、全体としては外部から丸見えであったかもしれない。少なくとも現状の表記では、正方形とか長方形ではない不整形の形状を示唆している。「大衆院」の記述が「萱葺碓屋」のみなので、運営施設の機能は残存していたかもしれない。このことは、中心伽藍の記述が見られないことと関連しているかもしれない。

・**慈広寺**…「交替実録帳」の記載では、施設のなかには「焼亡」と注記される例があり、火災の影響が見られる。「大堂」以下の構造物、什器の無実が多い。

右の三例を通じて「政所院・廊・廡廊・井屋・宿直屋・温室院室・禅院舎」の記述はない。元来附属していなかった可能性もあるが、特に「政所院」の記述がないことは、管理的機能の脆弱ないし、施設の消滅による機能の停止といった事情が想定出来る。僧侶すらも不在であった事例があることを踏まえれば、運営に従事するような職員が十分確保できていたかどうかも怪しいだろう。

　右に示した各寺院には、多種多量な資材（土地・建物・什器等）が集積されていた。国分寺（僧寺・尼寺）及び定額寺といった租税で活動費が賄われていた施設に関しては、日常的な国府の管理下にあり、国司交替に当たって存否が問題になるような、厳密な取り扱いが為されていたことが「上野国交替実録帳」の記述によっても知られる。

　什器類等に関しては、一連の文書の末尾（「慈広寺」部分）が欠失しており、分量が多く内容が多岐にわたることもあって、全体像が把握しにくい。しかし「放光寺・法林寺・弘輪寺」に関しては、本来の記述の全容が知られる。但し、「放光寺」は定額寺除外に関する記述（時期不明）のみで、具体的な物品に関する内容が一切ないのは既述のとおりである。非常に多種の物品が列挙されているが、それらは本来「定額寺」以上の各寺院で作成していた「資材帳」を基準にチェックがなされていた筈である。

　問題なのは、平安期以降には経費縮減のためもあってか、徐々に瓦葺き建物が忌避され、檜皮葺き・柿葺きなど、防火上に難があったり、遺構・遺物として遺りにくい素材が用いられるようになることである。立地も、分布調査などでの確認が困難な場合が増える。

　上野国は、弘仁二年（八一一）に「大国」に昇格[8]されるが、その結果、征夷戦争等への更なる負担増や親王任国制実施に係る国家的搾取が進んで、逆に地域の経済力に不安を来すことになった。しかるべき格式を備えた寺院が、新規には造営できなくなった可能性にも留意すべきである。

三、国分寺の衰退

八世紀前半頃から急速に構想されたのが「国家仏教」とでも言うべき政策的宗教であり、その思想を実践的に各国で体現するのを期待されたのが「国分寺」であった[9]。その制度としての「国分寺」の変遷に関して概要を整理してみたのが表27である。

　この整理には幾つかの画期が認められるが、大きくは国分寺創建「以前（Ⅰ・Ⅱ）」と「以後（Ⅲ～）」とに分類できる。「以後」についても、当初の壇越の「生存中（Ⅲ・Ⅳ）」と「死没後（Ⅴ～）」とに細分でき、生存中が主に建設段階、死没後が維持・管理の段階と整理できる。

　Ⅰ「国師」制度の創設段階：七世紀後半を中心に展開しつつあった「地域仏教」に対する統制の開始である。

Ⅱ国分寺創建以前の段階：各地に派遣された諸国司を介して「国家仏教」の各地域への扶植が試みられた。

Ⅲ国分寺建設段階：「国家仏教」の具現化と「地域仏教」への統制強化が行われた。各地の足並みが揃わず、着工と竣工とにばらつきが見られた。

Ⅳ国分寺完成段階：機能的・財政的には最も充実していた段階である。但し、その後は堂塔の維持管理が問題になり、以後修造命令が繰り返し出された。

Ⅴ諸国「講・読師」制[10]の成立段階：国師から政治的権限を剥奪し、国分寺の機能も転換。時間経過のなかで、当初の関係者が一掃されたことも影響している。とりわけ尼寺の形骸化が進行した可能性がある。

Ⅵ「講・読師」制の試行錯誤段階：講読師を中心に制度の再編成を試みるが、全般的な人材難のため奏功せず。

Ⅶ人材難の深刻化：官僧の絶対数不足とともに、国分寺行事の施行に対する国府（在庁官人等）の主体的関与が見られるようになった。

Ⅷ地域に扶植されたはずの「国家仏教」の形骸化・空洞化

以上のうちで時間的にも長期間に及び、検討の余地が大きいのはⅤ段階～である。連年修理の命令が出されているのは、諸般の事情でその実施が困難であったことを示している。修理するべき対象が消失していて不可能な事例さえあった可能性がある。一般論になるが、施設の完成が維持管理の必要に直結し、衰退過程へとつながっていることになるのである。

施設面の荒廃もさることながら、人事の膠着や人材の払底等に関しては手の施しようもなかった可能性がある。「僧二〇人・尼一〇人」の定員がどの程度厳密に遵守されていたか、正確には当面判明し得ないが、東国地域に関して唯一「授戒」機能を保持していたはず下野国薬師寺の衰退過程が参考になる。東国地域でも武蔵国での東大寺封戸の設定は桁外れの巨大さになっていた。同じ東国でも下野国薬師寺は、中央の東大寺の末寺化し、地域の単なる「徴税」機関となっていた可能性が高いのである[11]。

当初、中央からの官僧の積極的な下向が全く期待できないため、その不足を補うために東大寺の他に「筑紫観世音寺」と「下野国薬師寺」に戒壇が設置された訳だが、そのこと自体国史に明確な史料を残さない。一時的には優秀な人材が輩出されていた徴候がなくはない。しかし特に後者に関して、時期の特定は困難だが、現在の発掘調査の下でも遺構として「戒壇」を確認出来ないような「荒廃」状態を示しているのが非常に象徴的なのではなかろうか。

表27　国分二寺の変遷過程

年／項目	国分僧寺に関する政策：制度・設備等	国分僧寺に関する政策：人事	国分尼寺
Ⅰ大宝二（七〇二）		・国師の任用開始 （国府居住＝国師院）	
Ⅱ神亀五（七二九）	・金光明経頒布		
天平九（七三七）	・釈迦如来等造仏、大般若経写経		
十二（七四〇）	・法華経十部写経、七重塔建設		
天平十三（七四一）	◎国分寺建立の詔発布（国師は国分寺近傍へ移住＝国師院の新規成立） ①国毎の僧寺・尼寺に水田各十町を寺田として設定。 ②僧寺は僧定員二十人とし、名称を「金光明四天王護国之寺」とする。尼寺は尼定員十人とし、名称を「法華滅罪之寺」とする。 それぞれに欠員を生じた場合、即座に補充する。 僧尼は、毎月八日に最勝王経を転読し、月半には戒羯磨を読誦する。 ③毎月六斎日には国司等の監督下で放生を行う。		
Ⅲ天平十四（七四二）		・国分寺僧尼の得度の基準設置	
十六（七四四）	・国分寺料計上↓国司の監督の下、国師が①国内の仏教統制とともに、②国分寺の実質的運営を行う。		
十九（七四七）	・国分寺建設の督促		
勝宝元（七四九）	（・国分寺に関する献物叙位の記事集中）		
勝宝四（七五二）		・国師交替時の寺務を厳密化し、国司に関与させる。	
宝字二（七五八）	金光明最勝王経とともに転読。		・金剛般若経十巻安置。
Ⅳ宝字三（七五九）	・国分二寺の図を頒布（伽藍修）		
宝字五（七六一）			・皇太后（光明子）の周忌に伴い阿弥陀丈六仏一躯・脇侍菩薩二躯を造らせる。
八（七六四）	・国分寺用物の運用の厳密化をはかる。		

神護二（七六六）	①奴（三）婢（三）の所有許可、②二寺の寺田運営改善、④堂塔の修理		③尼十人定員増（計二十人）↓死亡による欠員は補充せず
景雲元（七六七）	①堂塔修理の早期着手	②僧尼の食料費に寺田稲を用いることにする。	
天応元（七八一）	・光仁太上天皇崩御に伴い追福		
延暦二（七八三）		①国師の定員を国の等級に応じて決定。 ②国分寺僧の死欠による交替の厳密化。	・光仁太上天皇崩御に伴い追福
三（七八四）	・皇太后（高野新笠）崩御に伴い追福。	・国師の任期六年 ↓終身の任でなくなる。	↓尼はこの限りではない。
八（七八九）			
一三（七九四）		・国毎に大・小国師を置く。	・皇太后（高野新笠）崩御に伴い追福。
Ⅴ 一四（七九五）		・国師を「講師」と改称し、国毎に一員を置き、講説に専念させる。↓講師院の成立	
二四（八〇五）		①講師の年齢制限 ②「読師」の設置	
二五（八〇六）	・早良親王の霊を鎮めるため、国分寺僧に金剛般若経を転読させる。		
Ⅵ 大同三（八〇八）	・大乗経を転読		・大乗経を転読
弘仁二（八一一）	・国分寺修理料を出挙。		
三（八一二）		・再度、講師に国分二寺の運営を任せる。	
四（八一三）	（・修理寺塔）		
五（八一四）	・八十歳以上の僧に賜物。		・八十歳以上の尼に賜物。

七（八一六）		・中央から下向する国分寺の欠員補充の僧と従者に食料等の便宜をはかる。	
十二（八二一）		・国分寺僧を国内の六十歳以上の者から選ぶ。	
天長二（八二五）		・講師の急死による欠員の場合は、有能者を選んで読師とする。	
五（八二八）		・国分寺僧二十人のうち、五人は二五歳以上と改める。	
承和五（八三八）	（・修理天下定額寺）		
Ⅶ承和六（八三九）	①安居会で最勝王経を講ずることとする。 ・景雲二年（七六八）以来国分寺で行っていた正月八～十四日の最勝王経の転読と吉祥悔過の修会を、国府庁事とする。		②安居会で法華経を講ずることとする。
八（八四一）	（・修理天下定額寺）	・通常の寺院の場合と異なり国分寺僧尼の欠員補充は、先に度縁を進めた後補任する。	
十（八四三）		・国分寺僧尼の死亡や還俗による欠員補充に際して、混乱を回避するために度縁・戒牒を国庫に納めなければならないこととする。	
十一（八四四）	・給復		
嘉祥二（八四九）	・安居修行	・僧尼が六時修行を勤めることを義務化する。	・給復
三（八五〇）		・陰陽書法により鎮災を行う。	・安居修行
仁寿三（八五三）		・講読師の補任のための試業を制定する。	
斉衡二（八五五）	（・諸国修理仏寺）		
貞観元（八五九）	・斎会		
三（八六一）	・国司清食	・満位以上の僧を諸国の講・読師とする。	・斎会
七（八六五）	・金剛般若経転読 ・転経		

十三（八七一）	・班幣	・転経
十五（八七三）	・国分寺料	
十六（八七四）	・金剛般若経転読	・国分寺料
十七（八七五）	・仁王般若経講演のため国分寺料を流用する。	金剛般若経転読
元慶五（八八一）	（諸国修理仏寺）	
八（八八四）		
Ⅷ長元三（一〇三〇）	・（僧寺）中心伽藍と「大衆院」はどうにか残存→外周施設（築垣・門）は荒廃していたが、辛うじて機能は維持していた可能性が高い。	・（尼寺：群馬郡内に寺田が設定されていた可能性あり）

国分寺の廃絶過程のなかでも、最終末の状況を示すのが長元三年（一〇三〇）頃の成立とされる「交替実録帳」国分寺項（以下、「国分寺項」と略す）であり、この史料に関しては、これまでにも各種論考で多数引用・参照されている。最も詳細な事例としては、実際に史跡整備に先立つ発掘調査も担当された前沢和之氏の一連の論考[12]がある。

「国分寺項」の記載内容について、現状で知られる「寺院資財帳」の記載などを参考にして整理してみたのが表28である。大きく分けると「施設（不動産）」と「備品（動産）」に二分できる。「備品」に関しては、破損しながらも現存が確認できるものが項目として多く挙げられているが、行事で使用されるような物品の数が揃わなかったり、欠損していたりするのは、定例行事がきちんと実施されていたかを疑わせる。

表28　金光明寺（含、法華寺）の施設・設備

品目	金光明寺の施設
倉	破＝苄葺一宇、長二丈五尺廣二丈高二丈（東院？）指辰巳角傾寄、所所破損
築垣	无＝四面二町、長三〇二丈一尺
塔	
金堂	
講堂	
法藏	
僧坊	无＝萱葺一宇、
房舍	

品目	金光明寺（含、法華寺）の備品
仏像類	破＝ ・釈迦丈六1 ・左脇士普賢菩薩1 ・右脇士文殊師利菩薩1 ・四天王 ・毗頭盧1 ・吉祥天1（重出あり） ・毘沙門天1 ・丈六十一面観音像 ・磬1 ・二王2 ・金剛密迹2 无＝
仏物	

廊代長屋	
南（大）門	无＝萱葺一宇、
西（大）門	无＝萱葺一宇
東（大）門	无＝萱葺一宇
北門	
燈爐	
大衆院	无＝仮屋

聖僧物		
資具		
楽衣	唐楽具	一具＝
	呉楽具	・衫4面、・勒脚26条
雑物		
その他		（寺田?・） 群馬郡 小野郷3町9段・井出郷23町5段

※太罫で囲む範囲は「破損・無実」の記述がなく、「現存」と推定されている事物。

それ以上に、「施設」の大半が「無実」なのは問題であるだろう。主要伽藍の「塔・金堂・講堂」が見えないので、それらは破損した「仏像」類を保管して、まだ建っていたと考える理解が一般的だが、遺跡調査からも伽藍地内に竪穴住居が進出し、寺域外の竪穴住居等から「仏具」類が持ち出された様子が観察されるなど、史料の字面を超えた荒廃状態が知られている。平安初期の地震等の大災害による壊滅的な被害の状況も想定されるようになったのである[13]。

四、船尾寺と石巌寺

中世の宗教的説話集である『神道集』[14]には、周知のように上野国関係の記事が多く含まれている。設定年代の遡及する事例も含まれるが、用字や固有名詞などに見られるように、記述の全てを同時代の歴史的事実とすることはできない。それでもなお、様々な分析視角が残されていると思われるが、筆者の当面の問題関心から、今回は「古代寺院」の廃絶に関連して考えてみたい。

「卌七上野群馬郡桃井郷上村内八箇権現事」には、榛名山中（の山岳寺院?）に「船尾寺」と「石巌寺」という二寺があったとされている。各々の記述内容を整理すると次のようになる。

船尾寺と石巌寺とは、称徳天皇の頃（七四九〜五八）に創建と伝える。国府の支援により、群馬郡と那波郡に「寺領」が設定され、運営されたとする。同時代の群馬郡と那波郡とは、榛名山起源の南東向きの前橋台地上に位置し、いずれも「条里」型土地区画の水田が卓越する、耕作条件の比較的よい地域である[15]。

下って淳和天皇の頃（八二三～三三）に、国府と船尾寺の寺僧との間の、子供の失踪に発端する勘違いが元で発生した戦闘に伴う火災によって焼失したとされる。船尾寺の方が、石巌寺よりも数段大規模であったらしいが、両者はやや近接しており、前者の出火が延焼して、二寺ともほぼ同時に焼亡したとされる。消失したことが知られる施設名等の、具体的な内容は次のようなものである。

○**船尾寺**（総数三三三坊）

・院＝大覚院・真如院・燈明院・相唐院
・堂＝二王堂・千手堂（本堂）・灌頂堂・伝法堂・阿弥陀堂
・施設＝鶏足坊・鐘楼・経蔵・二階門・三重多宝塔・大湯屋
・規模を示す記述＝焼亡した堂塔三三、仏像百以上、社二一、房舎五六〇、
（経典）華厳宗・天台宗の経典多数、
（人員）焼死者千五百人以上。

施設には「院四・堂五・楼・門・蔵・屋・坊」などが知られ、「社二一」の存在によって、

寺院内部の雑然とした習合状態が形成されていたと想像される。各地の山岳寺院とされる遺跡で確認されている単独の掘立柱建物のなかには、こうした「社」相当の事例を幾つも含む可能性がある。

○石巌寺（総数六六坊）

・関連地名＝大谷・小谷・南岡・峰岡（以上は寺域に含まれる地名か？）、

・関連施設＝花厳院、法相院、法花院、読誦院、五輪院、三重多宝塔、大湯屋、佐法殿、

・規模を示す記述＝焼亡した堂塔七〇、僧坊一五〇（全部）、

・関連経典＝瑜伽経・唯識論等経典（全部）

区画名としての「花厳院、法相院、法花院」は、宗派の内容に密接に関しており、基本的な属性として各宗兼学の可能性がある。また「読誦院・佐法殿」の名称は、機能を示すと思われる。

また経典としての「瑜伽経・唯識論」の存在によって、少なくとも大乗経系の仏典が所蔵され、法相宗に発端する寺院として始まり、徐々に規模を拡大していったと考えられるのではなかろうか[16]。

掲出された建物数に対して、具体的な名称が少ないので、全体像からは程遠いが、それ

でも多数の平場に建物が集中する平安前期の山岳寺院の姿が想像できる。地形的な制約があるので、「―院」とされているものの規模や区画施設が実際にどのようになっているかは問題である。地形を活かしたり、柵や素掘り溝などの簡易な構造になっている可能性が非常に高い。

右の数字は、全体として過大な粉飾に係る部分もあるだろうし、個々の施設名称が中央の大寺院のような規格は持っていなかった可能性にも留意すべきであろう。その一方で、実際に現存する「寺院資財帳」の施設名と一致するものが少なくない[17]。従って、『神道集』所載以前の原資料作成に当たって、そのような書類を座右に置いて記述したかもしれない。

寺院焼失後の処置については明記されないが、焼死者多数であれば、その処理にしかるべき時間が必要であったろう。建築部材等に関して、具体的な遺跡調査の事例では、山王廃寺の例に見られるように、建物（塔・金堂基壇）に隣接した敷地内の廃棄孔に投棄する例などが知られている。上野国関係の古代山岳寺院のなかには、現状で未確認の事例が残されている可能性がある。檜皮葺などで瓦を伴わない場合には、今後とも確認が難しいであろう。

右の二寺と何らかの意味で関係するのではないかと考えられる遺跡として、現在までに知られている遺構で注意されるのは「水沢廃寺」と「唐松遺跡」（図21）である(18)。

山林に所在するため、現在でもともに全容が不明であり、特に後者は現代の宗教施設の建設に伴って大規模な破壊的改変を加えられている可能性がある。名称にこだわるならば、船尾寺は水沢寺関連、石巌寺は榛名神社の神宮寺などが想起されるが、両者は近接している訳ではない。いずれにしても、古代を中心とした山岳寺院跡の事例に関しては、全国的な調査事例の蓄積によって研究の緒についたという状況(19)であると思われるので、発掘調査を前提とするような調査・研究の展開が注視される。

同時代に在住した東国の古代仏教に関する最大の巨人は、最澄との論争で知られる徳一（法相宗）であろう。その足跡は、福島県の会津地方・茨城県の筑波山山麓を中心に、広範囲に及んでいる。しかもそれらは、具体的な遺跡・遺物と直接・間接に対応して、単なる「伝承」として斥けがたい(20)。

そのような状況から比べると、上毛野地域に関しては明瞭な信仰の「核」がない。上毛三山などの山岳信仰に組織的な広がりは認められる部分がある(21)が、いずれも一般的な神仏習合状態を逸脱するものではない。律令制的な地域支配の拠点と目されながら、東国地域の独自性を示す可能性の高い下総国香取神・常陸国鹿島神のような国家祭祀(22)

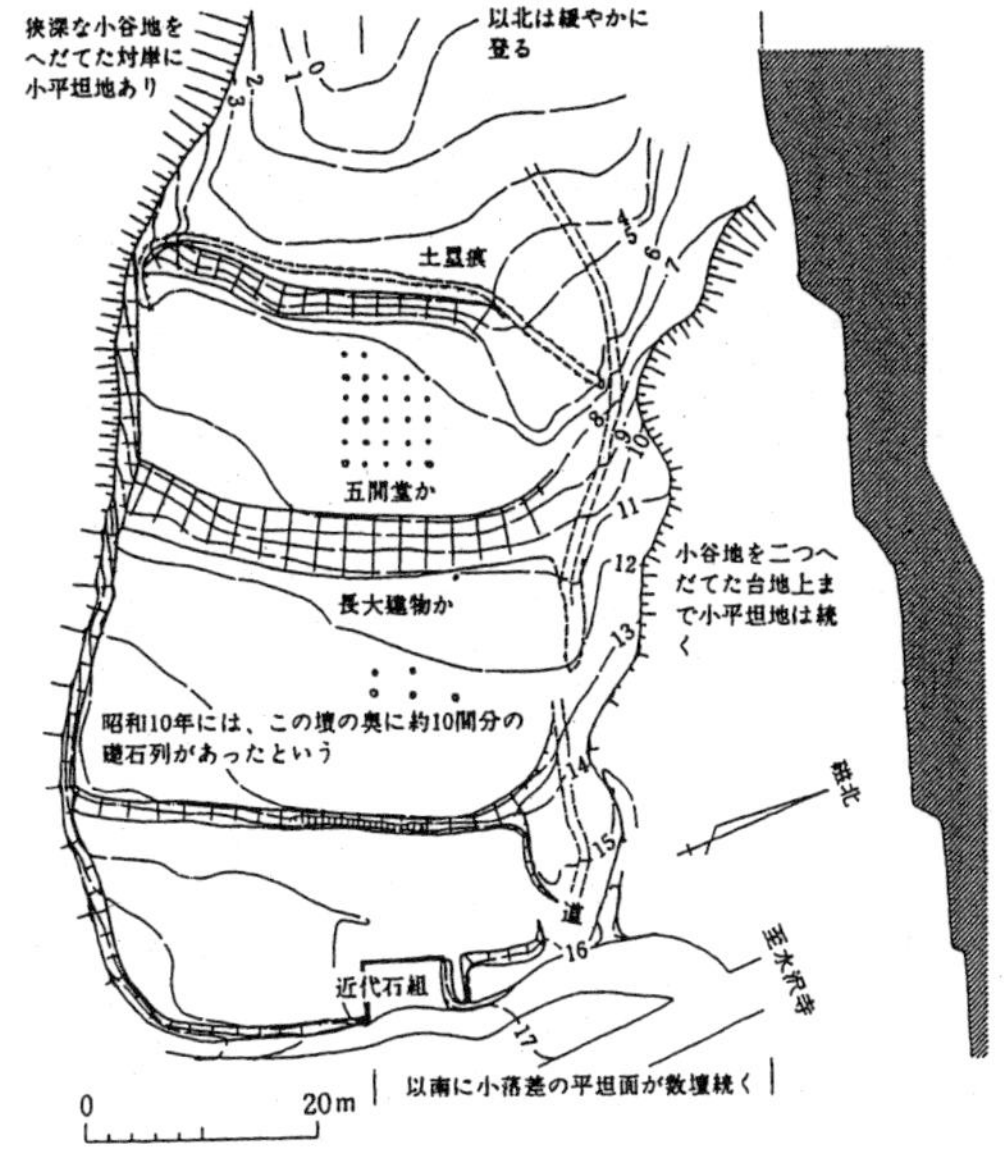

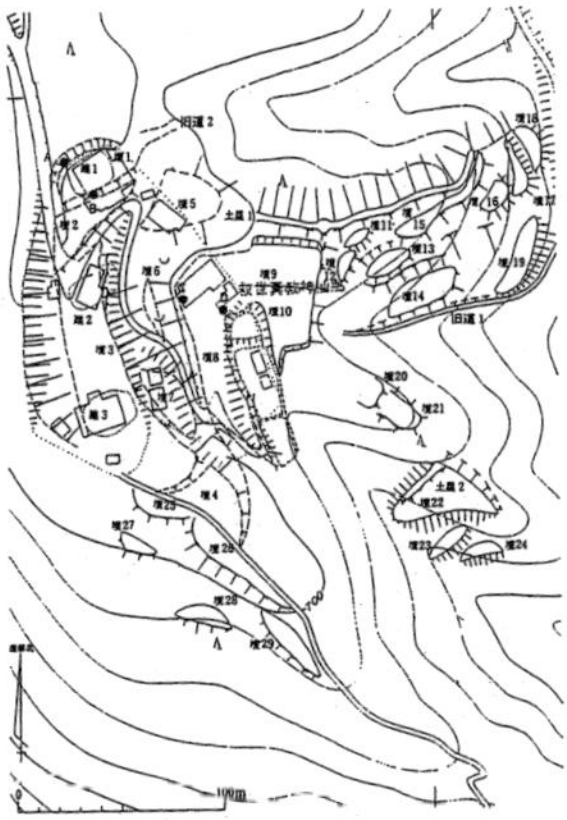

NO.	文字	器種	墨書部位
18	克	土師質坏	体部外面・底部内面
21	妙妙妙妙	土師質坏	高台外面
29	口	土師質坏	体部外面
33	北院	土師質坏	体部外面
34	(不明)	土師質坏	体部外面
46	墨痕	土師質坏	体部外面
50	墨痕	土師質坏	体部外面

図 21　水沢廃寺(上)と唐松遺跡(下)(川原論文より転載)

にも、下野国薬師寺のような得度権の掌握にも関係しておらず、国家的宗教としては空白地点である。そのことが、古代寺院の継続性にも大きく関わっている可能性があるのではなかろうか。

小結

前橋市の赤城山中に現存する「宇通遺跡」の性格には諸説ある[23]が、赤城神社の神宮寺という理解でよいのかどうか。保存状態が良好で、付属施設等も完備した大規模な山岳寺院跡になる。それが近年の山火事によって再発見されるまで、廃絶したという事実さえ忘れ去られていた。現在に至ってさえ、まだ同時代の山岳宗教や山岳寺院等についての未知の史・資料が出揃ったとは言えないのかもしれない。

注

（1）群馬県の概説的内容に関しては、近藤義雄『上州の神と仏』（煥乎堂、一九九六年）、東国地域の古代仏教全般に関しては、由木義文『東国の仏教』（山喜房仏書林、一九八三年）参照。また、古代寺院の伝存に関しては、考古学・建築学等の膨大な論著があるが、たとえば東野治之『大和古寺の研究』塙書房、二〇一四年）の方法に学びたい。

（2）埼玉県史編纂室『埼玉県古代寺院跡調査報告書』一九八二年）参照。

（3）当該期東国地域の「山岳寺院」の具体的内容に関しては、上野川勝『古代中世山寺の考古学』岩田書院、二〇一八年）。特に、藤岡市黒熊中西遺跡の内容に関して詳細に論述されている。

（4）植野加代子『秦氏と妙見信仰』岩田書院、二〇一〇年）参照。

（5）田村晃祐編『徳一論叢』（国書刊行会、一九八六年）、内山純子「常陸における古代仏教」（『東国における仏教諸宗派の展開』そしえて、一九九〇年所収）、追塩千尋「徳一伝説の意義」（『中世説話の宗教世界』和泉書院、二〇一三年所収）等に、「伝徳一開創・関係寺院」に関する悉皆的な一覧がある。それらの整理によれば、相互に多少の出入りはあるようだが、「徳一」の関連（創建等）伝承を有する寺院数が、福島県＝46件（＋14）、茨城県＝12件（＋25）にものぼるという。なお（＋数字）は、現在地及び詳細が不詳の事例である。以上の他に、栃木県＝2件・宮城県＝3件・山形県＝3件・島根県＝1件が掲出されている。それらは、本稿で言う平安時代以前の「古代に遡及する可能性のある寺院」に相当する。これらのことは、現在の群馬県で多くを占めるような天台宗・真言宗に属する寺院であっても、最澄・空海関連の伝承を持たないのと非常に対照的な現象になるだろう。

（6）たとえば、中井真孝『日本古代仏教制度史の研究』（法藏館、一九九一年）、西口順子（『平安時代の寺院と民衆』法藏館、二〇〇四年）等参照。

（7）松田猛「地方定額寺についての一考察」（『群馬県史研究』三三号、一九九〇年）。

（8）山田英雄「国の等級について」（『日本古代史攷』岩波書店、一九八七年所収）、拙稿「「国」の等級変更」（『東国の古代地域史』岩田書院、二〇一六年所収）等。

（9）国分寺に関する論著は多方面に亘り多数に及ぶが、比較的近年の成果として角田文衛編『新修国分寺の研究』全七巻（吉川弘文館、一九八六～九七年）、須田勉・佐藤信編『国分寺の創建―思想・制度編』、吉川弘文館、二〇一一年）、同編『国分寺の創建―組織・技術編』、吉川弘文館、二〇一三年）等参照。

（10）柴田博子「国師制度の展開と律令国家」（『ヒストリア』一二五号、一九八九年）、同「諸国講読師制成立の前後」（『奈良古代史論集』第二集、一九九一年）等参照。

（11）拙稿「下野国薬師寺の改変と古代東国の仏教」（『地域のなかの古代史』岩田書院、二〇〇六年所収）。

（12）たとえば、前沢和之「「上野国交替実録帳」国分寺項について」（『群馬県立歴史博物館紀要』（1）、一九八〇年）以下、具体的な遺跡の調査成果を援用した考察が繰り返されている。

（13）高橋一夫・田中広明編『古代の災害復興と考古学』（高志書院、二〇一三年）所収の諸論考参照。

（14）本文は、神道体系文学編一の『神道集』（一九八八年）を使用し、東洋文庫本の貴志正造訳を参考にした。

（15）拙著『上毛野の古代農業景観』（岩田書院、二〇一二年）。

（16）桂紹隆他編『シリーズ大乗仏教7　唯識と瑜伽行』（春秋社、二〇一二年）所収の各論考参照。

（17）上原真人『古代寺院の資産と経営』（すいれん舎、二〇一四年）参照。

（18）川原喜久治「延喜式内社上野国榛名神社をめぐって」（財）群馬県埋蔵文化財調査事業団『研究紀要』八号、一九九一年）、同「西上野における古瓦散布地の様相」（財）群馬県埋蔵文化財調査事業団

『研究紀要』一〇号、一九九三年）、同「榛名山麓の古代寺院Ⅱ」（（財）群馬県埋蔵文化財調査事業団『研究紀要』一一号、一九九三年）等。

(19) 久保智康『日本の古代山寺』（高志書院、二〇一六）、時枝務『山岳修教遺跡の研究』（岩田書院、二〇一六年）等参照。

(20) 前掲注（2）『徳一論叢』参照。

(21) 群馬県教育委員会『信仰の道』（二〇〇一年）。

(22) 中世諸国一宮制研究会編『中世諸国一宮制の基礎的研究』（岩田書院、二〇〇〇年）、岡田精司『神社の古代史』（学生社、二〇一一年）等参照。

第十二章　「境内末社」としての「上野国十二社」

はじめに

「神社明細帳」を繙いて、群馬県内に多数所在する神社を通覧していると、境内の広狭や氏子の戸数にはかなりの差があることがわかる。また、施設面などで「鳥居」と「拝殿」程度とか「石祠」のみの場合もあれば、各種の建造物がところ狭しと建ち並んでいるとみられるような事例もある。当然、圧倒的多数は前者であり、後者の数はかなり限られている(1)。

後者に相当する各地域の優勢な神社の動向にも興味深いものがあるが、それに次ぐような社格の神社にも「摂社」や「境内末社」が所在する場合がある。神社本庁の公式見解によれば、現在「摂末社」として一括されているものは、本社との関わりの強さによって「摂社」と「末社」というように、本来上・下に区分されて扱われていたという。

しかし、「末社」の中には「本社」との関わり自体が不明瞭な事例はかなり多いように見える。なぜ群馬県では、本社とのかかわりの不明瞭な「末社」が多数設置・包摂されているのか。一般的な理解では、平安期とされる「総社神社」の設置に示されるように、群馬県内の広域に分散するすべての神社を参拝するのは困難なので、それらから分祀されたと見なした「末社」を参拝して代替するという省力化・時短化に関係するという[2]。県外所在の有名神社であるならば、事情はなおさら切実であろう。

また、明治時代以降で大きな画期となっているのは、明治三九年（一九〇六）神社合併令[3]の履行による明治四〇年頃の大規模な合併の事例である。この際には、運営費用の欠乏による全般的な衰退を避けるため、少数の有力神社に費用を集中させるという形で、挙国一致の「国家神道」の構築が目指された。それまでの自国内部の「内戦」状態をこえて、日清戦争に始まる国家対国家の戦争を遂行するための必須の作業であった。問題の神社合併令の時期としては、直接には日露戦争直後になるので、日清戦争・日露戦争と立て続きの戦争遂行による国力の疲弊が、密接に関係していると思われる。

右の事実関係に関して特段の異論はないが、上野国内部に限ってみても、各地域による偏差なども少なからずあるようなので、そのような微細な要素に改めて着目して、各神社（末社）の内包する地域史的意味について考えてみたい。

一、上野国十二社

「上野国十二社」とは何かについて、現状では明確な定義はない。時期によって多少の出入りはあるようだが、俗に「上野国十二社」とされるのは、以下に示すような各神社である。

・一之宮：貫前神社（〇・大）　西①　甘楽郡
・二之宮：赤城神社（〇・大）　東②　勢多郡
・三之宮：伊香保神社（〇・大）　西③　群馬郡
・四之宮：甲波宿祢神社（〇・小）　西④　群馬郡
・五之宮：大国神社（小）　東⑤　佐位郡
・六之宮：榛名神社（〇・小）　西⑥　群馬郡
・七之宮：小祝神社（〇・小）　西⑦　群馬郡
・八之宮：火雷神社（〇・小）　東⑧　那波郡
・九之宮：倭文神社（〇・小）　東⑨　那波郡
・十之宮：美和神社（小）　東⑩　山田郡
・十一之宮：賀茂神社（小）　東⑪　山田郡
・十二之宮：宇芸神社（小）　西⑫　甘楽郡

以上に関しては、時期による若干の異同があり、『延喜式』神名帳や、『上野国神名帳』の段階では表中「総社神社・若伊香保神社・浅間神社」等を含んで九～十社になっている（○）がオリジナル部分になる（「大・小」が社格、「①～⑫」が表29・30に対応）。相互の出入りにも意味があると思われるが、書誌的な分析は当面の考察対象ではないので、先行研究[4]に委ねたい。

やや煩雑になるが、境内末社のうち「上野国十二社」に関する群馬県全体の動向を整理すると表29・30のようになる。個々の地域の神社の全体数にもよるが、境内末社の「上野国十二社」について、境内地に立派な施設を整えた神社が多い地域もあれば、簡単な「石祠」のような形の神社も加えた地域もあって、地域的な偏差はかなり認められる。

前近代の上野国を地勢的に見れば、旧利根川流路を基準に東・西に二分できるだろう。それらのうち、先ず上野国（中・）西部について概観してみたい。少なくとも「神社明細帳」の段階で、群馬県西部地域に関して「片岡郡・多胡郡・緑埜郡」の三郡には「十二社」を境内末社にする例の登録があまりなかったようである。特に「片岡郡」と「多胡郡」に至っては、「十二社」の設置さえ記録されていない。

「片岡郡・多胡郡」に関しては、本来の郡域よりも相当縮小されていることが反映しているとみられるが、「緑野郡」に関してはそのような事情が想定できない。仮に「石祠」程度の内容であったとしても、「十二社」をすべて揃えられるような面積の境内を持っているのは、各地でそれなりの位置を占めている神社にはなるだろう。

二、上野国西部地域の様相

分布密度に関する非常に注目すべき偏差としては、前述のように「片岡郡」と「多胡郡」とに「上野国十二社」が揃う例が全くないことである。それどころか個別「末社」も記録されていない。「片岡郡」に関しては、本来の郡域に比較して非常に狭い範囲になっていることに関係するだろう。しかし、本来の「片岡郡」域に含まれると思われる井野川以南の「群馬郡」南部にも末社の分布はほとんど見られず、それに隣接する形の「多胡郡」にも全く例がないことは、単なる偶然ではないだろう。郡域の広狭からすれば、同じく「緑野郡」の頻度も三社と非常に低い。

「国府」所在郡であった群馬郡では、絶対数の多さを反映して「十二社」が揃う神社が六座あり、それに準じる事例が三座ある。榛名神社に至近の地点にやや集中するのと、交通便利で比較的繁華な地点にあるようにみえる。郡の等級に示されるような、人口密度に対応する現象であった可能性がある。

個別末社としての「榛名社」については、上野国西部地域全般にわたって分布している。本社の格式では上位になると思われる「貫前社」が、「群馬郡」西部と「甘楽郡・碓氷郡」という形で地点的にやや集中しているのと比較すると、非常に網羅的な印象がある。

「碓氷郡・甘楽郡」の傾向は似ており、両郡内に二カ所ずつ「上野国十二社」を末社とする神社がある。それ以外では、「甘楽郡」に「榛名社」、「碓氷郡」に「貫前社」が集中する傾向があるが、全体として他の構成十社の印象は極めて薄い。

「吾妻郡」の様相はかなり特徴的なので後述するが、「上野国十二社」に関しては全てが揃う事例はなく、位置関係では北麓になる「榛名社」のみが、やや集中している状態である。

「榛名社」に関しては、南麓の「群馬郡」と、そこからやや距離のある「甘楽郡」にも特徴的な分布を示している。「群馬郡」と「吾妻郡」が地勢的な問題で理解できるとすれば、「甘楽郡」に「榛名社」がやや集中する意味についてはさらなる熟考が必要になるだろう。

「貫前社」について、「群馬郡」西部への集中は、歴史的な「物部」氏の具体的居住との相関関係を想定させる。「甘楽郡」に分布するのは当然であろうが、鏑川流域では東半部

表29　上野国西部地域の境内末社「上野国十二社」

神社名	所在地	貫前 ①	赤城 ②	伊香保 ③	甲波宿祢 ④	大国 ⑤	榛名 ⑥	小祝 ⑦	火雷 ⑧	倭文 ⑨	美和 ⑩	賀茂 ⑪	宇芸 ⑫
飯玉神社	群馬郡後閑村	○	○	○	○	○	○	○	○	○	○	○	○
八幡宮	前代田村		○										
飯玉神社	櫛島村	○	○	○	○	○	○	○	○	○	○	○	○
八幡宮	上佐鳥村	○	○	○	○	○	○	○	○	○	○	○	○
熊野神社	西群馬郡赤坂町	○	○	○	○	○	○	○	○	○		○	○
飯玉神社	飯塚村		○				○						
諏訪神社	宿横手村	○					○						
八幡宮	八幡原村		○										
神明宮	高井村	○											
八幡宮	青梨子村						○						
神明宮	池端村						○						
小出神社	北下村						○						
吾妻神社	山子田村		○				○						
八幡宮	野良犬村						○						
諏訪神社	**金古駅**	○	○	○	○	○	○	○		○	○	○	○
稲荷神社	中里村						○						
神明宮	東国分村						○						
菅原神社	塚田村	○											

境内末社（上野国十二社）

上宿神社	西明屋村	○											
白山神社	浜川村	○											
熊野神社	和田山村	○						○					
諏訪神社	白川村							○					
竈神社	下芝村	○											
月並神社	善地村	○						○					
車持神社	十文字村	○											
戸榛名神社	神戸村	○											
琴平宮	中室田村	○					○						
大山祇神社	同右	○											
竜田神社	同右	○											
榛名神社	**上室田村**	○	○	○	○	○	○	○	○	○	○	○	○
椿名神社	**権田村**	○	○	○	○	○	○	○	○	○	○	○	○
諏訪神社	**八木原村**	○	○	○	○	○	○	○	○	○	○	○	○
瀧泉神社	上野田村									○	○		
大宮神社	長岡村	○											
甲波宿禰神社	湯上村									○			
北野神社	湯上村	○											
早尾神社	中村									○			
神明宮	同右						○						
武内神社	祖母島村		○				○						
甲波宿禰神社	川島村								○				
諏訪神社	金井村		○										
竈神社	中郷村						○						

中山神社	中山村						○						
若子持神社	北牧村								○				
大山祇神社	**小野上村**	○	○	○	○	○	○	○	○	○	○	○	
作間神社	村上村						○						
諏訪神社	同右								○				
	（片岡郡）												
諏訪神社	緑埜郡新町駅								○				
神明宮	中栗須村						○						
鬼石神社	鬼石町											○	
	（多胡郡）												
金山神社	甘楽郡坂原村						○						
抜鉾神社	保美濃山村		○										
子寶神社	譲原村						○						
愛宕神社	同右						○						
諏訪神社	生利村		○				○						
魚尾神社	魚尾村	○											
諏訪神社	下黒岩村	○	○	○	○	○	○	○	○	○	○	○	○
馬山神社	馬山村	○											
萱神社	檜澤村	○	○	○	○	○	○	○	○	○	○	○	○
八幡宮	碓氷郡八幡村	○											
北野神社	岩氷村	○		○	○	○	○	○	○	○	○	○	○
諏訪神社	下磯部村					○○							
白山神社	**下間仁田村**	○	○	○	○		○	○	○	○	○	○	○
飽馬神社	西上秋間村	○											

大山祇神社	同右	○											
稲荷神社	同右	○											
大山祇神社	同右	○											
日枝神社	小日向村	○											
諏訪神社	吾妻郡大戸村						○						
浅間神社	萩生村						○						
吉岡神社	本宿村								○				
諏訪神社	河原畑村												
熊野神社	赤岩村						○						
琴平宮	同右						○						
大鳥神社	山田村		○										
諏訪神社	下沢渡村						○						
諏訪神社	上沢渡村						○						
大山祇神社	原岩本村						○						
熊野神社	師田村								○				
熊野神社	須川村												
八幡宮	横尾村								○				
五良神社	平村											○	
七社神社	五町田村						○						
鹿島宮	植栗村						○						
白山神社	岩井村						○						
川戸神社	川戸村						○						

に関連末社は見られない。むしろ「碓氷郡」方面に頻度が高いのは、前述のように「下り参道」とされる本社「貫前神社」の立地・属性と密接に関係しているのではないか。この点に関しても前述の通りである。

上野国内の平地部分を横断する形の想定東山道「駅路」は、幾つかある信濃国方面との交通路のなかでも碓氷川流域を縦断するが、「坂本」駅方面から「貫前神社」に向けては「伝路」が接続していた可能性が高く高い。それに添う形で「犬飼（橋）」や「御田（頭）」といった地名の残存からは、「貫前神社」付近に某ミヤケが所在したとみられる(5)。問題なのは、数郡単位の特定地域内部での、それらの前後関係になるだろう。さらに後考に期したい。

三、上野国東部地域の様相

次に上野国東部諸地域について、末社レベルで全体を網羅する形で分布するのは「赤城社」である。このことは、西部地域の「榛名社」と非常に対比的になっている。赤城山南麓を中心に本社レベルの「赤城神社」も非常に多く分布しているが、その中心は、「大洞―三夜沢―二之宮」の信仰ラインであり、そのなかでも三夜沢の占める位置は大きい(6)。

三夜沢赤城神社は、多数の摂社・末社を擁するが、基本的な構成として「東社」と「西社」とで成り立っている。粕川流域中心の東社と、西毛地域を網羅する西社とが分かれており、後者が三夜沢赤城神社東側に近接する「宇通遺跡」の焼亡・廃絶後に付加的に成立したというのは、前述の「榛名社」との相関関係によるのであろう。その「赤城社」(及び「榛名社」)が「貫前社」の次に位置づけられているのは、あくまでも上野国内部での政治的要請によるものであったと思われる。

国府所在郡（群馬郡）の東に隣接する「勢多郡」には、右の三夜沢赤城神社を取り巻く形で「上野国十二社」を末社とする本社七座が分布している[7]。南麓地域に施設を伴う「赤城社」が多数鎮座するためであろうか。それ以外の郡内の末社の大半も「赤城社」である。

利根川上流に位置し、越後国・陸奥国との境界地域になる「利根郡」にあっては、利根川沿いに「上野国十二社」の揃う境内末社が点在している。これらの地点まで利根川が、河川交通の機能を果たせていたかは検証する必要であるだろう。

また、武尊山を取り囲む南側の盆地状の非常に狭い範囲に「武尊神社」が集中することは、これまでにも知られていた[8]が、その西側を画する形で「上野国十二社」が位置しているように見える。地域内部での棲み分けがとも思われるが、明らかに時期差があると思われるので即断はできない。
類似した要素として、赤城山北面地域に「二荒山神社」が集中する点については前述の通りである。その地点は、下野国（日光山）と陸奥国（会津）とを結ぶ交通路上になる。利根川の流れる渓谷が、越後国方面へとつながる基幹交通路であったのと同様に、片品川を遡上する陸奥国会津方面への交通路の存在が、現在そうである以上に重要であった可能性がある。「武尊神社」・「二荒山神社」と並んで、円仁の創建と伝承する寺院が集中するからである。片品川流域に関する宗教環境に関しては、さらに考察を深める必要がありそうである(9)。

それ以外では、赤城山北麓限定の形で「加茂社」がやや集中しているようだが、大和国ないし山城国関連の「加茂社」の可能性もあり、「上野国十二社」である山田郡の「加茂社」かどうかは問題がある。仮に、大和国や山城国の賀茂神社が分祀された場合などであるとすれば、今日県道レベルに見られるように、山田郡地域と赤城山北麓とが交通路（陸路）でつながっていた可能性もあることになるが、山間地域が主になる両郡内での機能について十分考えてみる必要があるかもしれない。

「新田郡」と「山田郡」との頻度・傾向は類似している。「上野国十二社」が揃うのは郡内各一社（新田郡＝八坂神社、山田郡＝赤城神社）である。それ以外は、新田郡に「榛名社」が比較的多く分布しているのが目立つ。

「邑楽郡」には、境内末社としての「上野国十二社」が見られないが、代わりに単独の「十二社神社」が四座（入ケ谷村・赤生田村・日向村・北大島村）、「十二所神社」が一座（下五箇村）ある。地域内では東端近くに位置するのが関係しているのだろうが、それらを強いて独立させなければならない必然性には考える余地がある。一般的な「十二所神社」と意味が異なるのも同様である。

「佐位郡」には「上野国十二社」の末社を含む優勢な神社が三座もある。「赤城社」と「榛名社」とが比較的多いのは、隣接する新田郡の傾向と類似しており、大間々扇状地を東西二分割するという位置関係[10]が関わっているかもしれない。

「那波郡」には、末社として「上野国十二社」が揃うような神社はない。「火雷神社」がこれに準じるが、「倭文神社」には同様の状況が見られない。同社は、近世段階までに一旦廃絶し、再興されたことが由来に明記されている。「上野国十二社」に含まれるような有力神社でも、本来外来系で地域とのつながりが希薄だと廃絶する可能性があるような点には、改めて注意が必要である。

また「赤城社」の分布は、佐位郡の隣接地までで、この付近に「榛名社」との境界領域が介在しそうである。那波郡・佐位郡の境界は、榛名山起源の高崎台地になると見られ、平地部分でも地勢が行政区分や文化圏につながっている事例になる。

全体的な傾向として、前述のとおり利根川旧流路を境に西の「榛名社」・東の「赤城社」という形はありそうである。三夜沢赤城神社の、東・西二社の機能分化が、数郡単位の広域でどの程度反映しているかについては、「上野国十二社」レベルに限定すると判然としない。

表30　上野国東部地域の境内末社「上野国十二社」

神社名	所在地	境内末社（上野国十二社）											
		①貫前	②赤城	③伊香保	④甲波宿祢	⑤大国	⑥榛名	⑦小祝	⑧火雷	⑨倭文	⑩美和	⑪賀茂	⑫宇芸
須賀神社	利根郡沼田町											○	
愛宕神社	同右											○	
神明宮	同右											○	
大山祇神社	同右											○	

神明宮	**同右**	○	○	○	○	○	○	○	○	○	○	○	○
榛名神社	同右											○	
八幡宮	**戸鹿野村**	○	○	○	○	○	○	○	○	○	○	○	○
篠尾神社	屋形原村						○						
砥石神社	沼須村											○	
愛宕神社	横塚村											○	
神明宮	**生枝村**	○	○	○	○	○	○	○	○	○	○	○	○
諏訪神社	**平井村**	○	○	○	○	○	○	○	○	○	○	○	○
八幡宮	立岩村						○						
武尊神社	川場湯原村											○	
大山祇神社	下平村											○	
武尊神社	御坐入村											○	
武尊神社	花咲村											○	
諏訪神社	同右											○	
穂高神社	**同右**	○	○	○	○	○	○	○	○	○	○	○	○
諏訪神社	同右		○										
愛宕神社	**原村**	○	○	○	○	○	○	○	○	○	○	○	○
熊野神社	**後閑村**	○	○	○	○	○	○	○	○	○	○	○	○
八幡宮	藤原村						○						
日枝神社	**羽場村**	○	○	○	○	○	○	○	○	○	○	○	○
日枝神社	**新巻村**		○				○		○				
八幡宮	下津村	○		○	○	○	○	○		○	○	○	○
川田神社	下川田村								○				

大山祇神社	**勢多郡棚下村**	○	○	○	○	○	○	○	○	○	○	○	○
諏訪神社	柏倉村		○										
近戸神社	同右		○										
赤城神社	**三夜沢村**	○	○	○	○	○	○	○	○	○	○	○	○
稲荷神社	**女淵村**	○	○	○	○	○	○	○	○	○	○	○	○
稲荷神社	込皆戸村		○										
近戸神社	**月田村**	○	○	○	○	○	○	○	○	○	○	○	○
八柱神社	瀧久保村		○										
産泰神社	**下大屋村**	○	○	○	○	○	○	○	○	○	○	○	○
今宮八幡宮	下増田村		○										
熊野神社	下東田面村		○										
神明宮	中村		○										
稲荷神社	鶴谷村		○										
赤城神社	**宿廻村**	○	○	○	○	○	○	○	○	○	○	○	○
稲荷神社	下田沢村		○										
栗生神社	上田沢村		○										
塩沢神社	塩沢村											○	
諏訪神社	荻原村		○										
稲荷神社	小夜戸村		○										
太郎神社	神戸村						○						
諏訪神社	荒牧村		○										
八幡宮	関根村		○										
西堀神社	上細井村					○							

白河神社	時沢村		○										
八幡宮	小沢新田		○										
水神社	小暮村		○										
諏訪神社	一之木場村		○										
八幡宮	田口村	○	○										
諏訪神社	溝呂木村		○										
諏訪神社	勝保沢村		○										
八幡宮	三原田村		○										
八幡宮	上三原田村		○										
赤城神社	**上南室村**	○	○	○	○	○	○	○	○	○	○	○	○
八幡宮	分郷八崎村		○										
赤城神社	小室村										○		
諏訪神社	宮田村		○										
熊野神社	同右		○										
大山祇神社	津久田村		○										
八幡宮	同右		○										
諏訪神社	同右		○										
八幡宮	長井小川田村		○										
金山八幡宮	深山村		○										
千賀戸神社	北勢多郡橡久保村		○										
大森神社	森下村		○										
箱根神社	川額村		○										
八幡宮	同右		○										

小高神社	糸井村		○										
武尊神社	貝野瀬村		○										
大山祇神社	多那村		○										
赤城神社	新田郡鹿村						○						
生品神社	同右		○				○						
神明宮	阿左美村						○						
駒形神社	北金井村		○										
菅原神社	鳥山村		○										
赤城神社	権右衛門村						○						
稲荷神社	境村		○				○						
稲荷神社	上田島村		○										
飯霊神社	出塚村		○				○						
八坂神社	**世良田村**	○	○	○	○	○	○	○	○	○	○	○	○
東照宮	同右		○										
稲荷神社	高林村						○						
日枝神社	山田郡八重笠村		○									○	
北野神社	台之郷村		○										
飯玉神社	東金井村											○	
鹿島宮	東今泉村		○										
鹿島宮	吉沢村		○										
加茂神社	広沢村		○								○		
赤城神社	同右		○										
赤城神社	**同右**	○	○	○	○	○	○	○	○	○	○	○	○

諏訪神社	安楽土村		○										
菅原神社	下久方村		○										
稲荷神社	天沼新田		○				○						
長良神社	邑楽郡舞木村										○		
長良神社	上小泉村		○										
長柄神社	大高島村		○										
神明宮	**佐位郡伊勢崎町**	○	○	○	○	○	○	○	○	○	○	○	○
秋葉神社	同右		○										
八幡宮	上植木村		○				○						
赤城神社	下植木村						○						
飯福神社	茂呂村		○				○				○	○	
鹿島宮	**曲沢村**	○	○	○	○	○	○	○	○	○	○	○	
上諏訪神社	八寸村							○					
赤城神社	田部井村	○	○				○						
雷神社	**東小保方村**		○	○	○	○		○	○	○	○	○	○
若一王子神社	同右	○	○										
飯玉神社	堀下村		○				○						
神明宮	那波郡樋越村		○									○	
飯玉神社	同右		○										
日枝神社	山王村		○										
飯玉神社	韮塚村						○						
諏訪神社	同右		○										
薬王神社	阿弥大寺村												○

諏訪神社	北今井村		○			○							
菅原神社	柴町												
八幡宮	大正寺村								○			○	
八雲神社	馬見塚村											○	
火雷神社	下之宮村	○	○	○	○	○	○	○		○	○	○	○

小結

郡単位に特定の末社が集中するのは、神社本体の鎮座の意味するものを補完するような傾向はあるだろう。但し、外来系を中心とするようなその他の末社に比べると、絶対数は少なく、当然のことながら多様性もない。時代の流行・必要などに乗り損ねて増殖しなかった背景になると思われる。

具体的な「上野国十二社」の存在形態からすれば、それは中世前期を中心とするような特定の時期に意味があった現象であって、今日も全く同意義であるとはいえない部分がある。「式内社」も含むような本来有力神社であっても、何らかの契機（天災・人災等）による廃絶の後、復古的な契機で再興されることもあったのは前述のとおりである。同名神社ではあるが、廃絶の前後の神社が連続する同じ実体であったとは考えにくい。性格変化を念頭に、考察を深める必要があるだろう。

注

（1）なお、丑木幸男編『上野国神社明細帳』1～25（群馬県文化事業振興会、一九九九～二〇一一年）には、年次の異なる同一地点のデータが複数採録されており。境内末社の合併・消失の過程が追跡できるようになっている。個別神社の検討について特に有効だと思われる。

（2）中世諸国一宮制研究会編『中世諸国一宮制の基礎的研究』（岩田書院、二〇〇〇年）。

（3）たとえば、米地実『村落祭祀と国家統制』（御茶の水書房、一九七七年）、森岡清実『近代の集落神社と国家統制』（吉川弘文館、一九八七年）等参照。

（4）尾崎喜左雄『上野国神名帳の研究』（尾崎先生著書刊行会、一九七四年）。

（5）拙稿「広域行政圏としての東山道」（『日本古代地域編成史序説』岩田書院、二〇一五年所収）。

（6）丸山知良「赤城山信仰」（宮田登・宮本袈裟雄編『日光山と関東の修験道』名著出版、一九八〇年所収）。

（7）前掲注（6）丸山論文。

（8）前掲注（4）尾崎『上野国神名帳の研究』。

（9）前掲注（4）尾崎『上野国神名帳の研究』。

（10）拙著『上毛野の古代農業景観』（岩田書院、二〇一二年）。

著者略歴

関口　功一（せきぐち　こういち）

一九五九年　前橋市生まれ
一九八八年　立教大学文学研究科博士課程満期退学
二〇一四年　博士（歴史学）

主要著書

・上毛野の古代農業景観（岩田書院、二〇一二年）
・古代上毛野の地勢と信仰（岩田書院、二〇一三年）
・古代上毛野をめぐる人びと（岩田書院、二〇一三年）
・古代上毛野氏の基礎的研究（岩田書院、二〇一八年）
・古代上毛野の社会基盤（同成社、二〇一八年）
・上毛野の古代仏教（みやま文庫、二〇一九年）

神と仏の上毛野

外来信仰の受容と変遷

令和5年3月7日　発行

著者　関　口　功　一

発行　上毛新聞社出版編集部
〒371-8666　群馬県前橋市古市町1-50-21
TEL 027-254-9966　　FAX 027-254-9965